JN439017

圓測『解深密經疏』〈心意識相品, 一切法相品〉

- 漢藏校勘 標點 校訂本 -

SAṂDHINIRMOCANASŪTRAṬĪKĀ of Wŏnch'uk(圓測)

Chapter Ⅲ: *Citta-manaḥ-vijñānalakṣaṇa-parivarta*

Chapter Ⅳ: *Sarvadharmalakṣaṇa-parivarta*

圓測『解深密經疏』〈心意識相品, 一切法相品〉

-漢藏校勘 標點 校訂本-

李鍾徹 著

SAṂDHINIRMOCANASŪTRAṬĪKĀ of Wŏnch'uk(圓測)
Chapter Ⅲ: *Citta-manaḥ-vijñānalakṣaṇa-parivarta*
Chapter Ⅳ: *Sarvadharmalakṣaṇa-parivarta*

---

critically edited from the Chinese and Tibetan versions
by Jong-Cheol LEE

한국학중앙연구원출판부

서문

이 책은 2022년도 한국학중앙연구원 한국문화심층연구사업의 연구성과물로, 『해심밀경소』의 제3장 〈심의식상품(心意識相品)〉과 제4장 〈일체법상품(一切法相品)〉을 정본화한 것이다. 『해심밀경소』에 관한 다음 필자의 본격적인 정본화 작업을 잇는 후속연구이다.

圓測 『解深密經疏』〈分別瑜伽品〉 － 漢藏校勘 標點 校訂本 (2019)
圓測 『解深密經疏』〈如來成所作事品〉 － 漢藏蒙校勘 校訂本 (2019)
圓測 『解深密經疏』〈地波羅蜜多品〉 － 漢藏(蒙) 校勘標點 校訂本 (2020)
圓測 『解深密經疏』〈無自性相品〉 － 漢藏校勘 標點 校訂本 (2021)
圓測 『解深密經疏』〈勝義諦相品〉 － 漢藏校勘 標點 校訂本 (2023)

원측은《해심밀경소》 전체를 境, 行, 果라는 세 가지 카테고리로 조감한다. 첫 번째 카테고리 '境'에는 제2장 〈勝義諦相品〉에서 제5장 〈無自性相品〉에 이르는 4품이 배당되는데, 이는 유식사상의 인식론(無等境)에 해당하는 부분이다. 제6장 〈分別瑜伽品〉과 제7장 〈地波羅密多品〉은 두 번째 카테고리 '行'에 포섭되는데, 이는 유식사상의 수행론(無等行)에 해당하는 부분이다. 세 번째 카테고리 '果'에 해당하는 부분은 마지막 제8장인 〈如來成所作事品〉으로, 이는 유식사상의 진리론(無等果)에 해당한다.

유식사상의 '境'을 다루는 4품 하나하나에 대해서 원측은 유식사상의 중요한 논제를 배당시켜 유기적인 유식사상의 조감도를 구성해낸다. 원측의 분류에 따르면, 제2장 〈勝義諦相品〉과 제3장 〈心意識相品〉은 각각 유식사상의 眞境(眞諦)과 俗境(世俗諦)을, 제4장 〈一切法相品〉과 제5장 〈無自性相品〉은 각각 유식사상의 三性境과 三無性境(곧 空性)을 논의대상으로 삼는다. 그렇다면, 이번에 필자가 교정본을 제시하는 제3장 〈心意識相品〉과 제4장 〈一切法相品〉은, 유식사상이 바라본 '삶의 세계(Lebenswelt)'를 천착하고 있다고

평가할 수 있겠다.

제3장 〈心意識相品〉과 제4장 〈一切法相品〉에 관해서 필자는 Lee(2010), Lee(2015), Lee(2017)를 통해 이미 부분적으로 비판적 교정본(critical edition)을 마련한 적 있지만, 이번에는 기존의 다른 정본화 작업에 맞추어 체제를 통일시켜 전면적인 재교정 작업을 꾀하였다. 이러한 과정에서 Baek(2013c)과 Jang(2013~) 등 기존 학계의 성과를 반영하여, 좀 더 완전한 교정본을 완성할 수 있었다. 더불어 출전을 확인하고 상호점검하는 데 있어서 필자의 대학원 학생 중 한 명인 진휴 스님의 조력을 받을 수 있었다. 이곳에 기록하여 필자의 크나큰 복을 기리고자 한다.

2024년 2월

이 종 철

범례 및 약호

– 『해심밀경소』〈心意識相品〉, 〈一切法相品〉 관련 부분은, 만속장경(제21권, 239b-259b); 금릉각경처본(卷11-13); 中華大藏經(西藏編)(제68권, 502: 7-641: 10).
– Lee(2010): Jong-Cheol Lee(李鍾徹), 「원측과 티베트불교－쫑카빠의 『꾼쉬깐델』을 중심으로」, 『정신문화연구』 33-3, 2010.
– Lee(2015): Jong-Cheol Lee(李鍾徹), 「한장(漢藏) 교감 『해심밀경소』 심의식상품 교정본」, 『원측 『해심밀경소』의 심의식상품 연구』, 한국학중앙연구원 출판부, 2015.
– Lee(2017): Jong-Cheol Lee(李鍾徹), 『원측 『해심밀경소』 「일체법상품」 – 한장 교감 표점 교정본』, 한국학중앙연구원 출판부, 2017.
– Baek(2013c): Jin-sun Baek(백진순), 『해심밀경소 제3심의식상품, 제4일체법상품』(한글본 한국불교전서 신라4), 동국대학교 출판부, 2013.
– Jang(2013~): Gyueon Jang(張圭彦), 「원측 『해심밀경소』 「심의식상품」 역주 – 텍스트교정을 겸해」, 『불교학 리뷰』 14(2013); 『불교학 리뷰』 27(2020); 『불교학 리뷰』 28(2020); 『불교학 리뷰』 31(2022).
– 나머지 범례 및 약호는 앞서 출간된 서적과 같다.

◆Preface◆

The present standardized edition, the 3-4th Chapters(Ch. 心意識相品, 一切法相品) of *the Commentary on the Saṃdhinirmocana-sūtra* (Ch. 解深密經疏) composed by Wŏnch'ŭk (圓測, 613~696) is the result of a research project under the auspices of the Academy of Korean Studies, conducted in 2022. To be more specific, the present volume is the latest version of the author's research series on the *Saṃdhinirmocana-sūtra*, including:

(1) *Wŏnch'ŭk: Haeshimmilgyŏngso, Bunbyŏlyugap'um*
圓測『解深密經疏』〈分別瑜伽品〉－漢藏校勘 標點 校訂本 (2019)
[A Revised Edition of the Chinese-Tibetan Text of the *6th Chapter of the Commentary on the Saṃdhinirmocana-sūtra*], AKS, 2019.

(2) *Wŏnch'ŭk: Haeshimmilgyŏngso, Yŏraesŏngsojaksap'um*
圓測『解深密經疏』〈如來成所作事品〉－漢藏蒙校勘 校訂本 (2019)
[A Revised Edition of the Chinese-Tibetan-Mongolian Text of the *8th Chapter of the Commentary on the Saṃdhinirmocana-sūtra*], AKS, 2019.

(3) *Wŏnch'ŭk: Haeshimmilgyŏngso, Jibaramildap'um*
圓測『解深密經疏』〈地波羅蜜多品〉－漢藏(蒙) 校勘標點 校訂本 (2020)
[A Revised Edition of the Chinese-Tibetan-Mongolian Text of the *7th Chapter of the Commentary on the Saṃdhinirmocana-sūtra*], AKS, 2020.

(4) *Wŏnch'ŭk: Haeshimmilgyŏngso, Mujaseongsangp'um*
圓測『解深密經疏』〈無自性相品〉－漢藏校勘 標點 校訂本 (2021)
[A Revised Edition of the Chinese-Tibetan Text of the *5th Chapter of the Commentary on the Saṃdhinirmocana-sūtra*], AKS, 2021.

(5) *Wŏnch'ŭk: Haeshimmilgyŏngso, Seungeuijesangp'um*

圓測『解深密經疏』〈勝義諦相品〉 - 漢藏校勘 標點 校訂本 (2023)

[A Revised Edition of the Chinese-Tibetan Text of the *2nd Chapter of the Commentary on the Saṃdhinirmocana-sūtra*], AKS, 2023.

According to the segmentation devised by Wŏnch'ŭk, from the 2nd Chapter (勝義諦相品) up to the 5th Chapter (無自性相品), the *Commentary* deals with the epistemology (無等境) of Yogācāra philosophy. In the 6th Chapter and the 7th Chapter, the *Commentary* discusses the Praxis (無等行) of Yogācāra philosophy. And the last 8th Chapter concerns with the theory of truth (無等果) in Yogācāra philosophy.

From the 2nd Chapter to the 5th Chapter, *Wŏnch'ŭk* explained the main themes of the epistemology of Yogācāra philosophy. The 2nd Chapter and the 3rd Chapter explain the Ultimate Truth (眞諦) and the Provisional Truth (世俗諦) respectively. The 4th Chapter and the 5th Chapter explain the Three Nature of Being (三性) and the Three Nature of Non-being (三無性) i.e. the Emptiness (śūnyatā) respectively. Therefore, the following revised edition of the 3~4th Chapters could shed light on the *Lebenswelt* from the Mind Only (瑜伽行) perspective.

When it comes to the 3rd Chapter (心意識相品) and the 4th Chapter (一切法相品), I had already prepared a partial critical edition through the works of Lee(2010), Lee(2015), Lee(2017). However, for this time, I aimed to unify the system with other existing critical editions and conducted a comprehensive recorrection work. In this process, I was able to complete a more complete critical edition by incorporating previous scholary achievements such as Baek(2013c) and Jang (2013~).

Last but not the least, thanks to one of my students, Ven. Jin-hyu, for his help in finding the source texts and other tasks.

February 2024

Lee, Jong Cheol (李鍾徹)

Explanatory Notes

– For the parts related to the 3rd and the 4th Chapter of the *Commentary*, they are referred to the *Manzi-Zokuzōkyō* (卍字續藏經) (21st Vol, 239b-259b); *Jinling-kejing-chu* (金陵刻經處) edition (11~13th Book); Tibetan Part, *Zhonghua Dazangjing* (中華大藏經 西藏編) (68th Book, 502:7-641:10).

Text Abbreviations

– Lee(2010): Jong-Cheol Lee(李鍾徹), 「원측과 티베트불교 – 쫑카빠의 『꾼쉬깐델』을 중심으로」 (Wŏnch'uk and Tibetan Buddhism-with special reference to Tsong-kha-pa's *Kun gṣiḥi dkaḥ ḥgrel*), 『정신문화연구』 33-3, 2010.

– Lee(2015): Jong-Cheol Lee(李鍾徹), 「한장(漢藏) 교감 『해심밀경소』 심의식상품 교정본」 (The Korean critical edition of the 3rd Chapter of *the Commentary on the Saṃdhinirmocana-sūtra*), 『원측 『해심밀경소』의 심의식상품 연구』, 한국학중앙연구원 출판부, 2015.

– Lee(2017): Jong-Cheol Lee(李鍾徹), 『원측 『해심밀경소』 「일체법상품」 – 한장 교감 표점 교정본』 (The Korean critical edition of the 4th Chapter of *the Commentary on the Saṃdhinirmocana-sūtra*), 한국학중앙연구원 출판부, 2017.

– Baek(2013c): Jin-sun Baek(白眞順), 『해심밀경소 제3심의식상품, 제4일체법상품』 (Korean annotated translation of the 3-4th Chapters of *the Commentary on the Saṃdhinirmocana-sūtra*), 동국대학교 출판부, 2013.

– Jang(2013~): Gyueon Jang(張圭彥), 「원측 『해심밀경소』 「심의식상품」 역주 – 텍스트교정을 겸해」 (Korean annotated translation of the 3rd Chapter of *the Commentary on the Saṃdhinirmocana-sūtra*), 『불교학 리뷰』 14(2013); 『불교학 리뷰』 27(2020); 『불교학 리뷰』 28(2020); 『불교학 리뷰』 31(2022).

– For remaining explanatory notes and abbreviations, kindly refer to previous books.

◆〈心意識相品〉 科段◆

◆〈一切法相品〉 科段◆

《解深密經》卷第一
《解深密經疏》卷第三
《解深密經疏·心意識相品第三》

西明寺沙門　圓測　撰

《解深密經·心意識相品第三》

(@3-0) 將釋此品，略有二義：一、釋品名，二、正釋文。

bam po bcu dgu pa/'
leḥu ḥdi gcig rnam par bśad pa yaṅ rnam pa gñis kyis bstan te/ leḥu ḥdi ñid kyi miṅ rnam par bśad pa daṅ/ mdoḥi tshig ḥdi yaṅ rnam par bśad paḥo//

言"心意識相品"者，"心、意、識"名，有通、有別。
如《成唯識》第五卷云："謂薄伽梵，處處《經》中，說心意識三種別義。集起名'心'，思量名'意'，了別名'識'，是三別義。如是三義，雖通八識，而隨勝顯，第八名'心'，集諸法種起諸法故；第七名'意'，緣第八識[1]恒審思量爲我等故；餘六名'識'，於六別境麤動間斷了別轉故。"
"相"謂體相，或是相狀。"品"義如前。

[1] Taisho, Baek(2013c): '第八識'='藏識等'; SNST: '第八識'=*sic*

de la sems daṅ yid daṅ rnam par śes paḥi mtshan ñid ces bya ba ni sems daṅ yid daṅ/ rnam par śes paḥi miṅ la yaṅ spyi daṅ bye brag yod de/
《bstan bcos rnam par rig pa tsam du grub pa》 las ji skad du
ḥdi lta ste/ bcom ldan ḥdas kyis mdo sde de daṅ de dag las sems daṅ/ yid daṅ/ rnam par śes pa don tha dad pa rnam pa gsum gsuṅs te/ bsags pas na sems so// sems pas na yid do// rnam par rig pas na rnam par śes pa ste/ ḥdi ni don tha dad pa rnam pa gsum mo//
ḥdi ltar don rnam pa gsum po ḥdi dag rnam par śes pa brgyad cur yaṅ bsdu ba

yin mod kyi/
gtso boḥi rjes su bya ste bstan na kun gṣi rnam par śes pa ni sems ṣes bya ste/ chos rnams kyi sa bon bsags [ZH.68-503] nas chos rnams ḥbyuṅ ba byed paḥi phyir ro//
ñon moṅs pa can gyi yid ces bya ste/ rnam par śes pa brgyad[(1)] la dmigs śiṅ rtag par ṅes par sems pas bdag la sogs paḥi bdag ñid du gyur paḥi phyir ro//
gṣan drug ni rnam par śes pa ṣes bya ste/ yul tha dad pa drug po dag la rags par g-yo ba daṅ/ bar du chod paḥi rnam par rig pas ḥjug paḥi phyir ro//
de la mtshan ñid ces bya ba ni/ ṅo bo ñid kyi mtshan ñid dam yaṅ na dbyibs kyi mtshan ñid do//
leḥu ñid kyi don ni sṅar bśad pa bṣin no//

(1) +pa

雖有二門，此品宗[(1)]明通名三義，於中就勝故說第八。
或可。此中別名三義。
雖有兩釋，前說爲勝，是故題云“心意識相品”。

(1) JS: 宗=中; SNST: 宗=*sic*

sgo rnam pa gñis yod kyaṅ leḥu ḥdiḥi gṣuṅ gis spyiḥi miṅ gi don rnam pa gsum ston pas/ ḥdir gtso boḥi dbaṅ du mdsad nas deḥi phyir brgyad pa bstan pa yin na//
yaṅ na ḥdir bye brag gi miṅ gi gi don rnam pa gsum bstan par bya ste/ de ltar rnam pa gñis su bśad pa yod kyaṅ/ bśad pa ni sṅa ma bzaṅ ste/ [D.Ti.211b] deḥi phyir sems daṅ/ yid daṅ rnam par śes paḥi mtshan ñid kyi leḥu ṣes gsuṅs pa yin no//

(@3-1) 爾時，廣慧菩薩摩訶薩白佛言：“世尊！如世尊說‘於心意識秘密善巧菩薩’，”
釋曰[(1)]。就所觀境，自有二種：一者、勝義，二者、世俗。
上來已釋勝義諦訖。自下第二、辨世俗諦。

(1) JS: ‘釋曰’=null; Lee: ‘釋曰’=*sic*. The same is below.

de nas byaṅ chub sems dpaḥ sems dpaḥ chen po blo gros yaṅs pas bcom ldan ḥdas la ḥdi skad ces gsol to// bcom ldan ḥdas bcom ldan ḥdas kyis ji skad du sems daṅ yid daṅ rnam par śes paḥi gsaṅ ba la mkhas paḥi byaṅ chub sems dpaḥ ṣes gsuṅs pa ṣes bya ba ḥdi man chad ni yoṅs su brtag par bya baḥi yul las don dam pa daṅ/ kun rdsob kyi bden pa rnam pa gñis so ṣes bstan pa las/ de yan chad du don dam paḥi bden pa bśad zin nas/ da ḥdi man chad ni kun rdsob kyi bden pa ston par mdsad do//

於中有二：初、長行廣釋，後、以頌略說。

前中有二：先、問，後、答。

問中有二：初、擧所問教，後、依教發問。此即初也。

ḥdi yaṅ rnam pa gñis kyis bstan te/ tshig rkyaṅ pas rgyal cher rnam par [ZH.68-504] bśad pa daṅ/ tshigs su bcad pas mdor bstan paḥo//
rgyal cher rnam par bśad pa yaṅ/ rnam pa gñis su dbye ste/ ṣu ba gsol ba daṅ/ ṣus pa bṣin du lan yaṅ dag par gsuṅs paḥo//
ṣu ba gsol ba yaṅ rnam pa gñis te/ ṣu ba gsol baḥi bstan pa ñid smos pa daṅ/ bstan pa las brtsams nas ṣu ba gsol te/ ḥdi ni daṅ poḥo//

言“廣慧菩薩”者，從慧立名。

《眞諦記》云：“廣慧，對佛說法之人，一切菩薩無不具此廣慧之德，但此中(1)從廣慧法門立名。”(2)

《佛地論》云：“深、廣、圓滿、善通達故，名爲廣慧。”

《智度論》云：“道俗種種經書論議，無不悉知，名爲廣慧。”

《瑜伽論》云：“謂即此慧無量無邊所行境故，名爲廣慧。”

謂世尊說，於心、意、識秘密義中如實了知，名“善巧菩薩”。

(1) SNST: 中 ⇒‘菩薩’ (2) The Tibetan text is not aligned with the Chinese text.
SNST: ‘廣慧，對佛說法之人，一切菩薩無不具此廣慧之德，但此中從廣慧法門立名’ = ‘廣慧，對佛說法，說法之人中餘諸菩薩不具此廣慧之德，但此菩薩，從廣慧法門立名’;
Jang(2013~): ‘廣慧，對佛說法之人，一切菩薩無不具此廣慧之德，但此中從廣慧法門立名’=‘廣慧，對佛說法，(於說法)之人(中)，一切餘菩薩無不具此廣慧之德，但此(菩薩)中從廣慧法門立名’

de la byaṅ chub sems dpaḥ blo gros yaṅs pa ṣes bya ba ni/ blo gros las miṅ du btags pa yin te/

《slob dpon yaṅ dag bden paḥi brjed byaṅ》 las/

blo gros yaṅs pas bcom ldan ḥdas kyi spyan sṅar chos bśad pas/ chos bśad paḥi gaṅ zag gi naṅ na byaṅ chub sems dpaḥ gṣan dag blo gros yaṅs paḥi yon tan ḥdi lta bu daṅ mi ldan paḥi[(1)] byaṅ chub sems dpaḥ ḥdi(2) blo gros yaṅs paḥi chos kyi sgo mo las miṅ du rnam par gṣag pa yin no ṣes ḥbyuṅ ṅo//

《ḥphags pa saṅs rgyas kyi saḥi ḥgrel pa》 las/

zab ciṅ rgya che ba yoṅs su rdsogs pa daṅ/ śin tu rtogs paḥi phyir blo gros yaṅs pa ṣes byaḥo ṣes ḥbyuṅ ṅo//

《ḥphags pa śes rab kyi pha rol tu phyin paḥi ḥgrel pa》 las/

rab tu byuṅ ba daṅ/ khyim pa rnams kyi gtsug lag daṅ ḥbrel paḥi gtam rnam pa sna tshogs mi śes pa gaṅ yaṅ [D.Ti.212a] med pas blo gros yaṅs pa ṣes byaḥo ṣes bśad do//

《bstan bcos rnal ḥbyor spyod paḥi sa》 las/

śes rab de ñid tshad med pa daṅ/ mthaḥ yas paḥi spyod yul yin paḥi phyir/ śes rab yaṅs pa ṣes byaḥo ṣes ḥbyuṅ ste/

ḥdi ltar bcom ldan ḥdas kyis sems daṅ/ yid daṅ rnam par śes paḥi gsaṅ baḥi don yaṅ dag pa ji lta ba bṣin du khoṅ du chud pa ni mkhas paḥi byaṅ chub sems dpaḥ ṣes gsuṅs pas so//

(1) PN, Jang(2013~) : paḥi ⇒ pas

(2) +ñid

(@3-2) "'於心意識秘密善巧菩薩'者, 齊何名爲'於心意識秘密善巧菩薩'? 如來齊何施設彼爲'於心意識秘密善巧菩薩'?"說是語已。

釋曰。此即第二、依教發問。

sems daṅ yid daṅ/ rnam par śes paḥi gsaṅ ba la mkhas paḥi byaṅ chub sems dpaḥ ṣes bgyi na/ ji tsam gyis na sems daṅ/ yid daṅ/ rnam par śes paḥi gsaṅ ba la mkhas paḥi byaṅ chub sems dpaḥ ṣes bgyi lags/ de bṣin gśegs pas ji tsam gyis na/ de dag sems daṅ yid daṅ rnam par śes paḥi gsaṅ ba la mkhas paḥi byaṅ chub sems dpaḥ ṣes ḥdogs lags/ de skad ces gsol ba daṅ

ṣes bya ba ni gñis pa bstan pa las brtsams nas ṣu ba gsol baḥo//

文有二節：初、牒所問教，後、“齊何”下正設問辭。

mdoḥi tshig ḥdi yaṅ rnam pa gñis su dbye ste/ gaṅ ṣu ba ñid smos pa daṅ/ ji tsam gyis na ṣes bya ba man chad kyis gaṅ ṣu ba ñid kyi tshig smos paḥo//

問有二意。
初、“齊何名爲於心意識秘密善巧菩薩”者，問菩薩位，即是教所說義。
後、“如來齊何施設彼爲於心意識秘密善巧菩薩”者，問如來依何菩薩施設彼教。
施設彼教[1]“施設”即是宣說之義。

[1] JS: '施設彼教' ⇒ null

ṣu ba ḥdi gsol ba yaṅ dgoṅs pa rnam pa gñis yod de/
de la daṅ po ci tsam gyis na sems daṅ yid daṅ rnam par śes paḥi gsaṅ ba la mkhas paḥi byaṅ chub sems dpaḥ ṣes bgyi lags ṣes bya ba ni byaṅ chub sems dpaḥi gnas skabs ṣus pa ste/ de ni bstan pa las gsuṅs paḥi don to//
gñis pa de bṣin gśegs pas ji tsam gyis na de dag sems daṅ yid daṅ rnam par śes paḥi gsaṅ ba la mkhas paḥi byaṅ chub sems dpaḥ ṣes ḥdogs lags ṣes bya ba ni/ de bṣin gśegs pas byaṅ chub sems dpaḥ ji lta bu dag las brtsams nas bstan pa ñe bar ḥdogs par mdsad ces bya baḥi tha tshig ste/
de la ñe bar ḥdogs pa ṣes bya ba ni/ rnam par bśad pa ṣes bya baḥi don to//

(@3-3) 爾時，世尊告廣慧菩薩摩訶薩曰：“善哉，善哉！”
釋曰。此下第二、依問正答。

de nas bcom [D.Ti.212b] ldan ḥdas kyis byaṅ chub sems dpaḥ chen po blo gros yaṅs pa la ḥdi skad ces bkaḥ stsal baḥo[1]// [ZH.68-506] legs so legs so
ṣes bya ba ḥdi man chad ni gñis pa ṣus pa bṣin du lan yaṅ dag par gsuṅs pa ṣes bya ba ston to//

[1] baḥo ⇒ to

於中有二：初、讚問許說，後、"廣慧當知"下對問正答。

前中有二：初、讚其所問，後、勅聽許說。

前中有二：先、總，後、別。此即初也。

ḥdi yaṅ rnam pa gñis kyis bstan te/ ṣu ba gsol ba la bsṅags śiṅ bśad par snaṅ ba daṅ/ blo gros yaṅs pa ḥdi ltar śes par bya ste ṣes bya ba man chad kyis ṣus pa bṣin du lan yaṅ dag par bstan paḥo//

daṅ po yaṅ rnam pa gñis te/ ṣu ba gsol ba la bsṅags pa daṅ/ bśad par bkas gnaṅ baḥo//

ṣu ba gsol ba la bsṅags pa yaṅ gñis su dbye ste/ spyi daṅ bye brag go//

ḥdi ni daṅ po spyi bstan pa ste/

所問深義[(1)]，能益復廣，是故重讚"善哉，善哉！"。

《十地論》第一云："'善哉'者，所說法中善具足故。"

《瑜伽》八十三云："'善哉'者，是諸賢聖[(2)]所稱讚[(3)]故。"

九十八，亦同。

《大智度論》四十一云："'善哉善哉'者，讚德之美也。"

又《智度論》六十六云："言必可信，能問於佛，斷大衆疑，能大利益，故言'善哉'。"

《無上依經》第一卷云："[(4)]若有煩惱不能染著，是名'善哉'。"

(1) Jang(2013~): '深義'='義深' (2) Taisho: '賢聖'='聖賢'; SNST: '賢聖'=聖

(3) Taisho, Baek(2013c): '所稱讚'='稱讚事'; SNST: '所稱讚'=*sic*

(4) Taisho, Baek(2013c): null=+我; SNST: null=*sic*

gaṅ ṣus paḥi don de śin tu zab ciṅ phan pa rgya che bas deḥi phyir tshig zlos bur legs so legs so ṣes gsuṅs pa yin no//

《ḥphags pa sa bcuḥi ḥgrel pa》 las

legs so ṣes bya ba ni bśad par bya baḥi chos de dag la dge ba phun sum tshogs paḥi phyir ro ṣes ḥbyuṅ ṅo//

《bstan bcos rnal ḥbyor spyod paḥi sa》 las

legs so ṣes bya ba ni ḥphags pa rnams kyi bsṅags pa brjod paḥi phyir ro ṣes bśad do//

《ḥphags pa śes rab kyi pha rol tu phyin paḥi ḥgrel pa》las/
legs so legs so ṣes bya ba ni yon tan gyi sñan pa brjod paḥo ṣes bśad do//
gṣan yaṅ《de ñid》las
tshig yid ches su ruṅ bas/ de bṣin gśegs pa la ṣu ba gsol bas/ ḥkhor maṅ poḥi the tshom gcod ciṅ phan yon che baḥi phyir legs so ṣes gsuṅs so ṣes bśad do//
《ḥphags pa bla na med paḥi gnas bstan paḥi mdo》las kyaṅ
ñon moṅs pa yod bṣin du ma gos ma chags pa' gaṅ yin pa de ni legs pa ṣes byaḥo ṣes gsuṅs so//

(@3-4) "廣慧! 汝今乃能請問如來如是深義。"
釋曰。自下別讚。

blo gros yaṅs pa khyod kyis ḥdir de bṣin gśegs pa la don zab mo [ZH.68-507] ḥdi lta bu ḥdri ba
ṣes bya ba la sogs pas ni gñis bye brag tu bsṅags pa bstan to//

於中有二：初、讚問勝[(1)]義, 後、讚問有益。此即初也。

(1) SNST, Jang(2013~): 勝 ⇒ 深

ḥdi yaṅ rnam pa gñis te/ don zab mo ṣus pa la bsṅags pa[(1)] ṣu ba gsol ba la phan yon yod [D.Ti.213a] par bsṅags pa ste/ ḥdi ni daṅ poḥo//

(1) +daṅ

(@3-5) "汝今爲欲利益、安樂無量衆生, 哀愍世間及諸天、人、阿素洛等, 爲令獲得義利、安樂, 故發斯問。"
釋曰。自下第二、讚問有益。

khyod skye bo tshad med pa dag la phan pa daṅ bde ba daṅ/ ḥjig rten la sñiṅ brtse ba daṅ/ lha daṅ mi daṅ lha ma yin la sogs paḥi don daṅ/ phan pa daṅ bde ba daṅ[(1)] thob par bya baḥi phyir/ ḥdi ñid ḥdri bar sems sam[(2)]
ṣes bya bas ni gñis pa ṣu ba gsol ba la phan yon yod par bsṅags paḥo//

(1) daṅ ⇒ null (2) sam ⇒ so//

文有兩節：初、明總益，後、“哀愍”下明別利益。

ḥdi yaṅ rnam pa gñis kyis bstan te/ phan yon gyi spyi bstan pa daṅ/ ḥjig rten la sñiṅ brtse ba ṣes bya ba man chad kyis phan yon gyi bye brag bstan paḥo//

言“利益安樂”者。

如《佛地論》第一卷云：“現益名樂(1)，當益名利。世間名樂(1)，出世名利。離惡名樂(1)，攝善名利。福德名樂(1)，智慧名利。”

《無性攝論》第七，亦有七對，大同《佛地》第一。

若依《佛地》第七，有其五對。

故《彼論》云：“謂淨法界及(2)妙智，皆能安立一切衆生利益安樂。令修善因名爲‘利益’，令得樂果名爲‘安樂’。又令離惡名爲‘利益’，令其攝善名爲‘安樂’。又拔其苦名爲‘利益’，施與其樂名爲‘安樂’。此世他世，世出世等，應知亦爾。”

解云。利益安樂，與《第一卷》相違，應知。(3)

(1) Taisho: 樂=義 (2) Taisho, Baek(2013c): null=+四; SNST: null=*sic*
(3) SNST: ‘解云。利益安樂......應知’=null

de dag la phan pa daṅ/ bde ba ṣes bya ba ni

《ḥphags pa saṅs rgyas kyi saḥi ḥgrel pa》 las/ ji skad du

da ltar phan ḥdogs pa ni bde baḥo// ma ḥoṅs pa na phan ḥdogs pa ni phan paḥo// ḥjig rten pa ni bde ba ṣes byaḥo// ḥjig rten las ḥdas pa ni phan pa ṣes byaḥo// sdig pa daṅ bral ba ni bde ba ṣes byaḥo// dge ba sdud pa ni phan pa ṣes byaḥo// bsod nams ni bde ba ṣes byaḥo// ye śes ni phan pa ṣes byaḥo ṣes bśad pa lta buḥo//

gṣan yaṅ《slob dpon ṅo bo ñid med kyis byas paḥi theg pa chen po bsdus paḥi ḥgrel pa》 las(1)

rnam pa lṅar bstan pa yin te/ deḥi phyir《ḥgrel pa de ñid》 las

ḥdi lta ste/ chos kyi dbyiṅs rnam par dag pa daṅ/ ye śes gya nom pa dag gis ni sems can thams cad kyi phan pa daṅ bde ba rnam par ḥjog pa ste/ dge baḥi rgyu bsgrub tu gṣug pa gaṅ yin pa de ni phan pa ṣes byaḥo// bde baḥi ḥbras bu thob par byed pa gaṅ yin pa de ni bde ba ṣes byaḥo// gṣan yaṅ sdig pa daṅ bral bar byed pa ni phan pa ṣes byaḥo// [ZH.68-508] dge ba sdud par byed pa ni bde ba ṣes byaḥo// gṣan yaṅ sdug bsṅal las ḥdren pa gaṅ yin pa de ni phan pa ṣes byaḥo// dge ba sbyin pa gaṅ yin pa de ni bde ba ṣes byaḥo// tshe ḥdi daṅ phyi ma daṅ/ ḥjig rten pa daṅ ḥjig rten las ḥdas pa la sogs pa yaṅ de bṣin du rig par byaḥo ṣes ḥbyuṅ ṅo//

(1) Jang(2013~): 〈......〉 omitted

言"哀愍"等者，明其利益，自有二種。

ḥjig rten la sñiṅ brtse ba ṣes bya ba la sogs pas ni phan yon rnam pa gñis yod par bstan paḥo//

言"世間"者，五蘊世間，成人之法。

"人天"等者，蘊所成人，謂五蘊假者。

依《智度論》，有三世間：一、器世間，二、五蘊世間，三、衆生世間。

今於此中，辨教所益，是故但說"五蘊衆生"。

或可。所益諸衆名爲"世間"，領解衆首名"天人"等。

[D.Ti.213b] de la ḥjig rten ṣes bya ba ni phuṅ po lṅaḥi ḥjig rten de gaṅ gi lus[(1)] mṅon par ḥgrub par byed paḥi chos so//
lha daṅ mi ṣes bya ba la sogs pas ni phuṅ po las grub paḥi gaṅ zag ste/ phuṅ po lṅa las tha sñad du btags paḥo//
《ḥphags pa śes rab kyi pha rol tu phyin paḥi ḥgrel pa》 las/ ḥjig rten ni rnam pa gsum ste/ snod kyi ḥjig rten daṅ/ phuṅ po lṅaḥi ḥjig rten daṅ/ sems can gyi ḥjig rten no ṣes bśad do//
ḥdir ni bstan paḥi phan ḥdogs pa rnam par ḥbyed pas deḥi phyir phuṅ pho lṅaḥi sems can ḥbaḥ ṣig bstan paḥam
yaṅ na phan gdags par bya baḥi sems can rnams ni ḥjig rten ṣes bya ste/ ḥkhor gyi naṅ nas go ṣiṅ khoṅ du chud paḥi gtso bor gyur pa gaṅ yin pa de ni lha daṅ mi la sogs pa ṣes byaḥo//

(1) 'gaṅ gi lus' ⇒ 'gaṅ zag'

問。豈不頌言“我於凡愚不開演”(=@3-34)! 如何此云“哀愍世間及天人”等?

答。說教所爲, 有其多義。若爲令離惡修善, 通爲有性[1]、無性[1]故說。若爲[2]趣無上正等菩提, 但爲菩薩種姓、不定者說。

(1) JS: 性=姓

(2) Jang(2013~): 爲=‘爲令’

tshigs su bcad pa las/

byis pa rnams la ṅas ni de ma bstan//

ṣes ma gsuṅs sam ṣe na/ ciḥi phyir ḥjig rten la sñiṅ brtse ba daṅ lha daṅ mi ṣes bya ba la sogs pa gsuṅs/

smras pa/ bstan pa gsuṅs paḥi dgoṅs pa[1] ni don maṅ ste/ ḥdi ltar gal te sdig pa las bral ṣiṅ dge ba la gzud par mdsad na ni/ rigs pa yod pa daṅ/ rigs pa med pa yaṅ sdud par mdsad la/ gal te bla na med pa yaṅ dag par rdsogs paḥi byaṅ chub la gzud par mdsad na ni byaṅ chub sems dpaḥi rigs can daṅ/ rigs ma ṅes paḥi ched kho nar gsuṅs par mdsad pas so//

(1) ‘gsuṅs paḥi dgoṅs pa’ ⇒ ‘gaṅ gi phyir gsuṅs pa’

(@3-6) “汝應諦聽! 吾當爲汝說心意識秘密之義。”

釋曰。此即第二、勅聽許說。

khyod kyis legs par ñon cig daṅ/ ṅas khyod la sems daṅ yid daṅ rnam par śes paḥi gsaṅ baḥi don bśad par byaḥo

ṣes bya ba ni gñis pa bśad par bkas gnaṅ baḥo//

言“諦聽”者, 依《功德施波[1]若論》云:“諦聽者, 心專一境。”

《瑜伽》八十三云:“言‘諦聽’者, 謂[2]如是相法, 勸令審聽。”

(1) JS: 波=般

(2) Taisho, SNST, Baek(2013c): null ⇒ +於

de la legs par ñon cig ces bya ba ni《slob dpon yon tan byin gyis ḥgrel pa》las/ legs par ñon cig ces bya ba ni dmigs pa la sems rtse gcig paḥo ṣes bśad do//

《bstan bcos rnal ḥbyor spyod paḥi sa》 las/
legs par ñon cig ces bya ba ni ḥdi lta ste/ mtshan ñid kyi chos ḥdi lta bu ṅes par ñon cig ces bskul baḥo ṣes bśad do//

(@3-7) "廣慧! 當知, 於六趣生死, 彼彼有情, [(1)]衆中, 或在卵生、或在胎生、或在濕生、或在化生, 身分生起。"
釋曰。自下第二、對問正答。

(1) JS, SNST: null=+'墮彼彼有情'

blo gros yaṅs pa ḥdi ltar śes par [D.Ti.214a] bya ste/ ḥgro ba drug gi ḥkhor ba ḥdi na sems can gaṅ daṅ gaṅ dag sems can gyi rigs[(1)] de daṅ de dag tu gtogs pa yaṅ na sgo ṅa las skyes paḥi skye gnas sam/ yaṅ na mṅal nas skyes paḥam/ yaṅ na drod gśer las skyes paḥam/ yaṅ na rdsus te skye baḥi skye gnas su lus kyi yan lag skye ṣiṅ ḥbyuṅ ba
ṣes bya ba ḥdi man chad ni gñis pa ṣu ba gsol ba bṣin du lan yaṅ dag par gsuṅs pa ston te/

(1) rigs ⇒ ris

此心意識, 即是八識故, 今先辨八識差別, 後方正釋心意識義。

sems daṅ yid daṅ rnam par śes pa ḥdi ñid rnam par śes pa brgyad yin pas deḥi phyir ḥdir sṅar rnam par śes pa brgyad kyi bye brag bstan nas/ deḥi ḥog tu sems daṅ yid daṅ rnam par śes paḥi bye brag gi mtshan ñid[(1)] yaṅ dag par bśad pa yin no//

(1) 'bye brag gi mtshan ñid' ⇒ don

[§. 八識差別]
八識差別, 略辨六義。
一、種數多少, 二、釋名字, 三、出體性, 四、所依根, 五、所緣境, 六、心所相應。

de yaṅ mdor bsdu na don rnam pa drug gis bstan te/ graṅs kyi rnam pa maṅ ñuṅ bstan pa daṅ/ ṅes tshig rnam par bśad pa daṅ/ ṅo bo ñid bstan pa [ZH.68-510] daṅ/ gnas daṅ(1) dbaṅ po bstan pa daṅ/ dmigs paḥi yul bstan pa daṅ/ sems las byuṅ ba du ma(2) daṅ mtshuṅs par(3) bstan paḥo//

(1) daṅ ⇒ kyi (2) 'du ma' ⇒ null (3) +'ldan pa'

[§.1. 種數多少]

言種數者。

諸聲聞藏, 但說六識, 而無七八。具如諸教。

今依大乘, 自有兩釋。

一、龍猛等, 但說六識。

是故, 清辨菩薩所造《中觀心論·入眞甘露品》云:"離六識外無別阿賴耶識, 眼等六識所不攝故, 猶如空華。"

故知彼宗唯立六識。

de la graṅs kyi rnam pa maṅ ñuṅ bstan pa ni

ñan thos kyi sde snod rnams las rnam par śes pa ni drug kho na ṣes ḥbyuṅ gi/ bdun daṅ brgyad ces ni mi ston te/ ṣib tu ni de ñid las bstan pa bṣin no//

ḥdir theg pa chen poḥi bstan pa daṅ sbyar na bśad pa rnam pa gñis yod de/

de la daṅ po ni slob dpon klu sgrub la sogs pas/ rnam par śes pa ni drug kho naḥo ṣes bśad de/

deḥi phyir《slob dpon bha-vyas mdsad paḥi bstan bcos dbu maḥi sñiṅ po》ḥi naṅ nas/《de kho na ñid kyi bdud rtsi la ḥjug paḥi leḥu》las/

rnam par śes pa drug las gud na gṣan kun gṣi rnam par śes pa med de/ mig la sogs paḥi rnam par śes pa drug gis ma bsdus paḥi phyir/ nam mkhaḥi me tog daṅ mtshuṅs so ṣes bśad pas/

deḥi phyir de dag gi gṣuṅ gis rnam par śes pa drug kho na rnam par bṣag par rig par byaḥo//

二、彌勒宗, 依《金光明》等, 具立八識。

然依此宗, 西方諸師, 有其三說。

一、菩提留支,《唯識論》云[1], 立二種心。

一、法性心, 眞如爲體。此即眞如, 心之性故, 名之爲“心”, 而非能緣。

二、相應心, 與信、貪等心所相應。

解云。“唯釋[2]”, 意之性故, 識之性故, 亦名“意”、“識”, 於理無違。

(1) SNST: ‘《唯識論》云’ ⇒ ‘依《唯識論》’

(2) JS, SNST, Jang(2013~): 釋 ⇒ 識

gñis pa ḥphags pa byams paḥi gṣuṅ [D.Ti.214b] gis ni/ 《ḥphags pa gser ḥod dam paḥi mdo》 la sogs pa la brten nas/ rnam par śes pa brgyad tshaṅ bar rnam par ḥjog pas gṣuṅ ḥdi la brten nas rgya gar yul paḥi slob dpon rnams rnam pa gsum du bśad de/

daṅ po ni slob dpon bo-dhe-leḥu-cis 《bstan bcos rnam par rig pa tsam du grub pa》(?) la brten nas/ sems rnam pa gñis rnam par ḥjog go//

de la daṅ po ni chos ñid kyi sems te/ de yaṅ de bṣin ñid kyi ṅo bo ñid de/ de bṣin ñid kyi sems kyi ṅo bo ñid la[1] sems ṣes bya yaṅ dmigs pa can ni ma yin no//

gñis pa ni mtshuṅs par ldan paḥi sems te/ dad pa daṅ ḥdod chags la sogs paḥi [ZH.68-511] sems las byuṅ ba rnams daṅ mtshuṅs par ldan paḥo ṣes bśad de/ de ni ḥdi skad du/ rnam par rig pa tsam gyi yid kyi ṅo bo ñid yin paḥi phyir daṅ/ rnam par rig pa tsam gyi[2] ṅo bo ñid yin paḥi phyir/ yid daṅ rnam par śes pa ṣes bśad kyaṅ ḥgal ba med do ṣes bya baḥi tha tshig go//

(1) la ⇒ ‘yin paḥi phyir’

(2) ‘rnam par rig pa tsam gyi’ ⇒ ‘rnam par śes paḥi’

二、眞諦三藏, 依《決定藏論》, 立九識義, 如《九識品》說。

言“九識”者。

眼等六識, 大同識[1]論。

第七、阿陀那, 此云執持, 執持第八爲我我所, 唯煩惱障, 而無法執, 定不成佛。

第八、阿梨耶識, 自有三種。

一、解性梨耶, 有成佛義。

二、果報梨耶，緣十八界。

故《中邊分別》偈云：

根塵[2]我及識，本識生似彼。

依《彼論》等說，第八識緣十八界。

三、染汚阿梨耶，緣眞如境，起四種謗[3]，即是法執，而非人執。

依安慧宗，作如是說。

第九、阿摩羅識，此云無垢識，眞如爲體。

於一眞如，有其二義。

一、所緣境，名爲“眞如”及“實際”等。

二、能緣義，名“無垢識”，亦名“本覺”。

具如《九識章》引[4]《決定藏論·九識品》中說。

(1) SNST, Jang(2013~): 識 ⇒ 餘; JS: 識=攝

(2) Taisho, Baek(2013c): ‘根塵’=‘塵根’; SNST: ‘根塵’=*sic* (3) SNST: 謗=慢

(4) SNST, Jang(2013~): 引 ⇒ 及

gñis pa ni slob dpon yaṅ dag bden pas《rnam par ṅes paḥi mdsod ces bya baḥi bstan bcos》las brten nas rnam par śes pa rnam pa dguḥi don rnam par ḥjog ste/《rnam par śes pa rnam pa dguḥi leḥu》las bstan pa bṣin no//

de la rnam par śes pa dgu ṣes bya ba yaṅ/ mig la sogs paḥi rnam par śes pa drug ni ḥphal cher bstan bcos gṣan dag las bśad pa daṅ yaṅ mthun no//

bdun pa ni len paḥi rnam par śes pa ste/ brgyad pa la bdag daṅ bdag gir ḥdsin pas/ ñon moṅs pa kho naḥi sgrib pa daṅ ldan gyi/ chos kyi ḥdsin pa ni med de/ ṅes par saṅs rgyas su mi ḥgrub po//

brgyad pa ni kun gṣi rnam par śes pa ste/ ḥdi yaṅ rnam pa gsum mo//

kha cig na re[1] daṅ po [2]ṅo bo ñid kyi kun gṣi ni/ saṅs rgyas su ḥgrub paḥi don daṅ ldan paḥo//

gñis pa rnam par smin paḥi kun gṣi ni/ khams bco brgyad po dag la dmigs pa ste/ deḥi phyir《bstan bcos dbus daṅ mthaḥ rnam par ḥbyed pa》ḥi tshig leḥur byas pa las/

dbaṅ po don [D.Ti.215a] daṅ bdag rnam rig//

snaṅ baḥi rnam par śes pa las//

de daṅ ḥdra bar skye//

ṣes byuṅ bas《bstan bcos ḥdi dag》la sogs pa la brten nas/ brgyad pa khams bco brgyad la dmigs par byed do ṣes bśad do//
gsum pa kun nas ñon moṅs paḥi kun gṣi ni de bṣin ñid kyi yul la dmigs nas ṅa rgyal rnam pa bṣi ḥbyuṅ ste/ de ni chos su ḥdsin gyi/ gaṅ zag tu ḥdsin pa [ZH.68-512] ni ma yin no ṣes slob dpon blo brten[(3)] gyi gṣuṅ la brten nas de skad du ḥchad do//
dgu pa ni dri ma med paḥi rnam par śes pa ste/ de bṣin ñid kyi bdag ñid do// de bṣin ñid kyi bdag ñid gcig la don gñis daṅ ldan pas/
daṅ po ni dmigs par bya baḥi yul te/ de bṣin ñid daṅ/ yaṅ dag paḥi mthaḥ ṣes bya ba la sogs paḥo//
gñis pa ni dmigs par byed paḥi don te/ de ni dri ma med paḥi rnam par śes pa ṣes kyaṅ bya/ gzod ma nas rig pa ṣes kyaṅ bya ste/
ṣib tu《rnam par śes pa dgu bstan pa》daṅ/《bstan bcos rnam par ṅes paḥi mdsod》kyi naṅ nas《rnam par śes pa dgu bstan paḥi leḥu》las ḥbyuṅ ba bṣin no ṣeḥo//

(1) 'kha cig na re' ⇒ null (2) +'rnam par dgrol baḥi' (3) PN: brten ⇒ brtan

三、大唐三藏，依《楞伽》等及護法宗，唯立八識，不說第九。
破清辨云"所立量中，便有自教相違之失。《楞伽》等經，皆說第八阿賴耶故"。

gsum pa ni slob dpon hyan tsaṅ gis/《ḥphags pa laṅ-kar gśegs paḥi mdo》la sogs pa daṅ/ slob dpon chos skyoṅ gi gṣuṅ la brten nas rnam par śes pa brgyad kho na rnam par ḥjog gi/ dgu ṣes ni mi ḥchad de/ slob dpon bha-vyaḥi gṣuṅ gṣig paḥi phyir/ ḥdi skad du tshad ma rnam par gṣag pa de ñid la raṅ gi luṅ daṅ ḥgal baḥi skyon yod de/ ḥdi ltar《ḥphags pa laṅ-kar gśegs pa》la sogs paḥi mdo kun las brgyad pa ni kun gṣi rnam par śes paḥo ṣes gsuṅs paḥi phyir ro//

問。若爾，如何《大品經》等，唯說六識？
護法會釋，如《成唯識》第五卷說："然有《經》中說'六識'者，應知彼是隨轉理門，或隨所依六根說六。而識類別，實有八種。"
問。豈不龍猛唯立六耶？

解云。據實，龍猛等信有七、八，位在極喜大菩薩故。

而《彼論》中說“六識”者，述《大品經》等意，故不相違。

gal te de lta na ciḥi phyir《śes rab kyi pha rol tu phyin paḥi mdoḥi leḥu chen po》la sogs pa las/ rnam par śes pa ni drug kho naḥo ṣes gsuṅs/

slob dpon chos skyoṅ gis《bstan bcos rnam par rig pa tsam du grub pa》las/ brda sprad de bśad pa las ji skad du/

mdo dag [D.Ti.215b] las rnam par śes pa ni drug go ṣes gsuṅs pa de ni rjes su ḥgyur baḥi don gyi sgo yin no// yaṅ na rten du gyur paḥi dbaṅ po drug gi rjes su rnam pa drug go ṣes pa yin te/ rnam par śes [ZH.68-513] paḥi rnam paḥi bye brag ni yaṅ dag par na rnam pa brgyad yod do//

ci slob dpon klu sgrub kyis rnam pa drug kho naḥo ṣes rnam par gṣag gam ṣe na/

smras pa/ yaṅ dag par na slob dpon klu sgrub kyis bdun pa daṅ brgyad pa yaṅ yod par yid ches mod kyi/ rab tu dgaḥ baḥi mya ṅan las ḥdas pa chen po la gnas paḥi phyir[(1)]《bstan bcos de dag》las/ rnam par śes pa ni drug go ṣes bstan pa ni《ḥphags pa śes rab kyi pha rol tu phyin paḥi leḥu chen poḥi mdo》la sogs paḥi dgoṅs pa bstan paḥi phyir ḥgal ba med do//

(1) ‘mod kyi/ rab tu dgaḥ baḥi mya ṅan las ḥdas pa chen po la gnas paḥi phyir’ ⇒ ‘yod de/ rab tu dgaḥ baḥi sa la gnas paḥi byaṅ chub sems dpaḥ chen po yin paḥi phyir ro//’

眞諦師說“九種識”中，後之三識，皆有多失。

且如第七，有二種失。

一、“阿陀那”者，第八異名，而非第七。故《此經》等，說第八識名“阿陀那”。

二、義相違。所謂“唯煩惱障”便違《此經》(=@7-236; @7-241) “八地已上有染末那”。或，“不成佛”違《莊嚴論》等“轉八識成四智”義也。

第八賴耶，“能起法執”或云“緣十八界”，皆不應理。

心所法中無明[(1)]無明數，如何得與法執俱起!

又《新翻辨中邊論》云：“頌曰：

識生變似義，有情我及了，

此境實非有，境無故識無。

長行釋云。論[2]云'變似義'者，謂似色等諸境性現。'變似有情'者，謂似自他身五根性現。'變似我'者，謂染末那與我癡等恒相應故。'變似了'者，謂餘六識了相麤故。"具說如《彼》。

故知第八不緣心等。若廣分別，如《成唯識》也。

又眞諦云"阿摩羅識反照自體"，無教可憑，復違《如來功德莊嚴經》。

《彼》云：

如來無垢識，是淨無漏界，
解脫一切障，圓鏡智相應。

准經可知，"無垢識"者即是淨分第八識也。

又《決定藏論》即是《瑜伽》，《彼論》本無《九識品》也。

(1) SNST: '心所法中......法執俱起'=null; Lee: '無明' ⇒ 無; Jang(2013~): '無明'='無無明'
(2) JS: 論 ⇒ 頌

slob dpon yaṅ dag bden pas rnam par śes pa ni dguḥo ṣes bśad pa yaṅ/ bar daṅ ri rab kyi sde snod[1] gsum po de dag la skyon maṅ du yod de/

de la re ṣig rnam par śes pa bdun pa bstan pa la skyon rnam pa gñis yod de/ daṅ po len pa ṣes bya ba ni rnam par śes pa brgyad paḥi miṅ gi rnam graṅs yin gyi/ bdun pa ma yin pas deḥi phyir《mdo ḥdi ñid》la sogs pa las/ rnam par śes pa brgyad pa ni len paḥi rnam par śes pa ṣes byaḥo ṣes gsuṅs so//

gñis pa ni don ḥgal ba yin te/ ñon moṅs paḥi sgrib pa daṅ ldan no ṣes bśad pa ñid[2] mdo sde ñid[3] ḥgal te/ sa brgyad pa yan chad la ñon moṅs pa can gyi yid yod do ṣes bstan pas so// saṅs rgyas su mi ḥgrub po ṣes bstan pa yaṅ《bstan bcos mdo sdeḥi rgyan》la sogs pa las/ rnam par śes pa brgyad gnas gyur pas/ ye śes bṣi mṅon par ḥgrub po ṣes bśad paḥi don daṅ ḥgal bar gyur pas/[4]

kun gṣi rnam par śes pa chos su ḥdsin pa skyed par byed pa daṅ khams bco brgyad la dmigs par byed do ṣes bstan pa de dag kyaṅ rigs pa ma yin no//[5]

gṣan yaṅ《dbus daṅ mthaḥ rnam par ḥbyed pa》ḥi tshig [D.Ti.216a] leḥur byas pa gsar [ZH.68-514] ḥgyur las/

rnam śes don daṅ sems can daṅ//
bdag daṅ rnam rig lta bur snaṅ//
yul ḥdi ṅes par yod ma yin//
yul med phyir ni rnam śes med//

ces ḥbyuṅ ste/ ḥdi ñid kyi ḥgrel pa las

de la don lta bur snaṅ ba ḥdi lta ste/ gzugs la sogs paḥi yul gyi dṅos por[6] snaṅ ba gaṅ yin paḥo// sems can lta bur snaṅ ba ni ḥdi lta ste/ bdag daṅ gṣan gyi yul[7] lta bur dbaṅ po lṅaḥi ṅo bor snaṅ ba gaṅ yin paḥo// bdag lta bur snaṅ ba ni ḥdi lta ste/ ñon moṅs pa can gyi yid bdag tu rmoṅs pa la sogs pa daṅ/ rtag par mtshuṅs par ldan paḥi phyir ro// rnam par rig pa lta bur snaṅ ba ni ḥdi lta ste/ rnam par śes pa gṣan drug po dag mtshan ñid rnam par rig pa rags paḥi phyir ro ṣes bśad de/

ṣib tu《de ñid》las bstan pa yin no//

deḥi phyir brgyad pa ni sems pa la sogs pa la mi dmigs par rig par bya ste/

ṣib tu rnam par ḥbyed pa ni/《rnam par rig pa tsam du grub paḥi bstan bcos》las bśad pa bṣin no//

gṣan yaṅ slob dpon yaṅ dag bden pas dri ma med paḥi rnam par śes pa ni bdag ñid la dmigs par byed do ṣes bśad pa yaṅ/ luṅ gi khuṅs kyaṅ gtan tshig yid brtan du ruṅ ba yaṅ med la/ gṣan yaṅ《bstan bcos de bṣin gśegs paḥi yon tan gyi rgyan》las/ bstan pa dag daṅ yaṅ ḥgal bar ḥgyur te/

《de ñid》las/

> de bṣin gśegs paḥi dri med rnam śes ni//
> śin tu dag ciṅ zag med dbyiṅs yin pas//
> sgrib pa thams cad las ni rnam par grol//
> me loṅ lta buḥi ye śes mtshuṅs par ldan//

ṣes ḥbyuṅ ba ni《mdo sde》las gsuṅs pa bṣin du śes par bya ste/ de la dri ma med paḥi rnam par śes pa ṣes bya ba ni/ rnam par byaṅ baḥi phyogs kyi kun gṣi [ZH.68-515] rnam par śes paḥo//

gṣan yaṅ《rnam par ṅes paḥi mdsod kyi bstan bcos》ṣes bya ba ḥdi ñid《rnal ḥbyor spyod paḥi sa》[D.Ti.216b] yin te/《bstan bcos de ñid》las《rnam par śes pa dguḥi leḥu》ṣes bya ba med do ṣes bśad do//

(1) 'bar daṅ ri rab kyi sde snod' ⇒ 'phyi maḥi rnam par śes pa' (2) ñid ⇒ ni
(3) ñid ⇒ 'ḥdi ñid daṅ' (4) pas/ ⇒ paḥo// (5) 〈......〉 omitted (6) 'dṅos por' ⇒ 'ṅo bor'
(7) yul ⇒ lus

[§.2. 釋名字]

言釋名者, 先通, 後別。

言"八識"者, 是其通名。"八"謂標數, "識"即了別。

通性及相，簡唯六識，故言“八識”。即六釋中，帶數釋也。

de la ṅes tshig rnam par bśad pa yaṅ rnam pa gñis te/ spyi daṅ bye brag go// de yaṅ rnam par śes pa brgyad ces bya ba ni spyiḥi miṅ ste/ brgyad ces bya ba ni graṅs smos paḥo// rnam par śes pa ni rnam par rig paḥo//
spyiḥi ṅo bo ñid daṅ mtshan ñid kyis ni/ rnam par śes pa drug las rnam par ḥbyed de/ rnam par bśad pa rnam pa drug las ḥdi ni graṅs daṅ bcas paḥi rnam par bśad paḥo//

言名別[(1)]者。
眼等六識，皆依主釋，謂依眼之識名爲“眼識”，乃至依意之識名爲“意識”。
第七末那，此云意，如《成唯識》：“恒審思[(2)]，勝餘識故。”
若依此釋，意即識故，名爲“意識”，是持業釋。
[(3)]八阿賴耶，此云藏識，具有能藏、所藏、執藏義故，此即如次，果於因中藏、因於果中藏、境於執中藏。具如《成唯識論》及《攝大乘》。此亦持業，藏即識故。

(1) SNST, Baek(2013c): ‘名別’ ⇒ ‘別名’ (2) JS, Taisho: null ⇒ +量 (3) SNST: null ⇒ +第

de la bye brag gi miṅ ni/
miṅ la sogs paḥi rnam par śes pa drug po rnams te/ thams cad kyaṅ bdag poḥi dbaṅ du mdsad nas rnam par bśad paḥo// ḥdi lta ste/ mig la brten paḥi rnam par śes pa gaṅ yin pa de ni mig gi rnam par śes pa ṣes byaḥo// de bṣin du yid la brten paḥi rnam par śes pa gaṅ yin pa de ni yid kyi rnam par śes pa ṣes byaḥo//
bdun pa ñon moṅs pa can gyi yid ni/ 《rnam par rig pa tsam du grub paḥi bstan bcos》 las/ rtag tu ṅes par sems pa rnam par śes pa gṣan dag las kyaṅ khyad par du gyur paḥi phyir ro ṣes bśad de/ bśad pa ḥdi daṅ sbyar na/ yid ñid rnam par śes pa yin paḥi phyir/ yid kyi rnam par śes pa ṣes bya ste/ ḥdi ni las yoṅs su ḥdsin paḥi rnam par bśad paḥo//
brgyad pa kun gṣi rnam par śes pa ni sbed par byed pa daṅ/ sba bar bya ba daṅ sbas pa ḥdsin paḥi don daṅ ldan paḥi phyir/ go rims bṣin du ḥbras bu rgyu la sbas pa daṅ/ rgyu ḥbras bu la [ZH.68-516] sbas pa daṅ/ yul ḥdsin pa la sbas

pa ste/ ṣib tu《bstan bcos rnam par rig pa tsam du grub pa》daṅ/《theg pa chen po bsdus pa》las bstan pa bṣin no//[(1)]

(1) +'ḥdi yaṅ las yoṅs su ḥdsin paḥi rnam par bśad pa yin ste/ kun gṣi ñid rnam par śes pa yin paḥi phyir ro//'

[§.3. 出體性]

言體性者, 且依三[(1)]義：一、約三性, 二、約三科, 三依法數[(2)]。

若依三性分別八識, 一一皆通三性。攝妄歸眞皆"眞如"故, 託因緣起皆名[(3)]"依他"[(4)], 隨執情有是"所執性"[(5)]。

故《唯識》第九卷云："謂唯識性, 略有二種：一者、虛妄, 謂遍計所執, 二者、眞實, 謂圓成實[(6)]。復有二性：一者、世俗, 謂依他起, 二者、勝義, 謂圓成實。"

(1) SNST: 三 ⇒ 二 (2) SNST: '三依法數' ⇒ null (3) SNST: 名 ⇒ null
(4) SNST: null ⇒ +故 (5) SNST: null ⇒ +故 (6) Taisho, SNST, Baek(2013c): null ⇒ +性

de la ṅo bo ñid bstan pa yaṅ re ṣig don rnam pa gñis la brten nas bstan te/ ṅo bo ñid rnam pa gsum daṅ/ chos rnam pa gsum la brten nas bstan paḥi phyir ro//

gal te ṅo bo ñid rnam pa gsum la brten nas [D.Ti.217a] rnam par śes pa brgyad rnam par dbye na thams cad kyaṅ ṅo bo ñid gsum du bsdus pa yin te/ yaṅ dag pa ma yin paḥi rnam par rtog pa rnams gcig tu bsdus nas de kho na la phyogs pa ni de bṣin ñid yin paḥi phyir daṅ/ rgyu daṅ rkyen la ltos nas ḥbyuṅ bas thams cad kyaṅ gṣan gyi dbaṅ yin paḥi phyir/ ji tsam du brtags paḥi sems kyi rjes su yod pa dag ni/ kun brtags kyi ṅo bo ñid yin paḥi phyir ro//

deḥi phyir《rnam par rig pa tsam du grub paḥi bstan bcos》las/

rnam par śes paḥi ṅo bo ñid ni mdor bsdu na rnam pa gñis te/ yaṅ dag pa ma yin pa ni ḥdi lta ste/ kun tu brtags paḥo// yaṅ dag pa ni ḥdi lta ste/ yoṅs su grub paḥi ṅo bo ñid do// gṣan yaṅ ṅo bo ñid rnam pa gñis te/ kun rdsob ni ḥdi lta ste/ gṣan gyi dbaṅ gi ṅo bo ñid do// don dam pa ni ḥdi lta ste/ yoṅs su grub paḥi ṅo bo ñid do ṣes bśad do//

三科出體。

五蘊門中，八識，皆用識蘊爲體。

十二處中，皆意處攝，皆有無間滅依義故。

十八界中，前五種識，一一皆用自識界及意界一分爲體。

第六、七、八三識，一一皆用意識及意界少分以爲自性。

chos rnam pa gsum la brten nas ṅo bo ñid bstan pa yaṅ

phuṅ po lṅa las rnam par śes pa brgyad po dag ni thams cad kyaṅ rnam par śes paḥi phuṅ poḥi bdag ñid do//

skye mched bcu gñis las ni thams cad kyaṅ yid kyi skye mched kyis bsdus te/ thams cad la yaṅ de ma thag paḥi ḥgag pa la brten paḥi[(1)] don [ZH.68-517] yod paḥi phyir ro//

khams bco brgyad las sṅa maḥi rnam par śes pa lṅa po dag ni thams cad kyaṅ raṅ gi rnam par śes paḥi khams daṅ yid kyi khams kyi phyogs gcig gi bdag ñid byed do// drug pa daṅ bdun pa daṅ/ brgyad poḥi[(2)] rnam par śes pa gsum po dag ni thams cad kyaṅ yid kyi rnam par śes pa daṅ/ yid kyi khams kyi phyogs gcig gi ṅo bo ñid byed do//

(1) 'de ma thag paḥi ḥgag pa la brten paḥi' ⇒ 'ḥgags ma thag paḥi gnas kyi'

(2) poḥi ⇒ paḥi

[§.4. 所依根]

辨所依者。

八識所依，各有三種：

一、因緣依，謂能親生八識種子。

故《成唯識》第四卷云：“一、因緣依，謂自種子。諸有爲法，皆託此依，離自因緣必不生故。”

二、開導依，謂前念滅自類八識，各望後念爲開導依。

故《唯識》云：“三、等無間緣依，謂前滅意。諸心心所，皆託此依，離開導根[(1)]必不轉[(2)]故。”

(1) SNST: 根=依

(2) Taisho: 轉=起

de la gnas rnam par dbye ba yaṅ

rnam par śes pa brgyad po dag gi gnas ni re re la yaṅ rnam pa gsum gsum yod de/ de la daṅ po rgyuḥi rkyen gyi gnas ni ḥdi lta ste/ rnam par śes pa brgyad po dag mṅon du bskyed paḥi sa bon rnams te/

deḥi phyir《rnam par rig pa tsam du grub paḥi bstan bcos》las

daṅ poḥi rgyuḥi [D.Ti.217b] rkyen gyi gnas ni ḥdi lta ste/ raṅ gi sa bon(1) ḥdus byas kyi chos rnams te/(2) thams cad kyaṅ gnas ḥdi la ltos nas(3) raṅ gi rgyuḥi rkyen daṅ bral na/ ṅes par mi skyed paḥi phyir ro ṣes bśad pa yin no//

gñis pa go ḥbyed paḥi gnas ni ḥdi lta ste/ skad cig ma sṅa ma raṅ gi rnam pa ḥgags paḥo// rnam par śes pa brgyad po dag phan tshun ltos paḥi skad cig ma sṅa ma ni go ḥbyed paḥi gnas byed pas/(4) deḥi phyir《rnam par rig pa tsam du grub paḥi bstan bcos》las/

mtshuṅs pa de ma thag paḥi rkyen gyi gnas ni ḥdi lta ste/ sṅar ḥgags ma thag paḥi yid de/ sems daṅ sems las ḥbyuṅ ba rnams gnas ḥdi la ltos pas go ḥbyed paḥi gnas daṅ bral na ṅes par mi ḥjug paḥi phyir ro ṣes bśad do//

(1) +no// (2) te/ ⇒ ni (3) PN: nas ⇒ pas

(4) 'skad cig ma sṅa ma raṅ gi rnam pa ḥgags paḥo// rnam par śes pa brgyad po dag phan tshun ltos paḥi skad cig ma sṅa ma ni go ḥbyed paḥi gnas byed pas/' ⇒ 'skad cig sṅa ma la ḥgags paḥi raṅ gi rnam paḥi rnam par śes pa brgyad po dag re re dag ni skad cig ma phyi ma la ltos nas go ḥbyed paḥi gnas byed pas/'

三、俱有依。然俱有依，諸識不同。

眼等五識，各有四依。

一、同境根，謂眼等五根，各望自識。

二、分別根，謂五識俱同緣意識。

三、染淨根，謂第七末那。

四、根本依，謂第八識。

故《唯識》云："由此，五識俱有所依，定有四種，謂五色根、六、七、八識。隨闕一種必不轉故，同境、分別、染淨、根本所依別故。"

第六意識俱有所依，唯有二種。

故《唯識》云："第六意識俱有所依，唯有二種，謂七、八識，隨闕一種必不轉故。"

第七末那俱有所依，唯有一種。

故《唯識》云："第七意識[(1)]俱有所依，但有一種，謂第八識。藏識若無，必[(2)]不轉故。"

第八賴耶俱有所依，亦唯一種。

故《唯識》云："阿賴耶識俱有所依，亦但一種，謂第七識。彼識若無，定不轉故，論說'藏識恒與末那俱時轉'故。"

解云。八識所依，有漏、無漏，無有差別。

(1) SNST: '第七意識'='第七末那'

(2) Taisho: 必=定; SNST: 必=*sic*

gsum pa ni lhan cig paḥi gnas te/ lhan cig paḥi gnas de yaṅ rnam par śes pa rnams kyis mi mtshuṅs pas

mig la sogs paḥi rnam par śes pa lṅa po de [ZH.68-518] dag re re la yaṅ gnas bṣi bṣi yod de/

de la yul mtshuṅs paḥi dbaṅ po ni ḥdi lta ste/ mig la sogs paḥi dbaṅ po lṅa po dag phan tshun ltos paḥi raṅ gi rnam par śes paḥo[(1)]//

rnam par rtog paḥi dbaṅ po ni ḥdi lta ste/ [(2)]śes pa lṅa po dag yid kyi rnam par śes pa la ni dmigs par mtshuṅs paḥo[(3)]//

kun nas ñon moṅs pa daṅ rnam par byaṅ baḥi dbaṅ po ni ḥdi lta ste/ ñon moṅs pa can gyi yid do//

rtsa baḥi gnas ni ḥdi lta ste/ kun gṣi rnam par śes paḥo//

deḥi phyir《rnam par rig pa tsam du grub paḥi bstan bcos》las/

des na rnam par śes pa lṅa po dag gi lhan cig paḥi gnas ni ṅes par rnam pa bṣi yod de/ ḥdi ltar dbaṅ po gzugs can lṅa daṅ/ rnam pa[(4)] drug daṅ/ bdun daṅ/ brgyad po[(5)] de dag las gaṅ yaṅ ruṅ ba las[(6)] gcig ma tshaṅ na ṅes par mi ḥjug paḥi phyir daṅ/ yul mtshuṅs paḥi daṅ/ rnam par rtog pa daṅ/ kun nas ñon moṅs pa daṅ/ rnam par byaṅ ba daṅ/ [D.Ti.218a] rtsa baḥi gnas tha dad paḥi phyir ro ṣes bśad do//

yid kyi rnam par śes paḥi lhan cig paḥi gnas ni rnam pa gñis kho na ste/

deḥi phyir《rnam par rig pa tsam du grub paḥi bstan bcos》las/

yid kyi rnam par śes paḥi lhan cig paḥi gnas ni gñis kho naḥo// ḥdi lta ste/ rnam par śes pa bdun daṅ/ brgyad pa[(7)] las gaṅ yaṅ ruṅ ba cig[(8)] ma tshaṅ na ṅes par mi ḥjug paḥi phyir ro ṣes ḥbyuṅ ṅo//

ñon moṅs pa can gyi yid kyi lhan cig paḥi gnas ni gcig kho na ste/ deḥi phyir《rnam par rig pa tsam du grub paḥi bstan bcos》las/ ñon moṅs pa can gyi yid kyi lhan cig paḥi gnas ni gcig kho na ste/[(9)] gal te kun gṣi rnam par śes pa med na ṅes par mi ḥjug paḥi phyir ro ṣes bśad do// [ZH.68-519] kun gṣi rnam par śes paḥi lhan cig paḥi gnas kyaṅ gcig kho na ste/ deḥi phyir《rnam par rig pa tsam du grub paḥi bstan bcos》las/ kun gṣi rnam par śes paḥi lhan cig paḥi gnas kyaṅ gcig kho naḥo// de yaṅ ḥdi lta ste ñon moṅs pa can gyi yid do// gal te rnam par śes pa de med na/ ṅes par mi ḥjug paḥi phyir ro ṣes bśad de[(10)] bstan bcos dag las kun gṣi rnam par śes pa ni rtag par ñon moṅs pa can gyi yid daṅ lhan cig ḥjug go ṣes bśad paḥi phyir ro[(11)]// rnam par śes pa brgyad car yaṅ zag pa daṅ bcas pa daṅ/ zag pa med pa la gnas par ni bye brag tu gyur pa ci yaṅ med do//

(1) 'phan tshun ltos paḥi raṅ gi rnam par śes paḥo' ⇒ 're re dag ni raṅ gi rnam par śes pa la ltos paḥo'

(2) 'śes pa' ⇒ 'rnam par śes pa'

(3) 'yid kyi rnam par śes pa la ni dmigs par mtshuṅs paḥo' ⇒ 'daṅ lhan cig tu yul gcig la dmigs paḥi yid kyi rnam par śes paḥo'

(4) 'rnam pa' ⇒ 'rnam par śes pa' (5) po ⇒ 'pa ste/' (6) las ⇒ null

(7) +'ste/ de dag' (8) PN: cig ⇒ gcig

(9) 'kho na ste/' ⇒ 'kho naḥo// ḥdi lta ste/ rnam par śes pa brgyad paḥo//'

(10) 'phyir ro ṣes bśad de' ⇒ 'phyir daṅ/' (11) +'ṣes bśad do'

[§.5. 所緣境]

顯所緣者，有其四種。

一、五識所緣，二、意識所緣，三、末那所緣，四、阿賴耶境。

一一門中，先辨有漏，後顯無漏。

de la dmigs par bya baḥi[(1)] yul bstan pa ni/ sgo re re la yaṅ rnam pa bṣi bṣi yod de/[(2)] rnam par śes pa lṅa dag gis[(3)] dmigs pa daṅ/ yid kyi rnam par śes paḥi dmigs pa daṅ/ ñon moṅs pa can gyi yid kyi dmigs pa daṅ/ kun gṣi rnam par śes paḥi dmigs pa bstan paḥo//[(4)]

(1) 'dmigs par bya baḥi' ⇒ 'dmigs paḥi'

(2) 'sgo re re la yaṅ rnam pa bṣi bṣi yod de/' ⇒ null (3) PN, Jang(2013~): gis ⇒ gi

(4) +'sgo re re la yaṅ/ sṅar ni zag pa daṅ bcas pa bśad la/ phyis ni zag pa med pa bśad par byaḥo//'

有漏五識，於五境中，各唯緣一，謂眼識緣色，乃至身識緣觸。【唯是現量。】

若無漏位，依《成唯識論》第十卷，有兩師義。

故《彼》云："成所作智相應心品。

有義。但緣五種現境。《莊嚴論》說'如來五根，一一皆於五境故轉'[(1)]。

有義。亦能通[(2)]緣三世諸法。《佛地經》說'成所作智，起[(3)]三業諸變化事，決擇有情心行差別，領受去、來、現在等義'[(4)]。"【亦唯現量，不通眞智。】[(5)]

(1) JS, SNST, Jang(2013~): "如來五根，一一皆於五境故轉'="如來五根，一一皆於五境轉'故'

(2) Taisho, SNST, Baek(2013c): 通 ⇒ 遍

(3) Taisho, SNST, Baek(2013c): null ⇒ +作

(4) SNST: null ⇒ +故; Taisho: null=*sic*

(5) SNST: '【亦唯現量，不通眞智。】'=null

zag pa daṅ bcas paḥi rnam par śes pa lṅa po dag ni/ yul rnam pa lṅa las re re kho na la dmigs par byed de/ ḥdi lta ste/ mig gi rnam par śes pa gzugs la dmigs [D.Ti.218b] nas lus kyi rnam par śes pa reg bya la dmigs paḥi bar du ste/ ḥdi ni mṅon sum gyi tshad ma kho naḥo//

zag pa med paḥi gnas skabs gaṅ yin pa de ni《bstan bcos rnam par rig pa tsam du grub pa》las slob dpon gñis kyi bśad pa ḥbyuṅ ste/ deḥi phyir《de》las bya ba grub paḥi ye śes daṅ mtshuṅs par ldan paḥi sems kyi rnam pa ni kha cig na re mṅon sum gyi tshad ma[(1)] rnam pa lṅa kho na la dmigs par byed de/《bstan bcos mdo sde[(2)] rgyan》las/ de bṣin gśegs [ZH.68-520] paḥi dbaṅ po lṅa po dag ni thams cad kyaṅ yul lṅa po dag la ḥjug paḥi phyir ro ṣes bśad pas so ṣeḥo//

kha cig na re dus gsum gyi chos rnams la khyad[(3)] par dmigs par mdsad de/《ḥphags pa saṅs rgyas kyi saḥi mdo》las bya ba sgrub paḥi ye śes thugs sprul paḥi phrin las rnam pa gsum(?) bskyed pas sems can rnams sems kyi spyod pa tha dad pa gtan la dbab pa daṅ/ ḥdas pa daṅ/ ma ḥoṅs pa daṅ/ da ltar gyi don rnams so sor myoṅ bar mdsad do ṣes gsuṅs pas so ṣeḥo ṣes ḥbyuṅ ṅo//

(1) 'tshad ma' ⇒ 'spyod yul' (2) sde ⇒ sdeḥi (3) PN: khyad ⇒ khyab

有漏意識，遍緣十八界，諸論皆同。【通量、非量，或現，或比。】[(1)]

若已轉依，亦遍緣諸法。

故《唯識》云："妙觀察智相應心品，緣一切法自相、共相，皆無障礙。"【唯是現量，通眞俗智。】[2]

[1] SNST: '【通量、非量，或現，或比。】'=null
[2] SNST: '【唯是現量，通眞俗智。】'=null

zag pa daṅ bcas paḥi yid kyi rnam par śes pa ni khams bco brgyad po kun la dmigs par byed de/ bstan bcos kun las kyaṅ mthun par de skad bśad do//
gnas gyur paḥi dus su yaṅ chos rnams kun la dmigs par byed de/ deḥi phyir 《rnam par rig pa tsam du grub paḥi bstan bcos》 las
so sor rtog paḥi ye śes daṅ mtshuṅs par ldan paḥi sems kyi rnam pa ni chos thams cad kyi raṅ gi mtshan ñid kyi[1] daṅ/ spyiḥi mtshan ñid la thogs pa med par dmigs par mdsad do ṣes bśad do//

[1] kyi ⇒ null

有漏第七，唯緣第八賴耶見分，執爲我、法，諸論悉同。【唯是非量。】[1]
無漏末那，依《唯識論》，三釋不同。
故《彼》云："平等性智相應心品。
有義。但緣第八淨識，如染末那緣藏識故。
有義。但緣眞如爲境，緣一切法平等性故。
有義。遍緣眞、俗爲境。《佛地經》說'平等性智，證得十種平等性'故，《莊嚴論》說'緣諸有情自他平等，隨他勝解，示現無邊佛影像'故。"【唯是現量，通眞俗智。】[2]

[1] SNST: '【唯是非量。】'=null
[2] SNST: '【唯是現量，通眞俗智。】'=null

zag pa daṅ bcas paḥi ñon moṅs pa can gyi yid ni/ kun gṣi rnam par śes paḥi lte[1] baḥi rnam pa la dmigs śiṅ bdag daṅ chos su ḥdsin par byed de/ bstan bcos kun las kyaṅ de skad du ston to//
[2]ñon moṅs pa can gyi yid ni de yaṅ 《bstan bcos rnam par rig pa tsam du grub pa》 daṅ sbyar na/ bśad pa mi mthun pa gsum yod de/
deḥi phyir 《de ñid》 las/
[D.Ti.219a] mñam pa ñid kyi ye śes daṅ mtshuṅs par ldan paḥi sems kyi rnam

pa de yaṅ kha cig na re brgyad pa yoṅs su dag paḥi rnam par rig pa la dmigs par mdsad de/ ji ltar ñon moṅs pa can gyi yid kun gṣi rnam par śes pa la dmigs par byed pa bṣin yin paḥi phyir ro ṣeḥo//
[ZH.68-521] kha cig ni de bṣin ñid kyi yul kho na la dmigs par mdsad de/ chos thams cad kyi mñam pa ñid la dmigs paḥi phyir ro ṣeḥo//
kha cig ni don dam pa daṅ/ kun rdsob kyi yul kun la dmigs par mdsad de/ 《ḥphags pa saṅs rgyas kyi saḥi mdo》 las/ mñam pa ñid kyi ye śes ni mñam pa ñid rnam pa bcus khoṅ du chud do ṣes gsuṅs paḥi phyir ro//
gṣan yaṅ 《bstan bcos mdo sdeḥi rgyan》 las/ sems can rnams kyi bdag daṅ gṣan mñam pa ñid la dmigs śiṅ gṣan dag gi mos pa bṣin du saṅs rgyas kyi gzugs brñan tshad med par ston par mdsad do ṣes bstan paḥi phyir ro ṣes ḥbyuṅ ño//

(1) lte ⇒ lta
(2) +'zag pa med paḥi'

有漏賴耶所緣境, 諸論不同。
若依《瑜伽》五十一, 唯說二種。
故《彼》云 : "謂若略說, 阿賴耶識, 由於二種所緣境轉 : 一、由了別內執受故, 二、由了別外無分別器相故。"
若依《成唯識》第二卷前文, 緣三種境。謂外器世間、有漏種子及有根身。
若依《唯識》第二後文, 緣四種境。前三之外, 更加法處實色。
故《彼》云 : "略說此'識所變(1)境'者, 謂有漏種、十有色處及隨(2)法處所現實色。"
【唯是現量。】(3)
問。何故此識不緣心等?
解云。如《唯識》第二卷云 : "異熟識變(4), 必有實用。若變(4)心等, 便無實用, 相分心等不能緣故。變(4)無爲等, 亦無實用。故異熟識不緣心等。"
無漏第八, 依《唯識論》第十, 有兩師義。
故《彼》云 : "大圓鏡智相應心品。
有義。但緣眞如爲境, 是無分別, 非後得智, 行相、所緣不可知故。
有義。此(5)品, 緣一切法。《莊嚴論》說'大圓鏡智, 於一切境不愚迷'故。《佛地經》說'如來智鏡, 諸處、境、識衆像現'故。又此決定緣無漏種及身

土等諸影像故。"【亦唯現量, 通眞俗智。】[6]

八識, 緣假實[7]、實境、有爲、無爲、三世等別, 廣如《唯識論》等說。

(1) SNST: '所變'='所緣' (2) Taisho, SNST, Baek(2013c): 隨 ⇒ 墮
(3) SNST: '【唯是現量。】'=null (4) SNST: 變=緣 (5) SNST: null=+心
(6) SNST: '【亦唯現量, 通眞俗智。】'=null (7) SNST: 實 ⇒ 境

zag pa daṅ bcas paḥi kun gṣi rnam par śes paḥi spyod yul ni bstan bcos rnams las bśad pa mi mthun te/

《bstan bcos rnal ḥbyor spyod paḥi sa》 las ni rnam pa gñis so ṣes bśad do// deḥi phyir 《de》 las

mdor bsdu na kun gṣi rnam par śes pa ni dmigs pa rnam pa gñis kyis ḥjug ste/ naṅ gi len pa rnam par rig paḥi phyir daṅ/ phyi rol gyi snod kyi rnam pa yoṅs su ma chad pa rnam par rig paḥi phyir ro ṣes ḥbyuṅ ṅo//

《rnam par rig pa tsam du grub paḥi bstan bcos》 las ni yul rnam pa gsum la dmigs so ṣes bśad de/ ḥdi lta ste/ phyi rol gyi snod kyi ḥjig rten daṅ/ zag pa daṅ bcas paḥi sa bon daṅ/ dbaṅ po daṅ bcas paḥi yul[1] laḥo//

gṣan yaṅ 《de ñid》 las yul rnam pa bṣi la dmigs so ṣes bśad do// sṅa ma gsum gyi steṅ du chos kyi skye mched du gtogs paḥi yaṅ dag paḥi gzugs kyis bsnan paḥi phyir ro//

[2]mdor bsdu na rnam par śes pa ḥdiḥi [D.Ti.219b] dmigs paḥi yul ni ḥdi lta ste/ zag pa daṅ bcas paḥi sa bon daṅ gzugs kyi skye mched[3] daṅ/ chos kyi skye mched du gtogs paḥi yaṅ [ZH.68-522] dag paḥi gzugs so[4]//

ciḥi phyir rnam par śes pa ḥdi sems la sogs pa la dmigs par mi byed ce na/ 《bstan bcos rnam par rig pa tsam du grub pa》 las

rnam par smin paḥi rnam par śes paḥi dmigs pa la ni gdon mi za bar yaṅ dag paḥi nus pa yod pas/ gal te sems la sogs pa la yaṅ dmigs par byed na ni/ yaṅ dag paḥi nus pa med par ḥgyur te/ rgyu mtshan gyi rnam paḥi sems la sogs pas dmigs par mi nus paḥi phyir ro//

ḥdus ma byas la sogs pa la dmigs na yaṅ/ yaṅ dag paḥi nus pa med par ḥgyur bas/ rnam par smin paḥi rnam par śes pa ni/ sems la sogs pa la dmigs par mi byed do ṣes bśad do//

zag pa med paḥi kun gṣi rnam par śes pa yaṅ 《bstan bcos rnam par rig pa tsam du grub pa》 las slob dpon gñis kyis bśad pa ḥbyuṅ ste/ deḥi phyir 《de》 las

me loṅ lta buḥi ye śes daṅ mtshuṅs par ldan paḥi sems kyi rnam pa yaṅ kha cig ni de bṣin ñid kyi yul la dmigs pas/ rnam par mi rtog pa yin gyi/ rjes las thob paḥi ye śes kyi rnam paḥi spyod yul[5] ni ma yin te/ [6]śes par mi nus paḥi phyir ro ṣeḥo//

kha cig na re sems kyi rnam pa ḥdi ni chos thams cad la dmigs par byed de/ 《bstan bcos mdo sdeḥi rgyan》 las me loṅ lta buḥi ye śes ni yul thams cad la dmigs par byed paḥi phyir ro ṣes bstan pa daṅ/

《ḥphags pa saṅs rgyas kyi saḥi mdo》 las/ de bṣin gśegs pa rnams kyi me loṅ lta buḥi ye śes kyi dkyil ḥkhor la brten nas skye mched daṅ/ deḥi yul la[7] rnam par śes paḥi gzugs brñan dag snaṅ ṅo ṣes gsuṅs paḥi phyir ro//

gṣan yaṅ ḥdi ni ṅes par zag pa med paḥi sa bon daṅ/ sku daṅ ṣiṅ la sogs paḥi gzugs brñan [D.Ti.220a] la dmigs paḥi phyir ro ṣes [ZH.68-523] zer ro ṣes ḥbyuṅ ṅo//

rnam par śes pa brgyad po de dag yul btags paḥam/ rdsas su yod paḥam/ ḥdus byas sam/ ḥdus ma byas sam dus gsum la sogs pa gaṅ la dmigs par byed ces bya baḥi bye brag ni 《bstan bcos rnam par rig pa tsam du grub pa》 la sogs pa las bstan pa bṣin du rig par byaḥo//

(1) yul ⇒ lus (2) +'deḥi phyir 《de》 las'

(3) 'gzugs kyi skye mched' ⇒ 'gzugs can gyi skye mched rnam pa bcu'

(4) +'ṣes ḥbyuṅ ṅo' (5) 'kyi rnam paḥi spyod yul' ⇒ null

(6) +'deḥi rnam pa daṅ dmigs pa ni' (7) la ⇒ daṅ

[§.6. 心所相應]

言心所相應者。

依《唯識論》護法正義，於五十一心所法中，有漏五識，各與三十四心所相應。

謂遍行五，別境五，善有十一，根本惑三謂貪、瞋、癡，隨惑有十謂中二、大八。

然善十一中，有兩師義。

故《唯識》第六云："有義。五識唯有十種，自性散亂[1]無輕安故。

有義。五識亦有輕安，定所引善者亦有調暢故，成所作智俱必有輕安故。"

無餘心所，如論廣說。

(1) Taisho: 亂=動

de la sems las byuṅ ba du[1] daṅ mtshuṅs par ldan paḥi bstan pa yaṅ/ 《bstan bcos rnam par rig pa tsam du grub pa》 las/ slob dpon chos skyoṅ gis bśad pa de yaṅ dag paḥi don daṅ sbyar na sems las byuṅ baḥi chos lṅa bcu rtsa gcig las zag pa daṅ bcas paḥi rnam par śes pa lṅa po dag[2] ni sems las byuṅ baḥi chos sum bcu rtsa bṣi daṅ mtshuṅs par ldan no//
ḥdi lta ste/ lṅa kun tu ḥgro ba daṅ/ lṅa yul so sor ṅes pa daṅ/ bcu gcig dge ba daṅ/ rtsa baḥi ñon moṅs pa las gsum po ḥdi lta ste/ ḥdod chags daṅ/ ṣe sdaṅ daṅ/ gti mug daṅ/ ñe baḥi ñon moṅs pa las bcu po ḥdi lta ste/ ḥbriṅ las gñis daṅ/ chen po las brgyad do//
dge ba bcu gcig po de dag la slob dpon gñis kyis bśad paḥi don yod de/ deḥi phyir 《bstan bcos rnam par rig pa tsam du grub pa》 las/
kha cig na re rnam par śes pa lṅa po dag ni ṅo bo ñid kyi rnam par g-yeṅ ba rnam pa bcu po kho na daṅ ldan te/[3] śin tu sbyaṅs pa med paḥi phyir ro ṣeḥo//
kha cig na re rnam par śes pa lṅa po dag la yaṅ śin tu sbyaṅs pa yod de/ tiṅ ṅe ḥdsin gyis bskyed paḥi dge ba la yaṅ zo mdog bde ba yod paḥi phyir daṅ/ bya ba sgrub paḥi ye śes daṅ lhan cig pa la yaṅ ṅes par śin tu sbyaṅs pa yod paḥi phyir ro ṣes zer ro ṣes [ZH.68-524] ḥbyuṅ ste/
sems las byuṅ ba gṣan med par bśad pa ni bstan bcos dag las rgya cher bstan pa bṣin du rig par byaḥo//

(1) du ⇒ null (2) +'re re'
(3) 'ṅo bo ñid kyi rnam par g-yeṅ ba rnam pa bcu po kho na daṅ ldan te/' ⇒ 'rnam pa bcu po kho na daṅ ldan te/ ṅo bo ñid kyi rnam par g-yeṅ ba la ni'

有漏意識，與五十一心所相應。諸論共同，亦無異義。

zag pa daṅ bcas paḥi yid kyi rnam par śes pa ni sems las byuṅ ba lṅa bcu rtsa gcig [D.Ti.220b] daṅ mtshuṅs par ldan te/ bstan bcos kun las kyaṅ mthun par ston pas tha dad paḥi don med do//

有漏末那，護法正義，唯與十八心所相應。
故《成唯識》第四云："然此意俱心所十八，謂[1]九法，八隨煩惱，并別境慧。"

解云。"前九法"者，謂遍行五及四煩惱。"四煩惱"者，謂我知[2]、我見、我慢、我愛。

無別心法，義如論說。

(1) Taisho, SNST, Baek(2013c), Jang(2013~): null ⇒ +前; JS: 謂=前
(2) SNST: 知 ⇒ 癡

zag pa daṅ bcas paḫi ñon moṅs pa can gyi yid ni slob dpon chos skyoṅ gis bśad paḫi yaṅ dag paḫi don las/ sems las byuṅ ba bco brgyad kho na daṅ mtshuṅs par ldan no ṣes bśad de/

deḫi phyir《bstan bcos rnam par rig pa tsam du grub pa》las

yid kyi rnam par śes pa[1] ḫdi daṅ mtshuṅs par ldan paḫi sems las byuṅ ba ni bco brgyad de/ ḫdi lta ste/ sṅa maḫi chos dgu daṅ/ ñe baḫi ñon moṅs pa las brgyad daṅ/ yul so sor ṅes pa las śes rab po ṣes ḫbyuṅ ṅo//

de la sṅa maḫi chos dgu ṣes bya ba ni ḫdi lta ste/ lṅa kun tu ḫgro ba daṅ ñon moṅs pa bṣi po dag go// ñon moṅs pa bṣi po ni ḫdi lta ste/ bdag tu rmoṅs pa daṅ/ bdag tu lta ba daṅ/ bdag tu ṅa rgyal ba daṅ/ bdag la sred paḫo ṣes ḫbyuṅ ste/

sems las byuṅ ba gṣan med par bśad pa yaṅ bstan bcos dag las ḫbyuṅ ba bṣin du rig par byaḫo//

(1) 'yid kyi rnam par śes pa' ⇒ 'ñon moṅs pa can gyi yid'

有漏賴耶，唯與五種遍行相應。

故《論》頌云："觸、作意、受、想、思相應。"

無餘心所，具如論說。[1]

(1) Tibetan translation is omitted.

無漏八識，皆二十一心所相應，謂遍行五、別境五、善有十一。

於中別者，妙觀察智，因位亦得尋、伺相應，於藥、病等未自在故。

若至佛果，尋、伺即無，無思成事故。

若廣分別，具如諸論。

zag pa med paḥi rnam par śes pa brgyad pa ni[(1)]/ sems las byuṅ ba ñi śu rtsa gcig daṅ mtshuṅs par ldan te/ ḥdi lta ste/ kun tu ḥgro ba lṅa daṅ yul so sor ṅes pa lṅa daṅ dge ba bcu gcig go//
de la bye brag ni so sor rtog paḥi ye śes kyaṅ rgyuḥi gnas skabs kyi tshe rtog dpyod daṅ mtshuṅs par ldan pa ste sman daṅ nad la sogs pa dag la dbaṅ du ma gyur paḥi phyir ro//
saṅs rgyas kyi sar byon paḥi tshe ni rtog pa daṅ dpyod pa mi mṅaḥ ste rtog pa mi mṅaḥ bar yaṅ mdsad paḥi [ZH.68-525] dṅos po rnams ḥgrub paḥi phyir ro//
rgya cher rnam par ḥbyed pa ni bstan bcos dag las ḥbyuṅ ba bṣin no//

(1) 'brgyad pa ni' ⇒ 'brgyad po re re la yaṅ'

"心"、"意"、"識"義，具如別章。

sems daṅ/ yid daṅ/ rnam par śes paḥi don ni rgya cher mtshan ñid bstan pa gṣan dag las ḥbyuṅ ba bṣin du rig par bya ste/

就釋文中，文別有二：初、明心意識秘密之義，後、"廣慧如是"(=@3-28)下辨秘密善巧、答前兩問。
前中有二：初、明第八衆名差別，後、"廣慧阿陀那識"下明諸識俱轉差別。
前中有四：一、釋種子識，二、辨阿陀那，三、明阿賴耶，四、顯"心"名。此即第一、釋一切種子識。

deḥi tshig gi don rnam par bśad pa yaṅ rnam pa gñis su dbye ste/ sems daṅ yid daṅ rnam par śes paḥi gsaṅ baḥi don bstan pa daṅ blo gros yaṅs pa de ltar ṣes bya ba [D.Ti.221a] man chad kyis gsaṅ ba la mkhas pa rnam par ḥbyed ciṅ sṅar ṣus pa rnam pa gñis kyi lan ston par mdsad paḥo//
daṅ po yaṅ rnam pa gñis kyis bstan te/ kun gṣi rnam par śes paḥi miṅ gi rnam graṅs maṅ poḥi bye brag bstan pa daṅ/ blo gros yaṅs pa len paḥi rnam par śes pa ṣes bya ba man chad kyis rnam par śes pa rnams lhan cig ḥjug paḥi bye brag bstan paḥo//

daṅ po la yaṅ rnam pa bṣis bstan te/ rnam par śes paḥi sa bon[(1)] bstan pa daṅ/ len paḥi rnam par śes pa rnam par ḥbyed pa daṅ/ kun gṣi rnam par śes pa bstan pa daṅ/ sems kyi miṅ bstan paḥo//
ḥdi ni daṅ po rnam par śes pa sa bon[(2)] bśad pa yin te/

(1) 'rnam par śes paḥi sa bon' ⇒ 'sa bon paḥi rnam par śes pa'
(2) 'rnam par śes pa sa bon' ⇒ 'sa bon thams cad paḥi rnam par śes pa'

[§. 一切種子(=三種習氣)]

一切種子，即三習氣。

此中意說，由第八識攝持三種習氣，結生相續。

故《成唯識》第八卷云："復次，生死相續，由諸習氣。然諸習氣，總有三種：一、名言習氣，二、我執習氣，三、有支習氣。"

de la sa bon thams cad ces bya ba ni bag chags rnam pa gsum ñid de/ de ni ḥdi skad du ḥdi ltar kun gṣi rnam par śes pas bag chags rnam pa gsum yoṅs su bzuṅ baḥi dbaṅ gis ñiṅ mtshams sbyor ba rgyun mi ḥchad par gyur to ṣes ston to//
deḥi phyir《bstan bcos rnam par rig pa tsam du grub pa》las/
gṣan yaṅ ḥkhor baḥi ñiṅ mtshams sbyor ba ni/ bag chags rnams las gyur pa yin te/ bag chags de yaṅ mdor bsdu na rnam pa gsum mo// ḥdi lta ste/ mṅon par [ZH.68-526] brjod paḥi bag chags daṅ/ bdag tu ḥdsin paḥi bag chags daṅ/ srid paḥi yan lag gi bag chags so ṣes bstan pa yin no//

其"種子識"，自有二種：一、識所持種名"種子識"，二、能持種識名爲"種識"[(1)]。

雖有二種，今此正明能持種識。身分生時，執持所依及種子故。

彼所持種即三習氣。故今略辨三種習氣。

然三習氣，略以四門分別。

一、釋名字，二、出體性，三、生果差別，四、四緣分別。

(1) SNST: '名爲種識' ⇒ '名種子識'

sa bon paḥi rnam par śes pa de yaṅ rnam pa gñis te/ daṅ po ni rnam par śes pas yoṅs su gzuṅ baḥi sa bon la sa bon paḥi rnam par śes pa ṣes byaḥo// gñis pa ni sa bon yoṅs su ḥdsin paḥi rnam par śes pa la sa bon paḥi rnam par śes pa ṣes bya ste/ de ltar rnam pa gñis yod mod kyi ḥdir ni sa bon yoṅs su ḥdsin paḥi rnam par śes pa yaṅ dag par ston te/ lus kyi yan lag ḥbyuṅ ba la gnas pa daṅ/ sa bon yoṅs su ḥdsin paḥi phyir daṅ/[(1)]
des yoṅs su gzuṅ baḥi sa [D.Ti.221b] bon ni bag chags rnam pa gsum yin paḥi phyir ro//[(2)] ḥdir bag chags rnam pa gsum po de ḥdir mdo tsam du bśad par bya ste/ bag chags rnam pa gsum po de yaṅ sgo rnam pa bṣis rnam par dbye bar bya ste/ ṅes tshig rnam par bśad pa daṅ/ ṅo bo ñid bstan pa daṅ/ ḥbras bu bskyed paḥi bye brag bstan pa daṅ/ rkyen rnam pa bṣis rnam par dbye baḥo//

(1) daṅ/ ⇒ ‘ro//’
(2) ‘phyir ro//’ ⇒ ‘phyir/’

[§.1. 釋名字]

第一釋名, 有通有別。

“三習氣”者, 是其通名。

“三”是標數。言“習氣”者, 說名言等名之爲“習”。第八中種, 習之氣分, 故名“習氣”。

即六釋中, 帶數釋也。

言別名者, 如《成唯識》: “然諸習氣, 總有三種。

一、名言習氣, 謂有爲法各別親種。名言有二 : 一、表義名言, 即能詮義音聲差別, 二、顯境名言, 即能了境心心所法。【如其次第, 舊云“言說名”、“思惟名”也。】

二、我執習氣, 謂虛妄執我我所種。我執有二 : 一、俱生我執, 即修所斷我我所執, 二、分別我執, 即見所斷我我所執。隨二我執所熏成種, 令有情等自他差別。

三、有支習氣, 謂招三界異熟業種。有支有二種 : 一、有漏善, 即是能招可愛果種[(1)], 二、諸不善, 即是能招非愛果報[(2)]。”

解云。三習氣相, 如論應知。

三種習氣，皆依主釋，謂名言習之氣種子故，乃至有支習之氣種子故。

(1) JS, Taisho, SNST, Baek(2013c): 種 ⇒ 業
(2) JS, Taisho, SNST, Baek(2013c): 報 ⇒ 業

de la daṅ po ṅes tshig rnam par bśad pa yid(1) spyi daṅ bye brag gis bstan te/
de la bag chags rnam pa gsum ṣes bya ba ni spyiḥi miṅ ṅo//
gsum ṣes bya ba ni graṅs smos paḥo//
bag chags ṣes bya ba ni mṅon par brjod pa(2) la bag chags ṣes byaḥo//
brgyad pa la yod paḥi sa bon gyi bag chags cha yin paḥi phyir bag chags ṣes bya ste/ ḥdi rnam par bśad pa drug las graṅs daṅ bcas paḥi rnam par bśad paḥo//
de la bye brag gi miṅ ni《bstan bcos rnam par bśad pa tsam du grub pa》las ji skad du/
bag chags rnams kyaṅ mdor bsdu na rnam pa gsum mo//
de la mṅon par brjod paḥi bag chags ni ḥdi lta ste/ ḥdus byas kyi chos so so tha dad paḥi ñe [ZH.68-527] baḥi sa bon no//
mṅon par brjod pa yaṅ rnam pa gñis te/ don mtshon paḥi mṅon par brjod pa ni don brjod paḥi sgraḥi bye brag go// yul mtshon paḥi mṅon par brjod pa ni yul khoṅ du chud par byed paḥi sems daṅ sems las byuṅ baḥi chos rnams so//
bdag tu ḥdsin paḥi bag chags ni ḥdi lta ste/ yaṅ dag pa ma yin pas bdag daṅ bdag gir bzuṅ baḥi sa bon no//
bdag tu ḥdsin pa yaṅ rnam pa gñis te/ lhan cig skyes paḥi bdag tu ḥdsin pa ni bsgom pas spaṅ bar bya baḥi bdag daṅ bdag gir ḥdsin paḥo// kun tu brtags paḥi bdag tu ḥdsin pa ni mthoṅ bas spaṅ bar bya baḥi bdag daṅ bdag gir ḥdsin pa ste/ bdag tu ḥdsin pa rnam pa gñis kyis yoṅs su bsgos pa las mṅon par ḥgrub paḥi sa bon gyis [D.Ti.222a] sems can rnams bdag daṅ gṣan ṣes bye brag tu byed paḥo//
sred(3) paḥi yan lag gi bag chags ni ḥdi lta ste/ khams gsum paḥi rnam par smin pa ḥdren paḥi las kyi sa bon no//
srid paḥi yan lag kyaṅ rnam pa gñis te/ zag pa daṅ bcas paḥi dge ba ni ḥbras bu yid du ḥoṅ ba ḥdren paḥi las gaṅ yin paḥo// mi dge ba ni ḥbras bu yid du ḥoṅ ba ma yin pa ḥdren paḥi las gaṅ yin paḥo ṣes bśad pa lta bu ste/
bag chags rnam pa gsum gyi mtshan ñid bstan bcos dag las ḥbyuṅ ba bṣin du rig par byaḥo//

bag chags rnam pa gsum char yaṅ bdag poḥi dbaṅ du byas nas[4] rnam par bśad pa yin te/ ḥdi ltar mṅon par brjod paḥi bag chags kyi sa bon yin paḥi phyir daṅ/ de bṣin du srid paḥi yan lag gi bag chags kyi sa bon yin paḥi phyir ro//

[1] PN: yid ⇒ yaṅ [2] PN, Jang(2013~): null ⇒ +'la sogs pa' [3] sred ⇒ srid
[4] nas ⇒ paḥi

[§.2. 出體性]

言出體者。

如前所說, 隨二名言所熏種子, 爲名言習氣。

二種我見[1]所熏成種, 爲我見[1]習氣。

乃至由善惡業所熏種子, 爲有支習氣。

種、現分別, 唯種, 非現。

[1] SNST, Jang(2013~): 見 ⇒ 執

de la ṅo bo ñid bstan pa yaṅ sṅar bśad pa bṣin du mṅon par brjod pa rnam pa gñis kyis yoṅs su bsgos paḥi sa bon [ZH.68-528] gaṅ yin pa de ni mṅon par brjod paḥi bag chags ṣes byaḥo//
bdag tu ḥdsin pa rnam pa gñis kyis yoṅs su bsgos paḥi sa bon gaṅ yin pa de ni bdag tu ḥdsin paḥi bag chags ṣes byaḥo//
de bṣin du dge ba daṅ mi dge baḥi las kyis yoṅs su bsgos paḥi sa bon gaṅ yin pa de ni srid paḥi yan lag gi bag chags ṣes bya ste/
sa bon ni de ltar rnam par rtog pa yin pas[1] sa bon kho nar zad kyi mṅon du gyur pa ni ma yin no//

(1) 'sa bon ni de ltar rnam par rtog pa yin pas' ⇒ 'sa bon daṅ mṅon du gyur pa rnam par dbye na/'

三果[1]出體。

名言習氣。五蘊門中, 一分種子, 五蘊以爲自性。除無漏種, 種隨所生同蘊攝故。處、界門中, 一分, 十二處種、十八界種以爲自性。除無漏種, 准[2]蘊應知。

我見[3]習氣。五蘊門中，行蘊一分所攝。處、界門中，法處、法界少[4]分爲體。

有支習氣。五蘊門中，色、行二蘊[5]，以身、語業是色蘊故，意思業種行蘊攝故。

處界門中，色處、聲處、法處、色界、聲界、法界一分爲體。

(1) JS, SNST, Baek(2013c), Jang(2013~): 果 ⇒ 科 (2) JS: 准=準. The same is below.
(3) SNST, Jang(2013~): 見 ⇒ 執 (4) SNST: 少 ⇒ 一
(5) JS, SNST, Jang(2013~): null ⇒ +'爲體'

chos rnam pa gsum gyi[1] ṅo bo ñid bstan na

mṅon par brjod paḥi bag chags ni phuṅ po lṅaḥi sgo nas phyogs gcig gi sa bon ni phuṅ po lṅaḥi ṅo bo ñid de/ zag pa med paḥi sa bon gyis bskyed pa(?) ma gtogs par thams cad kyaṅ phuṅ por bsdus par mtshuṅs paḥi phyir ro//

skye mched daṅ khams kyi sgo nas kyaṅ phyogs gcig ni skye mched bcu gñis kyi sa bon daṅ/ khams bco brgyad kyi sa bon gyi ṅo bo ñid de/ zag pa med paḥi sa bon [D.Ti.222b] ma gtogs pa ni phuṅ po bṣin du rig par byaḥo//

bdag tu ḥdsin paḥi bag chags kyaṅ/ phuṅ po lṅaḥi sgo nas ni ḥdu byed kyi phuṅ poḥi phyogs gcig bsdus so//

skye mched daṅ khams kyi sgo nas kyaṅ/ chos kyi skye mched daṅ/ chos kyi khams kyi phyogs gcig gi ṅo bo ñid do//

sred[2] paḥi yan lag gi bag chags ni phuṅ po lṅaḥi sgo nas gzugs daṅ ḥdu byed kyi phuṅ po gñis kyi ṅo bo ñid de/ [3]gzugs kyi phuṅ po yin paḥi phyir daṅ/ yid kyi sems paḥi las kyi sa bon ni ḥdu byed kyi phuṅ pos bsdus paḥi phyir ro//

skye mched daṅ khams kyi sgo nas ni gzugs kyi skye mched daṅ/ sgraḥi skye mched daṅ/ chos kyi skye mched daṅ/ gzugs kyi khams daṅ/ sgraḥi khams daṅ/ chos kyi khams kyi phyogs gcig gi ṅo bo ñid do//

(1) gyi ⇒ 'la brten nas' (2) sred ⇒ srid (3) +'lus daṅ ṅag gi las ni'

法數出體。

名言習氣，百法門中，通用百法種子爲體，影像[1]百法皆熏種故。

我見[2]習氣，用別境中慧及十煩惱中薩迦耶見以爲自性。

有支習氣，十一色中色、聲二法及心所中思爲自性，[3]意思業故。

[1] JS: '影像'='形像'; SNST: '影像'=*sic* [2] SNST, Jang(2013~): 見 ⇒ 執
[3] Jang(2013~): null ⇒ +'是身語及'

chos kyi rnam graṅs kyi ṅo bo ñid bstan [ZH.68-529] nas[1]
mṅon par brjod paḥi bag chags ni chos brgyaḥi sgo nas chos brgyaḥi sa bon gyi ṅo bo ñid kyi gzugs brñan byed de/ chos brgya po de dag thams cad kyaṅ yoṅs su bsgos paḥi sa bon yin paḥi phyir ro//
bdag tu ḥdsin paḥi bag chags ni yul so sor ṅes pa las śes rab daṅ/ ñon moṅs pa bcu las ḥjig tshogs la lta baḥi ṅo bo ñid do//
srid paḥi yan lag gi bag chags ni gzugs rnam pa bcu gcig las gzugs daṅ sgraḥi chos gñis daṅ/ sems las byuṅ baḥi[2] las sems paḥi ṅo bo ñid de/ [3]ṅag daṅ sems paḥi las yin paḥi phyir ro//

[1] nas ⇒ na [2] baḥi ⇒ ba [3] +'lus daṅ'; Jang(2013~): +'sku daṅ'

[§.3. 生果差別]

言出[1]果者，有其二義。

一、依《成唯識》，通約諸法以明生果。

二、依《攝論》，就十一識以辨生果。

[1] JS, SNST: 出 ⇒ 生

de la ḥbras bu bskyed paḥi phyir[1] bye brag bstan pa yaṅ rnam pa gñis te/
《rnam par rig pa tsam du grub paḥi bstan bcos》 las ḥbyuṅ ba bṣin du spyir chos rnams las brtsams nas ḥbras bu skyed par bstan pa daṅ/
《bstan bcos theg pa chen po bsdus pa》 las bstan pa bṣin du rnam par rig pa rnam pa bcu gcig las brtsams nas/ ḥbras bu bskyed pa rnam par ḥbyed paḥo//

[1] phyir ⇒ null

言"通約諸法以明生果"者。

名言習氣，通生百法。而差別者，九十四法，本質及影，皆"名言生"。

六種無爲，本、影不同。

本質六種，不從種生。圓成無爲"無生"義故。

影像六種，從名言起。依他無爲，據實有爲，託因生故。

故《唯識論》云："名言習氣，謂有爲法各別親種。"

問。有爲法中，實法有體，可言"種生"，不相應等既無實體，如何因起?

解云。據實，假法不從種生。故《成唯識論》第二卷云"假法如無，非因緣故"。

解云。"假法既非因緣"，義唯[(1)]假法，亦非所生。然以假從實，說爲"假種從因緣生"。故《唯識論》第二卷云"名、相、分別三種習氣"。

我見[(2)]習氣，能生自他身中百法差別。

有支習氣，能生百法善惡趣別。

[(3)]"無爲"、"假法"，准前應思。

(1) SNST, Jang(2013~): 唯=諸 (2) Lee: 見 ⇒ 執; SNST: 見=*sic*
(3) SNST: null=+'前所說'

de la spyir chos rnams las brtsams nas ḥbras bu skyed par bstan [D.Ti.223a] pa yaṅ

mṅon par brjod paḥi bag chags ni spyir chos brgyad[(1)] po dag skyed par byed de/

de la bye brag yod pa yaṅ chos dgu bcu rtsa bṣi po de dag gi ṅo bo ñid daṅ/ gzugs brñan thams cad ni mṅon par brjod pas bskyed pa yin no//

ḥdus ma byas rnam pa drug gi ṅo bo ñid daṅ/ gzugs brñan ni mi mtshuṅs pas ṅo bo ñid rnam pa drug gi sa bon las byuṅ ba ma yin te/ yoṅs su grub paḥi ḥdus ma byas ni mi skye baḥi don yin paḥi phyir ro//

gzugs brñan rnam pa drug ni mṅon par brjod pa las byuṅ ba yin te/ gṣan gyi dbaṅ gi ḥdus ma byas ni yaṅ dag par na ḥdus byas yin te/ rgyu la brten nas skyes paḥi phyir/

[ZH.68-530] 《rnam par rig pa tsam du grub paḥi bstan bcos》 las

mṅon par brjod paḥi bag chags ni ḥdi lta ste/ ḥdus byas kyi chos so so tha dad paḥi ñe baḥi sa bon no ṣes bstan pa yin no//

ḥdus byas kyi chos las rdsas su yod paḥi chos ni bdag ñid yod pas sa bon las skye ṣes byar ruṅ na mtshuṅs par ldan pa ma yin pa las bdag ñid yaṅ dag pa med na/ ji ltar rgyu las byuṅ ṣes brjod ce na/

yaṅ dag paḥi don du na btags paḥi chos rnams kyi sa bon las mi skye ste/ deḥi phyir《bstan bcos rnam par rig pa tsam du grub pa》las btags paḥi chos ni med pa daṅ ḥdra ste/ rgyu daṅ rkyen ma yin paḥi phyir ro ṣes ḥbyuṅ ste/ btags paḥi chos rgyu daṅ rkyen ma yin paḥi don gyis na btags paḥi chos rnams ni bskyed par bya ba yaṅ ma yin te/ ḥon kyaṅ brtags pa ni rdsas su yod paḥi rjes su[(2)] btags paḥi sa bon ṣes bśad de/ rgyu rkyen las skyes paḥi[(3)]
[(4)]phyir《rnam par rig pa tsam du grub paḥi bstan bcos》las/ miṅ daṅ rgyu mtshan daṅ rnam par rtog paḥi bag chags rnam pa gsum ṣes bstan pa yin no//
bdag tu lta baḥi[(5)] bag chags kyis ni bdag daṅ gṣan gyi lus kyi chos brgyaḥi bye brag tha dad pa skyed par byed do//
sred[(6)] paḥi yan lag gi bag chags kyis ni chos [D.Ti.223b] brgyaḥi bde ḥgro daṅ ṅan ḥgroḥi las[(7)] skyed par byed de/
sṅar bstan paḥi ḥdus ma byas daṅ btags paḥi chos ni sṅa ma bṣin du rig par byaḥo//

(1) PN: brgyad ⇒ brgya
(2) ‘brtags pa ni rdsas su yod paḥi rjes su’ ⇒ ‘btags pa rdsas su bsdus paḥi tshe ni’
(3) ‘btags paḥi sa bon ṣes bśad de/ rgyu rkyen las skyes paḥi’ ⇒ ‘btags paḥi sa bon ni rgyu rkyen las skyes pa ṣes bśad do//’
(4) +deḥi (5) ‘lta baḥi’ ⇒ ‘ḥdsin paḥi’ (6) sred ⇒ srid (7) las ⇒ ‘bye brag’

言“就十一識辨生果”者。
如《攝大乘論》第四[(1)]卷云：“此中，若身、身者、受者識、彼所受識、彼能受識、世識、數識、處識、言說識，此由名言熏習種子。若自他差別識，此由我見熏習種子。若善趣惡趣死生識，此由有分[(2)]熏習種子。”
廣如《彼》釋。

(1) Taisho, Baek(2013c): 四 ⇒ 二
(2) JS, Taisho, SNST, Baek(2013c): 分 ⇒ 支

de la rnam par rig pa rnam pa bcu gcig las brtsams nas ḥbras bu bskyed pa rnam par ḥbyed pa ni《bstan bcos theg pa chen po bstan[(1)] pa》las ji skad du/ de la lus daṅ/ lus can daṅ/ za ba poḥi rnam par rig pa gaṅ yin pa daṅ/ des ñe bar spyad par bya baḥi rnam par rig pa gaṅ yin pa daṅ/ de la ñe bar spyad [ZH.68-531] par bya baḥi rnam par rig pa gaṅ yin pa daṅ/ dus kyi rnam par rig pa daṅ/ graṅs kyi rnam par rig pa daṅ/ yul gyi rnam par rig pa gaṅ yin pa daṅ/ tha sñad kyi rnam par rig pa gaṅ yin pa de ni mṅon par brjod paḫi bag chags kyi sa bon las byuṅ baḫi phyir ro//

bdag daṅ gẓan gyi rnam par rig paḫi bye brag[(2)] gaṅ yin pa de ni bdag tu lta baḫi bag chags kyi sa bon las byuṅ baḫi phyir ro//

bde ḫgro daṅ ṅan ḫgro daṅ ḫchi ḫpho daṅ skye baḫi rnam par rig pa gaṅ yin pa de ni srid paḫi yan lag gi bag chags kyi sa bon las byuṅ baḫi phyir ro ẓes ḫbyuṅ ste/

rgya cher《de ñid》las bstan pa bẓin no//

(1) bstan ⇒ bsdus

(2) ‘rnam par rig paḫi bye brag’ ⇒ ‘bye brag gi rnam par rig pa’

[§.4. 四緣分別]

言四緣分別者。

名言習氣，是正因緣。餘二習氣，[(1)]增上緣。

故《成唯識》第八卷云："隨二名言所熏成種，作有爲法各別因緣。"

又《彼》復云："應知我執、有支習氣，於差別果，是增上緣。"

若廣分別，[(2)]《成唯識論第八[(3)]疏》。

(1) Jang(2013~): null ⇒ +是　(2) SNST, Jang(2013~): null ⇒ +如　(3) SNST: null=+卷

de la rkyen bẓis rnam par dbye ba yaṅ

mṅon par brjod paḫi bag chags ni rgyuḫi rkyen yaṅ dag pa yin la bag chags gẓan gñis ni bdag poḫi rkyen yin te/

deḫi phyir《bstan bcos rnam par rig pa gaṅ yin pa daṅ/ dus kyi[(1)] rnam par rig pa tsam du grub pa》las/

mṅon par brjod pa gñis kyis yoṅs su bsgos pa las grub paḫi sa bon gaṅ yin pa de ni ḫdus byas kyi chos rnams kyi so soḫi rgyu rkyen byed do ẓes bya ba daṅ/

gẓan yaṅ《de ñid》las/

bdag tu ḫdsin pa daṅ srid paḫi yan lag gi bag chags ni ḫbras bu bye brag tha dad pa rnams la bdag poḫi rkyen byed par rig par byaḫo ẓes ḫbyuṅ ste/

rgya cher rnam par ḫbyed pa ni《rnam par rig pa tsam du grub paḫi bstan bcos》 bam po brgyad paḥi ḥgrel pa las bstan pa [D.Ti.224a] bṣin no//

(1) 'rnam par rig pa gaṅ yin pa daṅ/ dus kyi' ⇒ null

就種識中, 文別有二：初、約趣、生, 略明身分生起, 後、"於中"下依種子識, 廣辨受生差別。此即初也。

sa bon paḥi rnam par śes pa de ñid bstan pa la rnam pa gñis su dbye ste/ sems can gyi phuṅ po[1] las brtsams nas lus kyi yan lag ḥbyuṅ ba bstan pa daṅ/ der ṣes bya ba man chad kyis sa bon paḥi rnam par śes pa las brtsams nas skye [ZH.68-532] ba len paḥi bye brag rgya cher rnam par ḥbyed paḥo//
ḥdi ni daṅ po ste/

(1) 'sems can gyi phuṅ po' ⇒ 'ḥgro ba daṅ skye ba'

[§. 六趣]

言"六趣"者, 如下《經》說(=@5-62) "那落迦、傍生、餓鬼、天、阿素洛、人"。

然此六趣, 諸宗不同。

依薩婆多宗, 唯立五趣。

故《大婆娑[1]》第一百七十二云："如《契經》說'五趣', 謂那落迦、傍生、餓鬼、人、天。"

又[2]云："謂有餘部立阿素洛爲第六趣。彼不應作是說, 契經唯說'有五趣'故。"

廣說如《彼》。

問。若爾, 阿素洛何趣所攝?

答。《婆沙》有二說。一云, 天趣。評家正義, 鬼趣所攝。

《正理》二十一、《俱舍》第八, 大同《婆沙》。

(1) Lee: 娑 ⇒ 沙

(2) SNST: null ⇒ +《彼》

de la ḥgro ba drug ces bya ba ni ḥog nas《mdo》las ji skad du/ sems can dmyal ba daṅ/ dud ḥgro daṅ/ yi dvags daṅ/ lha daṅ/ lha ma yin daṅ/ mi ṣes gsuṅs pa lta buḥo//

ḥgro ba drug po ḥdi yaṅ so soḥi gṣuṅ gis bśad pa mi mthun pas

thams cad yod par smra ba dag ni ḥgro ba lṅa kho naḥo ṣes rnam par ḥjog ste/

deḥi phyir《bstan bcos bye brag tu bśad pa chen po》las/

《mdo sde》las ji skad du ḥgro ba lṅa ṣes gsuṅs pa ni ḥdi lta ste/ sems can dmyal ba daṅ/ dud ḥgro daṅ/ yi dvags daṅ/ lha daṅ miḥo ṣes bstan pa bṣin no//

gṣan yaṅ《de ñid》las

sde pa gṣan kha cig lha ma yin ni ḥgro ba drug paḥo ṣes rnam par ḥjog ste/ de dag de skad du smra bar mi bya ste/《mdo sde》las ni ḥgro ba ni lṅa kho naḥo ṣes gsuṅs paḥi phyir ro ṣes ḥbyuṅ ste/

rgya cher《de ñid》las bstan pa bṣin no//

gal te de lta na lha ma yin ḥgro ba gaṅ gis bsdus śe na/

smras pa/《bstan bcos bye brag tu bśad pa chen po》las rnam pa gñis ḥbyuṅ ste/

kha cig ni lhaḥi ḥgro bas bsdus so ṣes bśad de/ dpyad pa dag gi yaṅ dag paḥi don las ni yi dvags kyi ḥgro bas bsdus so ṣes bśad do//

《bstan bcos yaṅ dag paḥi rigs pa》daṅ《mdsod kyi bstan bcos》las kyaṅ phal cher《bye brag tu bśad pa chen po》las bstan pa daṅ mthun par ḥbyuṅ ṅo//

依經部宗，唯立五趣。

故《成實論》第十四[(1)]云："業有六種，謂五趣業及不定業。"

(1) Jang(2013~): '十四' ⇒ 八

mdo sde pa dag kyaṅ ḥgro ba lṅa kho naḥo ṣes zer te/

deḥi phyir《bstan bcos de kho na ñid grub pa》las

las ni rnam pa drug go ḥdi lta ste/ ḥgro ba lṅa po dag gi las daṅ ma ṅes paḥi las so ṣes ḥbyuṅ [D.Ti.224b] ba yin no//

今依大乘，有處唯五，如《佛地經》及《維摩》等。

問。若爾，阿素洛何趣所攝？

答。依《佛地經[(1)]》第六卷云："諸阿素落[(2)]，種類不定，或天、或鬼、或復傍生，故不別說。”

有處說六，如即《此經》及《法華經》[(3)]等。

或有處說或五，或六。[(4)]

若依《瑜伽》，立五爲正。

故第四云：“又諸非天，當知天趣所攝。然由意思多懷詐約、諂[(5)]誑多故，不如諸天爲淨法器。由此因緣，有諸[(6)]經中說爲別趣，實是天趣。”

又第二云：“如是安立世界成已，於中五趣可得，謂那落伽、傍生、餓鬼、人、天。”

依《智度論》，立六爲正。

故第三十云：“又摩訶衍中，《法華經》說‘有六趣衆生’。觀諸義意[(7)]，應有六道。復次，分別善惡，故有六道。善有上中下故，有三善道，天，人，阿修羅。惡有上中下故，有地獄，畜生，餓鬼道。” 廣說如《彼》。

又第十云：“佛不分明說‘有五道’。說‘五道’者，是一切有部僧所說。婆嗟弗姑路[(8)]部僧，說有六道。[(9)]復次，應有六道。何以故？三惡道一向是罪處。若福多罪少，是名‘阿修羅’，生處應別。以是故，應言‘六趣’。”

(1) SNST, Jang(2013~): 經 ⇒ 論 (2) Taisho: 落 ⇒ 洛
(3) SNST:《法華經》=《華嚴經》 (4) SNST: ‘或有處......或六’=null
(5) Taisho, SNST, Baek(2013c), Jang(2013~): ‘約諂’ ⇒ ‘幻諂’; JS: ‘約諂’=‘諂約’
(6) Taisho, SNST, Baek(2013c), Jang(2013~): 諸 ⇒ 時
(7) Taisho: 意=旨; SNST: 意=*sic* (8) Vātsīputrīya; JS: 姑 ⇒ 妬
(9) SNST: ‘婆嗟弗姑路部僧, 說有六道’=null

ḥdir theg pa chen poḥi bstan pa daṅ sbyar na/ la lar ni lṅa kho naḥo ṣes [ZH.68-533] gsuṅs te《ḥphags pa saṅs rgyas kyi saḥi mdo》daṅ《dri ma med par grags pas bstan paḥi mdo》la sogs pa las bstan pa lta buḥo//
gal te de lta na lha ma yin ḥgro ba gaṅ gis bsdus śe na/
smras pa/《ḥphags pa saṅs rgyas kyi saḥi ḥgrel pa》las
lha ma yin rnams kyi ris kyi rnam pa ni ṅes pa med de/ res ḥgaḥ ni lha daṅ/ res ḥgaḥ ni yi dvags daṅ/ res ḥgaḥ ni dud ḥgroḥi ḥgro bas bsdus par gsuṅs paḥi phyir/ ḥdir ṅes par ma bstan to ṣes ḥbyuṅ ṅo//
la lar ni drug go ṣes gsuṅs te/《mdo sde ḥdi ñid》daṅ《saṅs rgyas phal po che》

la sogs pa las/ ji skad bstan pa lta buḥo//

《bstan bcos rnal ḥbyor spyod paḥi sa》 daṅ sbyar na sṅar[(1)] gṣag pa ni yaṅ dag paḥi don yin te/ deḥi phyir 《de》 las

lha ma yin rnams kyaṅ lhaḥi ḥgro bas bsdus pa kho nar blta bar byaḥo// ḥon kyaṅ de dag ni sgyu can ḥdrid paḥi bsam pa daṅ ldan pa sgyu g-yoḥi śas che ba yin te/ de bas na ḥdi lta ste/ lha rnams bṣin du dkar poḥi chos rnams kyi snod du ma gyur pa yin te/ deḥi phyir ched ḥgaḥ mdo gṣan dag las ḥgro ba tha dad paḥi bstan pas bstan to ṣes ḥbyuṅ bas[(2)] yaṅ dag par na lhaḥi ḥgro ba yin no[(3)]//

gṣan yaṅ 《de ñid》 las/

de ltar ḥjig rten gnas pa chags na/ ḥgro ba lṅa po sems can dmyal ba rnams daṅ/ dud ḥgro rnams daṅ/ yi dvags rnams daṅ/ lha rnams daṅ/ mi rnams ḥbyuṅ bar ḥgyur ro ṣes ḥbyuṅ ṅo//

《ḥphags pa śes rab kyi pha rol tu phyin paḥi ḥgrel pa》 daṅ sbyar na ni drug tu gṣag pa yaṅ dag paḥi don yin par ston te/

deḥi phyir 《de ñid》 las/

theg pa chen poḥi 《mdo sde dam paḥi chos puṇḍa-rī-ka》 las ḥgro ba drug gi sems can yod par gsuṅs pas don gyis[(4)] dgoṅs pa rnams brtags na ḥgro ba drug yod [ZH.68-534] do// gṣan yaṅ dge ba daṅ mi dge ba rnam par dbye bas kyaṅ ḥgro ba drug yod de/ dge ba la yaṅ [D.Ti.225a] rab daṅ/ ḥbriṅ daṅ tha ma yod paḥi phyir/ bde ḥgro gsum po lha daṅ mi daṅ lha ma yin yod/ mi dge ba yaṅ rab daṅ ḥbriṅ daṅ tha ma yod par[(5)] sems can dmyal ba daṅ/ yi dvags daṅ/ dud ḥgroḥi ḥgro ba yod do ṣes ḥbyuṅ ste/ rgya cher 《de ñid》 las bstan pa bṣin no//

gṣan yaṅ 《de ñid》 las

bcom ldan ḥdas kyis ḥgro ba lṅa kho naḥo ṣes gsal bar gsuṅs pa med de/ ḥgro ba lṅa yod par bśad pa ni thams cad yod par smra ba dag ḥgro ba lṅa yod do ṣes bstan pa bṣin no//

gṣan yaṅ ḥgro ba ni drug yod pa yin par rigs te/ de ciḥi phyir ṣe na/

ṅan soṅ gsum ni gcig tu sdig pa byas paḥi gnas yin pas gaṅ gis dge ba ni cher byas la/ sdig pa chuṅ ṅu byas pa gaṅ yin pa de ni lha ma yin ṣes bya bas skye gnas tha dad paḥi rigs te/ deḥi phyir ḥgro ba drug ces brjod par byaḥo ṣes ḥbyuṅ ṅo//

(1) sṅar ⇒ lṅar (2) 'ḥgro ba tha dad paḥi bstan pas bstan to ṣes ḥbyuṅ bas' ⇒ 'ḥgro ba tha dad par bstan la/' (3) +'ṣes ḥbyuṅ ṅo' (4) PN: gyis ⇒ gyi (5) PN: par ⇒ pas

問。琰摩王何趣所攝?

答。依《大婆沙》, 鬼趣所攝。

故《彼》一百七十二云:"《施設論》說'如今時鬼世界王名琰摩'。"

又云:"瞻部洲下五百踰繕那, 有琰摩王界, 是一切鬼本所住處。從彼流轉亦在餘處。"

若依《瑜伽》, 地獄趣攝。

故第二云:"隨一有情, 由感雜染增上業, 生在那落迦中, 作靜息王。"

gśin rje ḥgro ba gaṅ gis bsdus śe na/

smras pa/《bstan bcos bye brag tu bśad pa chen po》las/ yi dvags kyi ḥgro bas bsdus so ṣes bśad de/ deḥi phyir《de ñid》las

《bstan bcos gdags pa byas pa》las/ ji ltar da ltar gyi yi dvags kyi ḥjig rten ḥdiḥi rgyal poḥi miṅ gśin rje ṣes bya ba bṣin no ṣes bśad do ṣes bya ba daṅ/

gṣan yaṅ《de ñid》las/

ḥdsam buḥi gliṅ ḥdiḥi ḥog dpag tshad lṅa brgya ḥdas pa na gśin rjeḥi khams yod de de ni yi dvags thams cad kyi gnas kyi rtsa ba yin te/ de las gyes nas gṣan na gnas pa yaṅ yod do ṣes ḥbyuṅ ṅo//

《bstan bcos rnal ḥbyor spyod paḥi sa》las ni sems can dmyal baḥi ḥgro bas bsdus par bśad de/ deḥi phyir《de》las

sems can [ZH.68-535] gaṅ yaṅ ruṅ ba ṣig bdag por ḥgyur baḥi las kun nas ñon moṅs pa can gyis sems can dmyal ba rnams na gśin rjeḥi rgyal por skye bar ḥgyur ro ṣes ḥbyuṅ ṅo//

[§. 四生]

言"卵、胎、濕、化生"者, 即是四生。

《瑜伽》第二云:"云何卵生? 謂諸有情, 破㲉[(1)]而出。彼復云何? 如鵝、鴈、孔雀、鸚鵡、舍利鳥等。

云何胎生? 謂諸有情, 胎所纏裹, 部[(2)]胎而出。彼復云何? 如象、馬、牛、驢等。

云何濕生? 謂諸有情, 隨因一種濕氣而生。彼復云何? 如虫[(3)]、蝎、飛、蛾等。

云何化生？謂諸有情，業增上故，具足六處而生，或復不具。彼復云何？如天、那落迦全，及人、鬼、傍生一分。"
若廣分別，如《毗曇》第八[(4)]、《顯宗》十二、《俱舍》第八、《順正理》二十二、《婆沙》一百二十。

[(1)] JS: 鷇=瞉 [(2)] JS, Taisho, SNST, Baek(2013c), Jang(2013~): 部 ⇒ 剖
[(3)] JS, Taisho: 虫=蟲 [(4)] SNST: '《毗曇》第八'=null

de la sgo ṅa daṅ/ mṅal daṅ drod gśer daṅ/ rdsus te skye ba ṣes bya ba ni skye ba rnam pa bṣi ste/
《bstan bcos rnal ḥbyor spyod paḥi sa》 las/
sgo ṅa las skye baḥi skye gnas gaṅ ṣe na/ ḥdi lta ste/ [D.Ti.225b] sems can gaṅ dag sgo ṅaḥi sbubs mṅon par brtol nas ḥbyuṅ ba rnams yin te/ de dag kyaṅ gaṅ ṣe na/ ḥdi lta ste/ ṅaṅ pa daṅ/ khruṅ khruṅ daṅ/ rma bya daṅ/ ne tso daṅ/ ri skegs la sogs paḥo//
mṅal las skye baḥi skye gnas gaṅ ṣe na/ sems can gaṅ dag śa mos[(1)] kun nas g-yogs śiṅ śa mo[(2)] brtol nas ḥbyuṅ ba rnams te/ de dag kyaṅ gaṅ ṣe na/ ḥdi lta ste/ glaṅ po che daṅ/ rta daṅ/ ba laṅ daṅ/ boṅ bu la sogs paḥo//
drod gśer las skye baḥi skye gnas gaṅ ṣe na/ sems can gaṅ dag drod gśer gaṅ yaṅ ruṅ ba la brten nas skye ba rnams te/ de dag kyaṅ gaṅ ṣe na/ ḥdi lta ste/ srin bu daṅ/ grog sbur daṅ/ phye ma leb daṅ/ śiṅ srin la sogs paḥo//
rdsus te skye baḥi skye gnas gaṅ ṣe na/ sems can gaṅ dag las kyi dbaṅ gis skye mched drug tshaṅ bar skye baḥam/ skye mched drug las gaṅ yaṅ ruṅ ba ma tshaṅ ba rnams te/ de dag kyaṅ gaṅ ṣe na/ ḥdi lta ste/ sems can dmyal ba pa rnams daṅ/ lha rnams daṅ/ dud ḥgro daṅ/ yi dvags daṅ/ mi rnams las kha cig go ṣes ḥbyuṅ ste/
rgya cher rnam par ḥbyed pa ni 《bstan bcos gṣuṅ bstan pa》 daṅ/ 《mdsod kyi bstan bcos》 daṅ/ 《yaṅ dag paḥi rigs pa》 daṅ/ 《bye brag tu bśad pa chen po》 las ḥbyuṅ ba bṣin du rig par [ZH.68-536] byaḥo//

[(1)] 'śa mos' ⇒ 'śa mas' [(2)] 'śa mo' ⇒ 'śa ma'

問。前說"六趣"，何故復說"四種生"耶？
答。《俱舍》第八云："《施設足論》作如是說'四生攝五趣，非五攝四生。不攝者何？所謂中有'。"

由是道理，天等六趣，攝生不盡，故復重說卵等四生。
問。若爾，何故更說“六趣”?
答。欲顯善惡受生差別，故說“六趣”。
問。若爾，何故不說“界”耶?
答。界通非情，故此不說。眞諦三藏[1]，亦同此意。
“六趣”、“四生”，義如別章。

(1) SNST: ‘眞諦三藏’ ⇒ ‘《眞諦記》’

sṅar ḥgro ba drug bśad zin na/ ciḥi phyir yaṅ skye ba rnam pa bṣi bstan ṣe na/
smras pa/ 《mdsod kyi bstan bcos》 las/
《bstan bcos gdags pa byas pa》 las ḥdi skad du/ skye ba rnam pa bṣis ni ḥdi skad du ḥgro ba lṅa bsdus kyi/ ḥgro ba lṅas ni skye ba rnam pa bṣi bsdus pa ma yin no// gaṅ dag ma bsdus śe na/ ḥdi lta ste/ srid pa bar ma dag go ṣes bstan to ṣes ḥbyuṅ bas
rigs pa des na lha la sogs paḥi ḥgro ba drug gi skye ba ril ma bsdus pas deḥi phyir sgo ṅa la sogs paḥi skye ba bṣi po dag yaṅ dag par[1] bstan pa yin no//
gal te de lta na ciḥi phyir yaṅ ḥgro ba drug bstan ṣe na/
smras pa/ [D.Ti.226a] dge ba daṅ sdig pa skyes pa len paḥi bye brag rab tu bstan paḥi phyir ḥgro ba drug tu bstan paḥo//
gal te de lta na ni ciḥi phyir khams ma bstan ṣe na/
smras pa/ khams ni sems can ma yin par yaṅ gtogs pas deḥi phyir ḥdir ma bstan to//
《slob dpon yaṅ dag bden paḥi brjed byaṅ》 las kyaṅ don ḥdi daṅ mthun par bśad de/ ḥgro ba drug daṅ/ skye ba rnam pa bṣiḥi don ni mtshan ñid bstan pa gṣan dag las bśad pa bṣin du rig par byaḥo//

(1) ‘yaṅ dag par’ ⇒ ‘yaṅ bzlas te’

然釋此文，有其兩解。
一云。“於六趣生死，彼彼有情”者，明所捨身。
“墮彼彼有情衆中”者，辨所受身。
所受身中，自有二類：一、六趣身，二、四生身。

若依此釋, “身分生起”, 通前二類。
一云。所受身者, 皆是四生。
“墮彼彼有情衆中”[1], 是其總因[2]。
“或有[3]卵生”等者, 別顯四生。
故《金剛仙論》云 : “ ‘卵生等’者, 受生差別。‘有色等’者, 麤細差別。”
若依此說, “身分生起”, 依四生說。

(1) Lee: null ⇒ +者 (2) SNST: 因 ⇒ 明/標 (3) Taisho, SNST: 有 ⇒ 在

mdoḥi tshig ḥdi rnam par bśad pa yaṅ rnam pa gñis yod de/
kha cig na re/ ḥgro ba drug gi ḥkhor ba ḥdi nas[1] sems can gaṅ daṅ gaṅ dag ces bya bas ni lus spaṅs pa rnams bstan to//
sems can gyi ris de daṅ de dag tu gtogs pa ṣes bya bas ni lus len pa rnam par ḥbyed pa yin no//
lus len pa de yaṅ ris rnam pa gñis te/ ḥgro ba drug gi lus daṅ/ skye ba rnam pa bṣiḥi lus so ṣes zer te/
bśad pa ḥdi daṅ sbyar na lus kyi yan lag skye ṣiṅ ḥbyuṅ bar ni bśad ma thag paḥi ris rnam pa gñis kyaṅ gtogs par bstan to//
kha cig [ZH.68-537] na re lus len pa gaṅ yin pa de dag thams cad ni skye ba rnam pa bṣi yin no//
sems can gyi ris de daṅ de dag tu gtogs pa ṣes bya ba ni mdor bstan paḥo//
sgo ṅa las skyes paḥi skye gnas ṣes bya ba la sogs pas ni skye ba rnam pa bṣi rnam par phye nas bstan pa ste/
deḥi phyir《slob dpon rdo rje draṅ sroṅ gi ḥgrel pa》las/
sgo ṅaḥi skye baḥi skye gnas la sogs pa ni skye ba len paḥi bye brag go//
gzugs can ṣes bya ba la sogs pa ni rags pa daṅ phra baḥi bye brag go ṣes ḥbyuṅ ṅo ṣes zer te/
bśad pa ḥdi daṅ sbyar na lus kyi yan lag skye ṣiṅ ḥbyuṅ ba ṣes gsuṅs pa ni/ skye ba rnam pa bṣi las brtsams nas bstan pa yin no// //

(1) nas ⇒ na

(@3-8) “於中最初一切種子心識成熟、展轉和合、增長廣大, ”
釋曰。自下第二、約種子識廣辨受生差別。

bam po ñi śu pa/

der daṅ po kho na[1] sa bon thams cad paḥi sems daṅ/ rnam par śes pa rnam par smin ciṅ phan tshun ḥdus pa[2] rgyas śiṅ ḥphel ba daṅ/ [D.Ti.226b] yaṅs par gyur nas

ṣes bya ba ḥdi man chad ni/ gñis pa sa bon[3] rnam par śes pa las brtsams nas skye ba len paḥi bye brag rgya cher rnam par ḥbyed do//

(1) na ⇒ nar (2) +'daṅ/' (3) +paḥi

於中有二：初、明受生分位差別，復[1]、明種[2]依二執受。此即初也。文有三節：初、明種識成熟，次、展轉和合，三[3]、增長廣大。

(1) JS, SNST, Baek(2013c), Jang(2013~): 復 ⇒ 後
(2) SNST, Baek(2013c), Jang(2013~): null ⇒ +識
(3) Lee: 三 ⇒ 後

ḥdi yaṅ rnam pa gñis te/ skye ba len paḥi gnas skabs kyi bye brag bstan pa daṅ/ sa bon[1] rnam par śes pa len pa gñis la brten par bstan paḥo//

ḥdi ni daṅ po ste/

ḥdi yaṅ rnam pa gsum du bstan to// ḥdi lta ste/ sa bon paḥi rnam par śes paḥi yoṅs su smin pa bstan pa daṅ/ phan tshun ḥdus pa bstan pa daṅ/ rgyas śiṅ ḥphel ba daṅ/ yaṅs par gyur pa bstan paḥo//

(1) +paḥi

言"於中最初一切種子心識成熟"者，此明種識成熟。謂於此趣、生，受生位中，最初結生，一切種子心識成熟。初結生時，種識成熟，成羯羅監[1]，名爲"結生"。

(1) kalala; JS: 監 ⇒ 藍

der daṅ po kho nar sa bon thams cad paḥi sems daṅ/ rnam par śes pa rnam par smin ṣes bya bas ni sa bon paḥi rnam par śes paḥi yoṅs su smin pa bstan te/ ḥgro ba[1] de dag tu skye ba len paḥi gnas skabs su daṅ po kho nar skyes paḥi ñiṅ mtshams sbyor ba na/ sa bon thams cad paḥi rnam par [ZH.68-538] śes paḥi sems yoṅs su smin par ḥgyur baḥo//

daṅ po ñiṅ mtshams sbyor ba na sa bon paḥi rnam par śes pa yoṅs su smin pa las mer mer po mṅon par ḥgrub pa ni ñiṅ mtshams sbyor ba ṣes bya ste/

(1) +'daṅ skye ba'

故《瑜伽論》第一卷云："爾時，父母貪愛俱極，最後決定各出一滴濃厚精、血，二滴和合，住母胎中合爲一段，猶如熟乳凝結之時。當於此處，一切種子、異熟所攝、執受所依、阿賴耶識，和合依託。[(1)]謂此[(2)]出濃厚精、血成合[(3)]一段，與顚倒緣中有俱滅，[(4)]同時，即由一切種子識功能力故，有餘微細根及大種和合而生，及餘有根同分精血和合轉[(5)]生。於此時中，說識已住'結生[(6)]續'，即此名爲'羯羅藍位'。此羯羅藍中，有諸根大種，唯與身根及根所依處大種俱生。即由此身根俱生諸根大種力故，眼等諸根次第當生。又由此身根俱生根所依處大種力故，諸根依處次第當生。由彼諸根及所依處具足生故，名'得圓滿依止成熟'[(7)]。"

乃至《彼》云："羯羅藍，識最初託處，即名'肉心'。如[(8)]是識，[(9)]此處最初託，即從此處最後捨。"

依《俱舍論》第九云："有言。精、血即成根依，謂前無根中有俱滅，後有根者無間續生。"

又云："有餘師云。別生大種，如依葉糞別有虫生。"

《瑜伽》所說，同初師釋。

若依《順正理》二十四，取後說爲正。廣如《彼》說。

(1) JS, Taisho, SNST, Baek(2013c), Jang(2013~): null ⇒ +'云何和合依託？'
(2) Taisho, SNST, Baek(2013c): null ⇒ +所 (3) JS, Taisho: '成合' ⇒ '合成'
(4) Taisho, Baek(2013c), Jang(2013~): null ⇒ +'與滅'
(5) JS, Taisho, Baek(2013c): 轉 ⇒ 摶
(6) Taisho, SNST, Baek(2013c), Jang(2013~): null ⇒ +相
(7) Taisho, SNST, Baek(2013c): 熟 ⇒ 就
(8) SNST: 如 ⇒ '如是'; JS: 如=null; Taisho: 如=*sic*
(9) JS, Taisho, SNST, Baek(2013c): null ⇒ +於

deḥi phyir《bstan bcos rnal ḥbyor spyod paḥi sa》las/
de la pha ma gñis chags par gyur te/ ḥdod chags drag poḥi skabs su bab pa na

mjug kho nar khu baḥi skabs[(1)] ḥbyuṅ bar ḥgyur ro//
deḥi rjes la gñi ga las khu ba daṅ khrag gi thigs pa gñis gdon mi za bar ḥbyuṅ bar ḥgyur te/ de gñi gaḥi khu ba daṅ/ khrag gi thigs pa de gñis maḥi skye gnas su ḥdres par ḥgyur nas/ dper na ḥo ma bskol ba graṅs paḥi spris ma bṣin du spris ma lta bur chags nas ḥdus śiṅ ḥdug par ḥgyur te/ der sa bon thams cad rnam par smin par bsdus pa lus len par byed pa kun gṣi rnam par śes pa ḥjug par ḥgyur ro//
ji ltar ḥjug ce na/ khu ba daṅ/ khrag ḥdus nas spris ma lta bur gyur pa de daṅ lhan cig tu ste/ phyin ci log tu dmigs pa bar ma doḥi srid pa [D.Ti.227a] de ḥgags par ḥgyur la/ de ḥgags pa de daṅ dus gcig tu rnam par śes pa sa bon thams cad pa deḥi mthus de las gṣan pa dbaṅ poḥi ḥbyuṅ ba chen po cha phra ba daṅ/ ḥdres pa[(2)] de daṅ mthun paḥi khu ba daṅ khrag ḥdus pa dbaṅ po daṅ bcas pa gṣan ḥbyuṅ bar ḥgyur te/ deḥi dus skabs su rnam par śes pa gnas gyur pa ni ñiṅ mtshams sbyor ba ṣes bya ste/ de ni mer mer poḥi dus yin no//
mer mer po deḥi dbaṅ poḥi ḥbyuṅ ba chen po de dag kyaṅ lus kyi dbaṅ bo daṅ lhan cig ḥbyuṅ ṅo//
dbaṅ poḥi rten gyi ḥbyuṅ ba chen po rnams daṅ/ dbaṅ po ḥbyuṅ ba chen po de dag ñid daṅ/ lus kyi dbaṅ po yaṅ lhan cig tu ḥbyuṅ [ZH.68-539] bar ḥgyur ro//
de nas dbaṅ poḥi ḥbyuṅ ba chen po de dag rgyur byas nas mig gi dbaṅ po la sogs pa rim gyis ḥgrub par ḥgyur ro//
dbaṅ poḥi rten gyi ḥbyuṅ ba chen po de dag rgyur byas nas rim gyis dbaṅ poḥi rten rnams kyaṅ ḥgrub par ḥgyur ro//
dbaṅ po rnams daṅ de dag gi rten rnams ḥbyuṅ ba las lus thams cad ḥgrub ciṅ thob par ḥgyur ro ṣes bya ba daṅ/
gṣan yaṅ《de ñid》las/ mer mer poḥi phyogs gaṅ du rnam par śes pa ṣugs par gyur pa de ni deḥi tshe deḥi sñiṅ gi phyogs yin no//
de ltar rnam par śes pa de ni phyogs gaṅ nas ḥchi ḥpho baḥi phyogs de ñid du thog ma kho nar ḥjug go ṣes bstan pa bṣin no//
《mdsod kyi bstan bcos》las
kha cig na re/ khu ba daṅ khrag ñid dbaṅ poḥi rten du mṅon par ḥgrub par ḥgyur te ḥdi ltar sṅar dbaṅ po med de bar ma doḥi srid pa daṅ lhan cig ḥgags nas yaṅ srid pa phyi maḥi dbaṅ po[(3)] bar chad med par ñiṅ mtshams sbyor bas so ṣeḥo//
slob dpon gṣan kha cig ni ḥbyuṅ ba chen po gṣan ḥbyuṅ bar ḥgyur te/ ji ltar

las daṅ/ lus[(4)] la brten nas srog chags gṣan skye ba bṣin no ṣes zer ro ṣes ḥbyuṅ ṅo//
《bstan bcos rnal ḥbyor spyod paḥi sa》 las ni/ slob dpon sṅa maḥi ḥdod pa ltar ston to//
《bstan [D.Ti.227b] bcos yaṅ dag paḥi rigs pa daṅ rjes su mthun pa》ḥi[(5)] las ni bśad pa phyi ma yaṅ dag paḥi don yin par ston te/
rgya cher 《de ñid》 las bstan pa bṣin no//

(1) 'khu baḥi skabs' ⇒ 'khu ba ska ba'
(2) 'cha phra ba daṅ/ ḥdres pa' ⇒ 'cha phra ba daṅ ḥdres pa/'
(3) 'yaṅ srid pa phyi maḥi dbaṅ po' ⇒ 'phyir dbaṅ po daṅ bcas pa gaṅ yin pa de ni'
(4) 'las daṅ/ lus' ⇒ 'mi gtsaṅ ba' (5) PN: paḥi ⇒ pa

言"展轉和合"者。此有兩釋。
一云。初受生之時，以識爲緣，根大種等展轉和合。
故《瑜伽》第一卷云："即由一切種子識功能力故，有餘微細根及大種和合而生等。"
一云。識與羯羅藍，展轉和合。
故《攝大乘論》云："於母胎中，識羯羅藍更相和合。"
《無性釋論》第三云："異熟與其赤白，同一安危。"
《世親釋論》，意同《無性》。
【《梁朝攝論》第三云："論云[(1)]。是識託柯羅邏，於母胎中，變合受生。釋曰。'是識'即是意識。於一時中，與柯羅邏相應故言'託柯羅邏'。此果報識，異前染汚識故言'變'。由宿業功能起風和合赤白，令與識同[(2)]言'合'。即名此爲'受生'。"】[(3)]

(1) Taisho, Baek(2013c), Jang(2013~): 云 ⇒ 曰
(2) Taisho, Baek(2013c), Jang(2013~): null ⇒ +故
(3) SNST: '【《梁朝攝論》第三云......即名此爲受生'】=null; JS: 【=null, 】=null

de la phan tshun ḥdus pa ṣes bya ba ni ḥdi la bśad pa gñis yod de/
kha cig na re daṅ po skye ba len paḥi tshe/ rnam par śes pa ñid dbaṅ poḥi ḥbyuṅ ba chen po la sogs paḥi phan tshun ḥdus par gyur pa yin te/
deḥi phyir 《rnal ḥbyor [ZH.68-540] spyod paḥi sa》 las/

rnam par śes pa sa bon thams cad deḥi mthus/ de las gṣan pa dbaṅ boḥi ḥbyuṅ ba cha phra ba daṅ[(1)]/ de daṅ mthun paḥi khu ba daṅ khrag ḥdus pa dbaṅ po daṅ bcas pa gṣan ḥbyuṅ bar ḥgyur te ṣes bya ba la sogs pa bstan pa yin no ṣeḥo//

kha cig na re rnam par śes pa daṅ/ mer mer po phan tshun ḥdus pa yin te/ deḥi phyir《bstan bcos theg pa chen po bsdus pa》las/

maḥi mṅal du rnam par śes pa daṅ/ mer mer po phan tshun ḥdus par gyur nas ṣes bya ba yin no ṣeḥo//

《slob dpon ṅo bo ñid med kyis ḥgrel pa》las/

rnam par smin paḥi rnam par śes pa dmar po daṅ/ dkar po de dag daṅ/ grub pa daṅ bde ba gcig tu gyur ces bśad de/

《slob dpon dbyig gñen gyis mdsad paḥi ḥgrel pa》las kyaṅ don ḥdi daṅ mthun par ḥbyuṅ ṅo//

(1) +'ḥdres pa'

言"增長廣大"者。亦有兩釋。

一云, 由前展轉和合力故, 羯羅藍等漸增長位, 根大種等增長廣大。

一云, 由和合故名色漸漸增長廣大。

故《瑜伽》第二云："又羯羅藍漸增長時, 名之與色平等增長俱漸廣大。如是增長, 乃至依止圓滿, 應知。此中, 由地界故依止造色漸漸增廣, 由水界攝持故[(1)], 由火界成熟故令其堅梗[(2)]由無閏[(3)]故, 由風界故分別支節各安其所。"

(1) JS, Taisho: '由水界攝持故' ⇒ '由水界故, 攝持不散'; SNST: '由水界攝持故'=null

(2) JS, Taisho: '由火界成熟故令其堅梗由無閏故' ⇒ '由火界故成熟, 堅鞕由無閏故'; SNST: '由火界成熟故令其堅梗由無閏故'='由火界成熟故, 令其堅梗無閏'

(3) JS, Taisho, SNST, Baek(2013c): 閏 ⇒ 潤

de la rgyas śiṅ ḥphel ba daṅ yaṅs par gyur nas ṣes bya ba ni ḥdi la yaṅ bśad pa rnam pa gñis yod de/

kha cig ni sṅa maḥi phan tshun ḥdus paḥi mthus mer mer po la sogs pa rim gyis ḥphel bar gyur pa na/ dbaṅ poḥi ḥbyuṅ ba la sogs pa sa bon[(1)] rgyas śiṅ ḥphel ba daṅ yaṅs par gyur paḥo ṣeḥo//

kha cig ni ḥdus paḥi dbaṅ gis miṅ daṅ/ gzugs rim gyis rgyas śiṅ ḥphel ba daṅ/ yaṅs par gyur pa ste/
deḥi phyir 《bstan bcos rnal ḥbyor spyod paḥi sa》 las/
mer mer po de yaṅ yar skye baḥi tshe ni miṅ daṅ gzugs gñis kyaṅ/ de gñi ga ches rgya cher ḥgyur bas mtshuṅs sñam[(2)] du skye bar ḥgyur te/ skye ba de yaṅ lus yoṅs su rdsogs par ḥgyur gyi bar du skye bar [(3)]byaḥo//
de [D.Ti.228a] la saḥi khams rgyur[(4)] byas paḥi gzugs skye ṣiṅ ches rgya che bar ḥgyur ro//
chuḥi khams ni de ñid sdud par byed do//
meḥi khams ni de ñid smin par byed de/ [ZH.68-541] ḥdsag par mi ḥgyur baḥi tshul[(5)] bstan[(6)] par byed do//
rluṅ gi khams ni yan lag rnam par ḥbyed ciṅ gnas par byed do ṣes ḥbyuṅ ṅo ṣeḥo//

(1) 'sa bon' ⇒ null (2) sñam ⇒ mñam (3) +'blta bar' (4) +'byas nas lus kyi rgyur'
(5) +gyis (6) bstan ⇒ brtan

若分位者，有二種位：一者、胎藏八位，二者、通相八位。

de dag gi gnas skabs rnam par gṣag pa de yaṅ gnas skabs rnam par gñis su ḥgyur te/ mṅal .
na gnas paḥi dus brgyad daṅ/ spyiḥi mtshan ñid kyi dus brgyad do//

胎藏八位，謂羯羅藍等。
故《雜集》第六云："自此已後，根漸生長。如《緣起》說。故列頌云：

最初羯羅藍，次生遏部曇[(1)]，
從此生閉尸[(2)]，閉尸生鍵南[(3)]。
次鉢羅賒佉[(4)]，後髮毛爪等，
及色根形相，漸漸而生長。"

(1) arbuda (2) peśī (3) ghana (4) praśākhā

de la mṅal na gnas paḥi dus brgyad ni ḥdi lta ste mer mer po la sogs paḥo//
deḥi phyir 《bstan bcos mṅon pa sna tshogs kun las btus pa》 las/

deḥi ḥog tu dbaṅ po rnams rim gyis skye bar ḥgyur te/ 《rten ciṅ ḥbrel par ḥbyuṅ ba》 las ji skad du/

thog ma ñid du mer mer ḥgyur//
de yi ḥog tu nur nur ḥgyur//
nur nur po las nar nar ḥgyur//
nar nar po las gor gor ḥgyur//
gor gor po las rkaṅ lag ḥgyu[(1)]//
skra spu sen mo la sogs ḥbyuṅ//
dbaṅ po gzugs can rnams daṅ ni//
mtshan rnams mthar gyis ḥbyuṅ bar ḥgyur//

ṣes gsuṅs pa lta buḥo ṣes ḥbyuṅ ṅo//

(1) ḥgyu ⇒ ḥgyus

又《瑜伽》第二云："復次，此[(1)]胎藏八位差別，何等爲八？
謂羯羅藍位，遏部曇位，閉尸位，鍵南位，鉢羅賖佉位，髮毛爪位，根位，形位。
若已結凝，箭內[(2)]稀，名羯羅藍。
若表裏如酪，未至肉位，名遏部曇。
若已成肉，仍極柔煖[(3)]，名閉尸。
若已堅厚，稍勘[(4)]摩觸，名爲鍵南。
即此肉團[(5)]增長，支分相現，名鉢羅賖佉。從此以後，髮毛爪現，即名此位。
從此以[(6)]後，眼等[(7)]生，名爲根位。
從此以後，彼所依處，分別[(8)]顯現，名爲形位。"
【大唐三藏云："羯羅藍，此云和合。頞部曇，此云胞。閆[(9)]尸，此云凝血。鍵南，此云堅厚。鉢羅奢佉，此云支分。鉢羅，此云分。奢佉，此云支。"
眞諦三藏云："本識與父母遺體和合，名爲受生。於胎藏中，略有五位。一者、柯羅邏，翻爲凝滑。識與父母精血和合，如薄酪，即執爲根。爾時，名爲初受生。
二者、第二七日，名頞呼[(10)]陀，翻爲胎結。始有一胎結在凝滑中，如凝蘇

[11]在白酪乳中。

三者、第三七日，名閉尸，翻爲肉團。男則上濶下狹，女則下濶上狹，肉猶少軟。

四者、第四七日，名伽訶那，翻爲堅實。爾時，肉團始堅強。

五者、第五七日，名彼[12]羅捨佉，翻爲枝枝。爾時，始有頭足手脚等相貌，方有業風吹破開九孔，生大苦受，次後以去則有筋肉骨髮爪等。”

[13]《梁攝論疏》第五卷說。】[14]

(1) Taisho, SNST: null ⇒ +之 (2) JS, Taisho, SNST, Jang(2013~): null ⇒ +仍
(3) JS, Taisho, SNST, Baek(2013c): 煖 ⇒ 軟 (4) JS, Taisho, SNST, Baek(2013c): 勘 ⇒ 堪
(5) Taisho, SNST, Baek(2013c): 團 ⇒ 搏 (6) JS: 以=null
(7) JS, Taisho, SNST, Baek(2013c): null ⇒ +根 (8) JS, Taisho, SNST, Baek(2013c): 別 ⇒ 明
(9) JS, SNST, Jang(2013~): 閏 ⇒ 閉 (10) Jang(2013~): 呼 ⇒ 浮 (11) JS: 蘇 ⇒ 酪
(12) Baek(2013c): 彼=波 (13) Jang(2013~): null=+‘具如’
(14) SNST: ‘【大唐三藏云......《梁攝論疏》第五卷說。】’=null; JS: 【】=null

gṣan yaṅ《bstan bcos rnal ḥbyor spyod paḥi sa》las

mṅal na gnas pa de la yaṅ dus rnam pa brgyad yod de/ dus rnam pa brgyad gaṅ ṣe na/

mer mer poḥi dus daṅ/ nur nur poḥi dus daṅ/ ltar ltar poḥi dus daṅ/ mkhraṅ gyur paḥi dus daṅ/ rkaṅ lag ḥgyu baḥi[1] dus daṅ/ skra daṅ/ ba spu daṅ/ sen mo ḥbyuṅ baḥi dus daṅ/ dbaṅ po dod paḥi dus daṅ/ mtshan dod paḥi dus so//

de la spris ma lta bus g-yogs la/ naṅ rlan te mer mer ḥdug pa ni mer mer po ṣes byaḥo//

phyi naṅ bcas par spris ma lta bur gyur te/ ṣo lta bur ḥdug la śar ma gyur pa ni nur nur po ṣes byaḥo//

śar ni gyur la sla ba ni ltar ltar po ṣes byaḥo//

ska bar gyur te mnam[2] du bzod pa ni mkhraṅ gyur ṣes [ZH.68-542] byaḥo//

de ñid las śa lhag lta bur gyur te/ yan [D.Ti.228b] lag daṅ ñiṅ lag gi mtshan ma byuṅ ba ni rkaṅ lag ḥgyus pa ṣes byaḥo//

de skra daṅ ba spu daṅ/ sen mo byuṅ ba ni de ñid kyi dus yin no//

de nas mig la sogs paḥi dbaṅ po rnams mṅon par ḥgrub pa ni dbaṅ po dod paḥi dus ṣes byaḥo//

de nas deḥi gnas gsal bar gyur pa ni mtshan dod paḥi dus ṣes byaḥo ṣes ḥbyuṅ ňo//

(1) 'ḥgyu baḥi' ⇒ 'ḥgyus paḥi'
(2) mnam ⇒ mnan

問。羯羅藍等八位, 經幾許時, 方得圓滿?

答。如《瑜伽論》第二卷說。

《彼》云 : "又於胎中, 經三十八七日, 此之胎藏一切支分, 皆悉具足。從此以後, 復經四日, 方乃出生。如薄伽梵於《入胎經》廣說。此說'極滿足者, 或經九月, 或復過此。若[1]經八月, 此名圓滿, 非極圓滿。若經七月六月, 不名圓滿, 或復缺減'。"

【《五王經》云 : "何謂生苦? 人死之時, 不知精神趣向何道, 未得[2]生處, 普[3]受中陰之形。至其[4]三七日中, 父母和合, 便來受胎。一七日, 如薄酪。二七日, 如稠酪。三七日, 如凝蘇[5]。四七日, 如肉團。五皰成熟, 巧風入腹, 吹其身體, 六情開張。在胎[6]中, 生藏之下, 熟藏之上, 母噉一杯熱食, 灌其身體, 如入鑊湯。母飲一杯冷水, 亦如寒氷[7]切身[8]。母飽之時, 迫迮[9]身體, 痛〔石〕可云[10]。母飽[11]之時, 腹中了了, 亦如倒懸, 受苦無量。至[12]月滿[13], 欲生之時, 頭向產門, 劇如兩石挾山。欲生之時, 母危父怖, 生墮草上, 身體細軟, 草觸其身, 如履刀劒, 忽然失聲大呼。此是大苦。"

又《大集經》二十五[14]云 : "云何名爲觀於生苦? 從業因緣, 父母和合, 初受意識。歌羅羅時, 其身猶如亭歷子許。是時未有入出氣息。乃至云。歌羅羅時, 住六七日。六七日轉, 名頞浮陀。是時形色猶如小〔來〕[15]。住七七日, 轉名伽那。是時形色如胡桃穀[16]。住八七日, 轉名閉尸, 形色猶頻婆羅[17]菓。是時身邊有五胞出, 謂頭手脚。十三七日, 始有腹[18]相。二十七日, 男女根別。二十一七日, 始生骨節。乃至三十六七日, 其身具足血肉毛根。三十八七日, 具足身枝, 四日[19]夜住在胎[20]中臭穢之處。爾時, 還憶本生之事, 憶已愁苦, 作是念言'若我出胎, 當修善法, 願後更莫生如是處, 修不放逸, 遠離受生', 始[21]出母胎。爾時, 擧身受迫迮苦, 外[22]

風觸手[23]身亦復受苦。身初至地，以水摩洗，復受大苦，猶如地獄。爾時，還失憶宿命事，生已復有老病死[24]，隨逐不捨。"具說如《彼》。】[25]

若廣分別，如《解脫道論》第七卷及《入胎經》說。

(1) Taisho, Baek(2013c): null=+唯; SNST: null=*sic* (2) JS: 得=知
(3) Taisho, Baek(2013c), Jang(2013~): 普 ⇒ 並 (4) JS: 其 ⇒ 於; Taisho: 其=*sic*
(5) JS: 蘇 ⇒ 酪; Taisho: 蘇=*sic* (6) JS, Taisho, Baek(2013c): 胎 ⇒ '母腹'
(7) JS, Taisho: 氷 ⇒ 冰 (8) JS, Taisho: 身 ⇒ 體
(9) JS, Taisho, Baek(2013c), Jang(2013~): 迄 ⇒ 迮
(10) JS, Taisho, Baek(2013c), Jang(2013~): '〔石〕可云' ⇒ '不可言'
(11) JS, Taisho, Baek(2013c), Jang(2013~): 飽 ⇒ 飢
(12) JS, Taisho: null ⇒ +其 (13) JS, Taisho: '月滿' ⇒ '滿月' (14) Baek(2013c): 五 ⇒ 四
(15) JS, Taisho, Baek(2013c), Jang(2013~): 〔來〕⇒ 棗 (16) JS: 鷇=㲉 (17) bimbara
(18) Taisho, Baek(2013c), Jang(2013~): 腹 ⇒ 腸 (19) Taisho, Baek(2013c): null=+四
(20) Taisho, Baek(2013c), Jang(2013~): 胎 ⇒ 腹 (21) Taisho: 始=初
(22) Taisho, Baek(2013c): 外 ⇒ 入 (23) Taisho, Baek(2013c): 手 ⇒ null
(24) Taisho, Baek(2013c): null ⇒ +苦 (25) SNST: '【《五王經》云......具說如《彼》。】'=null

mer mer po la sogs pa dus de dag ji srid kyis yoṅs su rdsogs par ḫgyur ṣe na/ smras pa/ 《bstan bcos rnal ḫbyor spyod paḫi sa》 las

mṅal na gnas pa de yaṅ/ ṣag bdun phrag sum cu rtsa brgyad kyis mṅal du yan lag daṅ/ ñid lag thams cad daṅ ldan par ḫgyur ro//

de nas ṣag bṣi lon na btsaḫ bar ḫgyur te/ bcom ldan ḫdas kyis 《mṅal du ḫjug paḫi mdo》 las/ de ni zla ba dguḫam/ de las ḫdas na śin tu rdsogs par ḫgyur ro//

zla ba brgyad kyis ni rdsogs pa yin mod kyi śin tu rdsogs pa ni ma yin no// zla ba drug gam bdun gyis ni rdsogs par mi ḫgyur te/ yan lag ma tshaṅ bar yaṅ ḫgyur ro ṣes ji skad gsuṅs pa lta buḫo ṣes ḫbyuṅ ste/

rgya cher rnam par ḫbyed pa ni 《bstan bcos rnam par dgrol baḫi lam bstan pa》 daṅ/ 《mṅal du ḫjug paḫi mdo》 las bstan pa bṣin du rig par byaḫo//

通相八位者，如《瑜伽》第二云："云何八位？謂處胎位，出生位，嬰孩位，童子位，少年位，中年位，老年位，耄熟位。處胎位者，謂羯羅藍等。出生位者，謂從此後乃至耄熟。嬰孩位者，謂乃至未能遊行嬉戲。童子位者，謂能爲彼事。少年位者，謂能受用欲塵乃至三十。中年位者，謂從此位乃

至五十。老年位者，謂從此位乃至七十。從此已上，名耄熟位。”

de la spyiḥi mtshan ñid kyi dus brgyad ni《rnal ḥbyor spyod paḥi saḥi bstan bcos》las/ ji skad du/
dus brgyad gaṅ ṣe na/ ḥdi lta ste/ mṅal na gnas paḥi dus daṅ/ btsas paḥi dus daṅ/ byis paḥi dus daṅ/ gṣon nuḥi dus daṅ/ laṅ tshoḥi dus daṅ/ dar la bab paḥi dus daṅ/ rgas paḥi dus daṅ/ ḥkhogs paḥi dus so//
de la mṅal na gnas paḥi dus ni ḥdi lta ste/ mer [ZH.68-543] mer po la sogs paḥo//
btsas paḥi dus ni ḥdi lta ste/ de yan chad ni ḥgogs[(1)] paḥi dus man chad do//
byis paḥi dus ni ḥdi lta ste/ ḥgro ba daṅ/ rtse mi nus pa man chad do//
gṣon nuḥi dus ni ḥdi lta ste/ de nus pa yin no//
laṅ tshoḥi dus ni ḥdi lta [D.Ti.229a] ste/ ḥdod pa spyod pa nus nas lo sum cu man chad do//
dar la bab paḥi dus ni ḥdi lta ste/ lo lṅa bcu man chad do//
rgas paḥi dus ni ḥdi lta ste/ lo bdun cu man chad do//
de yan chad ni ḥkhogs paḥi dus so ṣes ḥbyuṅ ṅo//

(1) ḥgogs ⇒ ḥkhogs

(@3-9)“依二執受，”
釋曰。第二、種識依二執受。

len pa rnam pa gñis so[(1)]
ṣes bya ba la sogs pas ni gñis pa sa bon paḥi rnam par śes pa len pa rnam pa gñis la brten par ston to//

(1) so ⇒ po

於中有三：初、標章舉數，次、依數列名，後、約界分別。此即初也。

ḥdi yaṅ rnam pa gsum du dbye ste/ graṅs smos pa daṅ/ graṅs bṣin du miṅ bkod pa daṅ/ khams la brten nas rnam par dbye baḥo// ḥdi ni daṅ po ste/

上來已辨根等依識生起增長，此下明識依色根等。

de yan chad du dbaṅ po la sogs pa rnam par śes pa la brten nas skye ṣiṅ ḥphel bar bstan nas/ ḥdi man chad rnam par śes pa dbaṅ po gzugs can la sogs pa la brten pa ston par mdsad do//

(@3-10) "一者、有色諸根及所依執受, 二[(1)]、相、名、分別言說戲論習氣執受。"
釋曰。此即第二、依數列名。

(1) JS, Taisho, Baek(2013c): null ⇒ +者

dbaṅ po gzugs can rten daṅ bcas pa len pa daṅ/ mtshan ma daṅ/ miṅ daṅ rnam par rtog pa la tha sñad du ḥdogs paḥi spros paḥi bag chags len pa la brten to ṣes bya ba ni gñis pa graṅs bṣin du miṅ bkod paḥo//

謂受生位有異熟識, 執受二種爲所緣境。
一者、執受五根及彼所依色、香、味、觸, 爲所依止。
二者、執[(1)]相、名、分別三法習氣, 爲所緣境。除無漏種, 非所緣故。

(1) SNST: 執 ⇒ '執受'

ḥdi lta ste/ skye ba len paḥi gnas skabs su rnam par smin paḥi rnam par śes pas len pa rnam pa gñis la/ yul du dmigs par byed de/
daṅ po ni dbaṅ po lṅa daṅ/ de dag gi gnas su[(1)] gzugs daṅ sgra daṅ[(2)] dri daṅ ro daṅ reg bya la yaṅ dag par brten pa len pa daṅ/
gñis pa ni mtshan ma daṅ/ miṅ daṅ rnam par rtog paḥi chos gsum gyi bag chags la yul du dmigs pa len par byed do//
[ZH.68-544] zag pa med paḥi sa bon ni ma gtogs te/ dmigs par bya ba ma yin paḥi phyir ro//

(1) PN: su ⇒ null
(2) 'sgra daṅ' ⇒ null

此所攝受, 皆是所緣。
是故《瑜伽》五十一云 : "謂若略說, 阿賴耶識, 由於二種所緣境轉。
一、由了別內執受故, 二、由了[(1)]外無分別器相故。

‘了別內執受’者，謂能了別，遍計所執自性妄執習氣，及諸色根、根所依處。此於有色界。若在無色，唯[2]習氣執受了別。

‘了別外無分別器相’者，謂能了別，依止緣內執受阿賴耶識故，於一切時，無有間斷，器世間相。

譬如燈焰生時，內執膏炷，外發光明，如是阿賴耶識，緣內執受，緣外器相，生起道理，應知亦爾。”

(1) Taisho, SNST, Baek(2013c): null ⇒ +別
(2) Taisho, SNST, Baek(2013c): null ⇒ +有

len pa ḥdi dag kyaṅ dmigs par bya ba yin te/ deḥi phyir《bstan bcos rnal ḥbyor spyod paḥi sa》las

mdor bsdu na kun gẓi rnam par śes pa ni dmigs pa rnam pa gñis kyis ḥjug ste/ naṅ gi len pa rnam par rig paḥi phyir daṅ/ phyi rol gyi snod kyi rnam pa yoṅs su ma chad pa rnam par rig paḥi mtshan ñid kyi[1] phyir ro//

de la naṅ gi len pa rnam par rig [D.Ti.229b] pa ni ḥdi lta ste/ kun brtags paḥi ṅo bo ñid la mṅon par ẓen paḥi bag chags daṅ/ rten daṅ dbaṅ poḥi gzugs so//

de yaṅ gzugs can gyi khams naḥo//

gzugs can ma yin pa ni[2] bag chags len pa kho nar zad do//

de la phyi rol gyi snod kyi rnam pa yoṅs su ma chad pa rnam par rig paḥi mtshan ñid[3] ni ḥdi lta ste/ brten paḥi dmigs pa rnam par rig paḥi phyir daṅ kun gẓi rnam par śes pa naṅ gi len pa rnam par rig paḥi phyir/[4] dus thams cad du rgyun mi ḥchad pa snod kyi ḥjig rten gyi mtshan ñid rnam par rig pa ste/ dper na mar me ḥbar ba na/ sñiṅ po daṅ snum gyi rgyus ni naṅ[5] ḥjug par ḥgyur la/ phyi rol du ni ḥod ḥbyuṅ bar byed pa bẓin du kun gẓi rnam par śes pa naṅ gi len pa dmigs pa daṅ/ phyi rol gyi snod kyi mtshan ñid la dmigs nas ḥbyuṅ baḥi tshul yaṅ de daṅ ḥdra bar blta bar byaḥo ẓes ḥbyuṅ ṅo//

(1) ‘mtshan ñid kyi’ ⇒ null (2) ni ⇒ na (3) ‘paḥi mtshan ñid’ ⇒ pa
(4) ‘brten paḥi dmigs pa rnam par rig paḥi phyir daṅ kun gẓi rnam par śes pa naṅ gi len pa rnam par rig paḥi phyir/’ ⇒ ‘kun gẓi rnam par śes pa naṅ gi len paḥi dmigs pa gaṅ yin pa de ñid la brten nas/’
(5) +du

又《成唯識》第二卷云：“賴耶所緣，有其三種：一、器世間，二、有漏種，

三、有根身。
阿賴耶識因緣力故，自體生時，內變爲種及有根身，外變爲器。
即以所變爲自所緣，行相杖之而得起故。"廣說如《彼》。

gṣan yaṅ《bstan bcos rnam par rig pa tsam du grub pa》las/
kun gṣi rnam par śes paḥi dmigs pa ni rnam pa gsum ste/ snod kyi ḥjig rten daṅ zag pa daṅ bcas pa[(1)] sa bon daṅ dbaṅ po daṅ bcas paḥi lus so//
kun gṣi rnam par śes paḥi rgyu daṅ rkyen gyi mthuḥi phyir raṅ gi bdag ñid skye ba na naṅ gi gyur pa ni sa bon [ZH.68-545] daṅ dbaṅ po daṅ bcas paḥi lus lta bur snaṅ la/ phyi rol gyi gyur pa ni snod lta bur ruṅ ste/ gyur par snaṅ ba de ñid raṅ gi dmigs paḥi rnam par[(2)] byed de/ phan tshun[(3)] ltos nas skye baḥi phyir ro ṣes ḥbyuṅ ste/
rgya cher《de ñid》las bstan pa bṣin no//

(1) pa ⇒ paḥi (2) 'dmigs paḥi rnam par' ⇒ 'dmigs par'
(3) 'phan tshun' ⇒ 'deḥi rnam pa ni de'

此中所說"執受"義者，是能執受。執受五根及彼所依，令不損壞，爲自所依。攝受種子，爲自所有，亦名"所依"。

ḥdir len pa ṣes gsuṅs paḥi don ni yoṅs su ḥdsin pa la bya ste/ dbaṅ po lṅa daṅ de dag gi rten yoṅs su bzuṅs nas mi ḥjig ciṅ raṅ gi rten du byed pas yoṅs su ḥdsin paḥi sa bon ni bdag ñid la yod pa daṅ rten ṣes byaḥo//

[§."執受"]
然此執受，諸教不同。
《俱舍》第二云："十八界中，九不受[(1)]，餘二[(2)]。"
彼約一義，釋執受故。
[(3)]《彼》云："'有執受'[(4)]此言何義？心心所法共所執持，攝爲依處，名'爲[(5)]執受'。損益展轉更相隨故。乃至廣說。"

(1) JS, Taisho, SNST: '不受' ⇒ '無執受' (2) JS: '餘二'=null; SNST: '餘二'=*sic*
(3) SNST: null ⇒ +故; JS: null=+又 (4) Taisho, SNST, Baek(2013c): null ⇒ +者
(5) JS, Taisho, SNST, Baek(2013c): 爲 ⇒ 有

len pa ṣes bya ba yaṅ ḥdi yaṅ bstan pa rnams las so so nas bśad pa mi mthun te《mdsod kyi bstan bcos》las ni/
khams [D.Ti.230a] bco brgyad las dgu ni ma zin paḥo//
gṣan ni rnam pa gñis so ṣes ḥbyuṅ ste/
de ni don gcig la brten nas zin paḥi don bśad paḥi phyir/ deḥi phyir《de ñid》las
zin pa daṅ bcas pa ṣes bya baḥi don ci ṣe na/
sems daṅ sems las byuṅ baḥi chos kyis yoṅs su bzuṅ nas gnas su gyur pa ni zin pa ṣes bya ste/ phan pa daṅ gnod pa phan tshun rjes su ḥbrel paḥi phyir ro ṣes bya ba nas rgya cher bśad paḥi bar du bstan pa yin no//

《正理》第四，有三師釋。

一、同《俱舍》。

《正理》釋云："若爾，色等即應一向名'無執受'。心心所法不依彼故，非根性故。

不爾。色等若不離根，雖非所依，而是心等之所親附，故無有[(1)]失。

二、毗婆沙師[(2)]說。若諸色法逼迫斷壞，便能生苦。與此相違，即能生樂。是己身攝，名'有執受'。

三、有餘師說。若諸有情執爲自體，一切處時，方便防護。乃至廣說。若爾，應違《契經》所說。故《契經》云[(3)]'若於此[(4)]處，識所執藏、識所隨攝，名有執受'。

雖有是說，而不相違。有執受法，略有二種：

一者、有愛乃[(5)]有身見。執爲己有，名有執受。若淨[(6)]智生，即便斷滅。

二者、爲因能生苦樂，至般涅槃，隨轉不捨。是爲經論各據一義。"

解云。經，約有愛、身見執爲己有，名"有執受"。

論有三釋。初師意說，執爲依處。次師意說，能生苦樂。後師意說，執爲自體。並符本論。

己身所攝名"有執受"，即當爲因生苦樂義，然第二師唯生苦樂，初後兩師兼取餘義。

經論合說，總有四釋。具說如《彼》。

若依《毗婆沙》第一百四十八，執受納息，六教不同，恐繁不述。[7]

[(1)] JS, Taisho, Baek(2013c): 有=此; SNST: 有=*sic* [(2)] Taisho: 師=null
[(3)] JS, Taisho: 云=言 [(4)] JS, Taisho: 此=是 [(5)] JS, Taisho, SNST: 乃 ⇒ 及
[(6)] Taisho: 淨=正; SNST: 淨=*sic* [(7)] SNST: '若依《毗婆沙》......恐繁不述'=null

《bstan bcos yaṅ dag paḥi rigs pa》 las slob dpon gsum gyis bśad pa ḥbyuṅ ste/ daṅ po ni 《mdsod kyi bstan bcos》 las bśad pa daṅ mthun pas 《bstan bcos yaṅ dag paḥi rigs paḥi ḥgrel pa》 las/

gal te de lta na gzugs la sogs pa ni gcig tu ma zin pa ṣes bya ste/ sems daṅ sems las byuṅ baḥi chos rnams de dag la dmigs[(1)] paḥi phyir daṅ/ dbaṅ poḥi ṅo bo ñid ma yin paḥi phyir ro//

de lta ma yin na[(2)] gzugs la sogs pa ni dbaṅ po daṅ bral bar mi ḥgyur la/ bral na ni ma yin par ḥgyur te/[(3)] sems la sogs pas brten par bya ba yin paḥi phyir [ZH.68-546] ḥgal ba med do ṣeḥo//

gñis pa ni bye brag tu smra ba dag na re/ gal te gzugs kyi chos rnams la gnod ciṅ ṣig par gyur na ni sdug bsṅal skyed par byed la/ de las bzlog pa las ni bde ba skyed par byed de/ raṅ gi lus kyis bsdus pa gaṅ yin pa de ni zin pa ṣes byaḥo//

gsum pa ni slob dpon gṣan kha cig na re/ sems can rnams raṅ gi bdag ñid yod par ḥdsin ciṅ/ dus thams cad du thabs kyis yoṅs su bsruṅ ba gaṅ yin pa de ni ṣes bya ba nas rgya cher bśad paḥi bar du bstan pa yin no//

gal te de lta na 《mdo》 las gsuṅs pa daṅ ḥgal bar ḥgyur te/ 《mdo》 las ni gnas ḥdir rnam par śes pas sbas pa daṅ/ rnam par śes pas rjes su bsdus pa gaṅ yin pa de ni len pa ṣes byaḥo ṣes gsuṅs so ṣe na/

de ltar gsuṅs pa yod kyaṅ ḥgal ba med de/ [D.Ti.230b] len pa daṅ bcas paḥi chos ni mdor bsdu na ni rnam pa gñis yod pas so//

de la daṅ po ni len pa daṅ bcas śiṅ[(4)] ḥjig tshogs la lta ba daṅ bcas paḥi[(5)] bdag ñid yod pa ñid du ḥdsin pa la yaṅ len pa daṅ bcas pa ṣes bya ste/ gal te yoṅs su dag paḥi śes pa skyes na ni de yoṅs su spoṅ bar ḥgyur ro//

gñis pa ni sdug bsṅal daṅ bde bskyed paḥi rgyur gyur nas mya ṅan las ḥdas kyi bar du rjes su ḥjug ciṅ mi spoṅ ba ste/ ḥdi ni mdo daṅ bstan bcos dag las so so nas don re re la brten te bstan paḥo//

de la 《mdo》 las ni len pa[(6)] daṅ/ ḥjig tshogs la lta ba daṅ bcas pas bdag ñid yod pa ñid du ḥdsin pa la dgoṅs nas len pa daṅ bcas pa ṣes gsuṅs so//

bstan bcos las ni rnam pa gsum du bśad de/
slob dpon daṅ po ni gnas su ḥdsin pa la dgoṅs nas so//
slob dpon bar ma ni sdug bsṅal daṅ bde ba [ZH.68-547] bskyed pa la dgoṅs nas so//
slob dpon tha ma ni bdag ñid du ḥdsin pa la dgoṅs nas bstan pa yin te/ thams cad kyaṅ bstan bcos daṅ rjes su mthun no//
de yaṅ raṅ gi lus kyi[(7)] bsdus pa gaṅ yin pa ni len pa ṣes bya ste/ ḥdi ni sdug bsṅal daṅ/ bde ba bskyed paḥi rgyur gyur pa ṣes bya baḥi don ñid de/ slob dpon gñis pa de ni sdug bsṅal ba daṅ/ bde ba bskyed pa kho na la der ḥdod do//
slob dpon daṅ po daṅ tha ma gñis ni don gṣan yaṅ blaṅs nas bstan pa yin no//
mdo sde daṅ bstan bcos de dag gi bśad pa yaṅ mdor bsdu na bśad pa rnam pa bṣir ḥgyur te/ ṣib tu《de ñid》las bstan pa bṣin no//

(1) dmigs ⇒ 'mi brten' (2) na ⇒ no//
(3) 'la/ bral na ni ma yin par ḥgyur te/' ⇒ 'na/ gnas ma yin mod kyi/'
(4) 'len pa daṅ bcas śiṅ' ⇒ 'srid paḥi sred pa daṅ' (5) paḥi ⇒ pas
(6) 'len pa' ⇒ 'srid paḥi sred pa' (7) PN: kyi ⇒ kyis

今依大乘，三說不同。
或有，唯約生苦樂故，名爲“執受”。
故《集論》云：“五[(1)]色界[(2)]全[(3)]四界[(4)]一分，名有[(5)]執受。”
即[(6)]既不說“聲”，故知唯約生苦樂故名“執受”也。

(1) Taisho, SNST: null ⇒ +有 (2) Taisho: null=+處 (3) Taisho, SNST: null ⇒ +及
(4) Taisho, SNST: 界 ⇒ null (5) Taisho: 有=爲; SNST: 有=*sic* (6) JS, SNST: 即 ⇒ null

ḥdir theg pa chen poḥi bstan pa daṅ sbyar na/ bśad pa mi mthun pa rnam pa gsum yod do//
kha cig ni sdug bsṅal daṅ bde ba bskyed pa kho na las brtsams nas len pa ṣes ston te/ deḥi phyir《bstan bcos mṅon pa kun las btus pa》las
khams gzugs can lṅa daṅ/ bṣiḥi phyogs gcig ni zin pa ṣes byaḥo ṣes [D.Ti.231a] ḥbyuṅ ste/
sgra ma bstan pas sdug bsṅal daṅ bde ba bskyed pa las brtsams nas len pa ṣes bstan par rig par byaḥo ṣes zer ro//

或有，唯約攝爲自體，名有[(1)]"執受"。
如《瑜伽》五十一等云："若無第八，依止執受不可得故。"
又五十六復[(2)]云："[(3)]五執[(4)]、非執受。所餘一向非執受。"
准此等文，唯約攝爲自體，明執受也。

(1) SNST: 有 ⇒ 爲　(2) JS, SNST: 復 ⇒ null　(3) Taisho, SNST, Baek(2013c): null ⇒ +'五執受'
(4) JS, Taisho, SNST: 執 ⇒ +'執受'

kha cig ni raṅ gi ṅo bor gzuṅ ba la len pa ṣes byaḥo ṣes ston te/ deḥi phyir 《bstan bcos rnal ḥbyor spyod paḥi sa》 las/
gal te kun gṣi med na gnas len pa mi dmigs par ḥgyur baḥi phyir ro ṣes bya ba daṅ/ gṣan yaṅ 《de ñid》 las
lṅa ni len paḥo[(1)]// lṅa ni len pa[(1)] daṅ len pa[(1)] ma yin paḥo// gṣan ni gcig tu len pa[(1)] ma yin paḥo ṣes bśad pas so ṣes zer te/
ḥdi la sogs paḥi bstan pa la brten nas raṅ gi ṅo bor gzuṅ ba la len pa ṣes ston te/

(1) 'len pa' ⇒ 'zin pa'

或有，通約二義，以明執受。
如[(1)]五十三云："識執不執者。若識依執，名執受色。此復云何？謂識所託，安危事同，和合生長。又此爲依，能生諸受。與此相違，非執受攝[(2)]。"
又《瑜伽論》第一百云："執受法者，謂[(3)]色法爲心心所[(4)]執持。由託彼故，心心所轉，安危事同。同安危者，由心心所住[(5)]持力故，其色不斷不壞不爛。即由如是所執受色，或棄[(6)]損或時攝益，其心心所亦隨損益。與此相違，名非執受。"

(1) SNST: null ⇒ +'《瑜伽》'　(2) Taisho, Baek(2013c): 攝=色; SNST: 攝=*sic*
(3) Taisho, SNST: null ⇒ +諸　(4) Taisho, SNST, Baek(2013c): null ⇒ +'之所'
(5) JS, Taisho, Baek(2013c): 住 ⇒ 任; SNST: 住=攝
(6) JS, Taisho, SNST, Baek(2013c): 棄 ⇒ '時衰'

kha cig ni don gñi ga la brten nas len pa ston te/ 《bstan bcos [ZH.68-548] rnal ḥbyor spyod paḥi sa》 las ji skad du

de la rnam par śes pa gnas pa daṅ/ mi gnas pas[(1)] zin paḥi gzugs gaṅ yin pa de ni rnam par śes pa gnas pa[(2)] de yaṅ gaṅ ṣe na/ ḥdi lta ste/ de yaṅ rnam par śes pa daṅ ḥdres pa grub pa daṅ/ bde ba gcig paḥi don gyis ḥjug pa gaṅ yin pa daṅ/ gṣan yaṅ ḥdis rten byas nas tshor ba skye ba[(3)] gaṅ yin paḥo// de las bzlog pa ni zin pa ma yin par rig par byaḥo ṣes bya ba daṅ
gṣan yaṅ《de ñid》las
zin paḥi chos ni ḥdi lta ste/ gzugs can gyi chos rnams daṅ(?)/ sems daṅ sems las byuṅ ba rnams kyis yoṅs su bzuṅ bas de dag la brten nas/ sems daṅ sems las byuṅ ba ḥjug ciṅ ḥgrub pa daṅ/ bde baḥi dṅos po gcig tu gyur paḥo//
de la grub pa daṅ bde ba gcig pa ni sems daṅ sems las byuṅ bas yoṅs su gzuṅ baḥi dbaṅ gis gzugs de dag rgyun mi ḥchad ciṅ ḥjig pa daṅ/ ḥdul bar mi ḥgyur ba ste/ des na zin paḥi gzugs rnams la/ res ḥgaḥ ni gnod par ḥgyur la/ res ḥgaḥ ni phan ḥdogs par ḥgyur ro// sems daṅ sems las byuṅ ba de dag kyaṅ de dag gi rjes su phan gnod du ḥgyur ro// de las bzlog pa ni zin pa ma yin pa ṣes byaḥo ṣes [D.Ti.231b] bstan pa lta buḥo ṣeḥo//

(1) pas ⇒ 'pa ni' (2) +'ṣes bya ste/'
(3) 'tshor ba skye ba' ⇒ 'tshor ba rnams skye baḥi don du gyur pa'

今《此經》中說"執受"者, 且依二義。
一者、賴耶執根依處, 爲自所依。
二者、執持種子, 爲自所攝。具如諸論。

《mdo ḥdi》las len pa ṣes gsuṅs pa ni don rnam pa gñis daṅ ldan te/ kun gṣi rnam par śes pa dbaṅ poḥi gnas la bdag ñid kyi gnas su ḥdsin pa daṅ/ sa bon yoṅs su ḥdsin paḥi bdag ñid de/ ṣib tu ni bstan bcos rnams las bśad pa bṣin no/

(@3-11) "有色界中具二執受, 無色界中不具二種。"
釋曰。此即第三、約界分別。

de la gzugs can gyi khams na ni len pa gñi ga daṅ ldan la/ gzugs med paḥi khams na ni rnam pa gñi ga daṅ mi ldan no
ṣes bya ba ni gsum pa [ZH.68-549] khams la brten nas rnam par ḥbyed paḥo//

即准此文, 依大乘宗, 無色界中, 無眼、耳等十種色界, 非如摩訶僧祇部[1]說"具十色及五識身"。

而《本業經》"無色諸天, 來入會中"、《法華經》中"聞[2]有頂香", 如此等文, 皆依法處所攝色說。

(1) mahāsaṁghika; JS: 祇=祗

(2) Baek(2013c): 聞 ⇒ 聞(√ghrā); SNST: 聞=嗅(ā-√ghrā)

mdoḥi tshig ḥdi daṅ sbyar na theg pa chen poḥi gṣuṅ gi gzugs med paḥi khams na mig daṅ rna ba la sogs pa gzugs can gyi khams bcu med par bṣed kyi dge ḥdun phal chen paḥi sde pa dag ltar na gzugs can bcu daṅ/ rnam par śes paḥi tshogs lṅa tshaṅ bar yod par ḥdod pa lta bu ni ma yin te/

《sṅon gyi las bstan paḥi mdo》 las/ gzugs med paḥi khams kyi lha rnams ḥkhor ḥdus par ḥoṅs so ṣes gsuṅs pa daṅ/

《dam paḥi chos padma dkar poḥi mdo》 las/ srid paḥi rtse moḥi dri snom mo[1] ṣes gsuṅs paḥi phyir te/

ḥdi skad gsuṅs pa ḥdi dag ni thams cad kyaṅ chos kyi skye mched kyis bsdus pa yin no//

(1) 'snom mo' ⇒ 'tshor ro'

(@3-12) "廣慧! 此識亦名'阿陀那識'。何以故? 由此識於身隨逐、執持故。"釋曰。此即第二、釋阿陀那識。

blo gros yaṅs pa rnam par śes pa de ni len paḥi rnam par śes pa ṣes kyaṅ bya ste/ de ciḥi phyir ṣe na/ rnam par śes pa ḥdi lus kyi rjes su ḥbraṅ ṣiṅ yoṅs su ḥdsin paḥi phyir ro

ṣes bya ba ni gñis pa len paḥi rnam par śes pa rnam par bśad paḥo//

梵云阿陀那[1], 此翻名執持。謂由此識隨逐於身、執受色根、令不失壞, 故說此識名爲"執持"。

依《攝大乘》, 有其二義, 釋阿陀那。

一、執受色根, 令不壞故。

二、執受自體，取彼生故。如《彼》第一具廣分別。

依《成唯識》，具有三義。

故第三云："以能執持諸法種子，及能執受色根依處，亦能執取結生相續，故說此識名阿陀那。"

此當二論所說"執受"。

(1) ādāna

ḥdi ltar rnam par śes pa ḥdiḥi dbaṅ gis lus kyi rjes su ḥbraṅ ṣiṅ/ dbaṅ po gzugs can blaṅs nas ḥjig par mi byed paḥi phyir rnam par śes pa ḥdi la len pa[(1)] gsuṅs so//

《bstan bcos theg pa chen po bsdus pa》 las ni don rnam pa gñis kyis len pa rnam par bśad de/ dbaṅ po gzugs can dag ma ṣig par ñe bar bzuṅ baḥi phyir daṅ/ raṅ gi bdag ñid ñe bar bzuṅ nas skye ba len paḥi phyir ro ṣes rgya cher 《de ñid》 las bstan pa bṣin no//

《bstan bcos rnam par rig pa tsam du grub [D.Ti.232a] pa》 las ni don rnam pa gsum gyis bstan te/ deḥi phyir 《de ñid》 las

chos rnams kyi sa bon yoṅs su ḥdsin pa daṅ/ dbaṅ po gzugs can gyi gnas yoṅs su ḥdsin pa daṅ/ ñiṅ mtshams sbyor bar[(2)] yoṅs [ZH.68-550] su ḥdsin paḥi phyir/ rnam par śes pa ḥdi len pa ṣes byaḥo ṣes ḥbyuṅ ste/

ḥdi ni bstan bcos rnam pa gñis las bstan paḥi len pa ñid do//

(1) PN: pa ⇒ par

(2) PN: bar ⇒ ba

(@3-13) "亦名'阿賴耶識'。何以故？由此識於身攝受藏隱、同安危義故。"

釋曰。此即第三、解阿賴耶。

kun gṣi rnam par śes pa ṣes kyaṅ bya ste/ de ciḥi phyir ṣe na/ rnam par śes pa[(1)] ni lus sdud ciṅ len pa daṅ/ sbed par byed pa grub pa daṅ/ bde baḥi don gcig paḥi phyir ro

ṣes bya ba ni gsum pa kun gṣi rnam par śes pa rnam par bśad paḥo//

(1) +ḥdi

[§. "藏"]

梵云阿賴耶[1], 此翻名藏。"藏"有三義：一者、能藏, 二者、所藏, 三者、執藏。

故《成唯識》第二卷云："此識具有能藏、所藏、執藏義故, 為[2]與雜染互爲緣故, 有情執爲自內我故。"

《攝論》第一, 亦辨三義。

故《彼論》云："復何緣故此識亦[3]名'阿賴耶[4]'? 一切有生雜染品法, 於此攝藏, 爲果性故。又即此識, 於彼攝藏, 爲自[5]性故。或諸有情, 攝藏此識, 爲自我故, 說名'阿賴耶識'。"

解云。藏義三種別者。

第一、能藏。此即果法於因中藏, 謂識中種生現七識, 染果不離能生因故。

第二、所藏。此即因種於果中藏, 謂所熏種藏在能熏七現識中, 成因性故。

第三、我愛[6]所執藏義。此即境於能執中藏。

(1) ālaya (2) JS, Taisho, Baek(2013c): 為 ⇒ 謂; SNST: 為 =*sic*
(3) Taisho, SNST, Baek(2013c): 亦 ⇒ 說; JS: 亦=null
(4) JS, Taisho, SNST, Baek(2013c): null ⇒ +識
(5) JS, Taisho, SNST, Baek(2013c): 自 ⇒ 因 (6) SNST: '我愛' ⇒ '我執'

kun gṣi ṣes bya ba la don rnam pa gsum yod de/ sbed par byed pa daṅ/ sba bar bya ba daṅ/ sbas pa ḥdsin paḥo//

deḥi phyir《bstan bcos rnam par rig pa tsam du grub pa》las/

rnam par śes pa ḥdi sbed pa daṅ/ sba bar bya ba daṅ/ sbas pa ḥdsin paḥi don daṅ ldan paḥi phyir daṅ/ kun nas ñon moṅs pa dag daṅ/ phan tshun rkyen byed paḥi phyir daṅ/ sems can rnams naṅ gi bdag tu ḥdsin paḥi phyir ro ṣes ḥbyuṅ ṅo//

《bstan bcos theg pa chen po bsdus pa》las kyaṅ don rnam pa gsum gyis ston te/ deḥi phyir《de ñid》las

ciḥi phyir rnam par śes pa ḥdi kun gṣi rnam par śes pa ṣes bya ṣe na/

skye baḥi ñon moṅs paḥi phyogs kyi chos thams cad ḥdir ḥbras buḥi dṅos por sbed paḥi phyir daṅ/ gṣan yaṅ rnam par śes pa ḥdi [(1)]dag la rgyuḥi dṅos poḥi[(2)] sbyor baḥi phyir daṅ/ yaṅ na sems can rnams rnam par śes pa ḥdi la raṅ gi bdag ñid du sbyor baḥi phyir kun gṣi rnam par śes pa ṣes byaḥo ṣes ḥbyuṅ ste/

sbed paḥi don rnam pa gsum tha dad par ḥgyur ba yaṅ/

daṅ po sbed par byed pa ni ḥbras bu rgyu la sbas pas rnam par śes pa la yod paḥi sa bon gyis snaṅ baḥi rnam par śes pa bdun bskyed pa ste/ kun nas ñon moṅs paḥi ḥbras bu bskyed paḥi rgyu las gud na med paḥi phyir ro//

[ZH.68-551] gñis pa sba bar bya [D.Ti.232b] ba ni rgyu sa bon ḥbras bu la sbas pas yoṅs su bsgos paḥi sa bon snaṅ baḥi rnam par śes pa sgo bar byed pa la sbas pa ste/ rgyuḥi ṅo bor mṅon par grub paḥi phyir ro//

gsum pa bdag tu ḥdsin pas sbed[(3)] paḥi don ni yul yoṅs su ḥdsin ciṅ sbed paḥi[(4)] phyir ro//

(1) PN: null ⇒ +de (2) poḥi ⇒ por (3) sbed ⇒ sbas
(4) 'yul yoṅs su ḥdsin ciṅ sbed paḥi' ⇒ 'yul yoṅs su ḥdsin pa la sbas paḥi'

今依《此經》, 不同諸論。謂由此識, 於有根身, 能攝受彼, 爲所依止, 於彼藏隱, 與所依身同安危故。此即現識藏所依中, 故名爲"藏", 於所藏中一分之義。

故《深密》云"於[(1)]彼身中住者[(2)]故, 一體相應故"。

"住"者[(3)], 即此"攝受藏隱"。

"一體相應"[(4)], "同安危義"。

(1) Taisho, SNST, Baek(2013c): 於 ⇒ 以 (2) Taisho, SNST, Baek(2013c): 者 ⇒ 著
(3) SNST: '住者' ⇒ "住著'者'; Baek(2013c): '住者'='住著' (4) SNST: null ⇒ +者

《mdo ḥdi》 ni bstan bcos rnams daṅ mi mthun te/ rnam par śes pa ḥdi dbaṅ po daṅ bcas paḥi lus de dag gnas su sdud pas/ sbed pa de dag[(1)] daṅ/ rten gyi lus su[(2)] grub pa daṅ/ bde ba gcig paḥi phyir te/ ḥdi ni snaṅ baḥi rnam par śes pa ḥdi[(3)] rten las[(4)] sbas pas deḥi phyir sbed pa ṣes byaḥo//

ḥdi yaṅ sbed baḥi naṅ na don gyi phyogs gcig yin te/ deḥi phyir 《dgoṅs pa zab mo rnam par dgrol baḥi mdo》 las

lus de dag las mṅon par ṣen paḥi phyir daṅ/ bdag ñid gcig tu mthun paḥi phyir ṣes gsuṅs te/

de la mṅon par ṣen pa ṣes bya ba ni sdud pa daṅ sbed pa yin la/ bdag ñid gcig tu mthun pa ṣes bya ba ni grub pa daṅ bde ba gcig paḥi don to//

(1) 'sbed pa de dag' ⇒ 'de dag la sbas pa' (2) su ⇒ daṅ (3) PN: ḥdi ⇒ null (4) las ⇒ la

(@3-14) "亦名爲'心'。何以故? 由此識色聲香味觸等積集、滋長故。"
釋曰。此即第四、釋其心義。

sems ṣes kyaṅ bya ste/ de ciḥi phyir ṣe na/ rnam par śes pa ḥdiḥi dbaṅ gis/ gzugs daṅ/ sgra daṅ/ dri daṅ/ ro daṅ/ reg bya la sogs pa kun tu bsags pa daṅ/ ḥphel bar ḥgyur baḥi phyir ro ṣes bya ba ḥdi ni bṣi pa sems kyi don rnam par bśad paḥo//

[§. "心"]
梵音質多[1], 此翻爲心, 有其多義。
一、名"集起", 集諸法種, 起諸法故。如《成唯識》第五卷說。
二、名"積集", 有其二義。
一、諸法種子所積集故。如《攝論》第一"由種種法熏習種子所積集故"。
二、外六境界積集、滋長故。
三、名"採集", 採集種種所緣境故。如《深密經》及《五蘊論》。

(1) citta

ḥdi yaṅ don rnam pa maṅ po daṅ ldan te/
daṅ po ni bsags pa brtsams pa ṣes bya ste/ chos rnams kyi sa bon bsags nas chos rnams ḥbyuṅ bar byed paḥi phyir te/ 《bstan bcos rnam par rig pa tsam du grub pa》 las ji skad du/[1]
gñis pa bsags pa la don rnam pa gñis yod de/
chos rnams kyis[2] sa bon rab tu bsags paḥi phyir ro [ZH.68-552] ṣes bya ba daṅ/ 《bstan bcos theg pa chen po bsdus pa》 las/ chos rnam pa sna tshogs kyis yoṅs su bsgos paḥi sa bon rnams kun tu bsags paḥi phyir ro ṣes bstan pa lta buḥo//
gñis pa ni phyi rol gyi yul drug po dag kun tu bsags pa daṅ/ ḥphel bar byed

paḥi phyir ro//

gsum [D.Ti.233a] pa ni sdud pa ṣes bya ste/ dmigs par bya baḥi yul rnam pa sna tshogs sdud paḥi phyir te/ 《dgoṅs pa zab mo rnam par dgrol baḥi mdo》 daṅ/ 《phuṅ po lṅaḥi rab tu byed pa》 las bstan pa bṣin no//

(1) 'ji skad du/' ⇒ 'bstan pa bṣin no//'
(2) PN: kyis ⇒ kyi

今依《此經》, 依第二義, 故名爲“心”。

此有二義：一者、積集, 二者、滋長。由色等境之所積集及滋長故。

ḥdir 《mdo sde ḥdi》 daṅ sbyar na/ don gñis pa las brtsams nas/ deḥi phyir sems ṣes gsuṅs pa yin no//

ḥdi yaṅ don rnam pa gñis daṅ ldan te/ kun tu bsags pa daṅ ḥphel bar byed paḥo// ḥdi ltar gzugs la sogs paḥi dbaṅ gis(1) yul yoṅs su tshol bas(2) kun tu bsags pa daṅ ḥphel bar ḥgyur baḥi phyir ro//

(1) 'dbaṅ gis' ⇒ null
(2) 'yoṅs su tshol bas' ⇒ 'de dag'

[§. “所知依”]

若依《成唯識論》第三卷, 有七種名,《此經》“四名”外更加三名。

三名者何?

如《彼論》云：“或名‘所知依’。能與染淨所知諸法爲依止故。”

釋如《攝論》“十殊勝中第一殊勝名‘所知依’”。

《世親釋》云：“所應可知, 故名‘所知’, 所謂雜染清淨諸法, 即三自性。‘依’是因義。”

《無性釋》云：“所應可知, 故名‘所知’。‘依’謂所依。此‘所依’聲, 簡取能依雜染清淨諸有爲法, 不取無爲, 由彼無(1)所依義故。所依即是阿賴耶識, 是彼因故, 能列(2)彼故, 如其所應。”

解云。世親菩薩, 許第八識, 通與三性爲所依止。

無性菩薩, 唯與依他起性爲依, 不與遍計、圓成爲依。“是彼因故”者, 與染分依他爲依。“能列[(2)]彼故”者，與淨分依他爲依。

問。如何兩論有此相違?

解云。世親約通依故通三性，無性唯[(3)]約親依故[(4)]依他。各據一義，亦不相違。

(1) Taisho, Baek(2013c): null=+有; SNST: null=*sic*

(2) JS, Taisho, SNST, Baek(2013c): 列 ⇒ 引 (3) JS, SNST: 唯 ⇒ null

(4) JS, SNST: null ⇒ +唯

《rnam par rig pa tsam du grub paḥi bstan bcos》 las ni miṅ rnam pa bdun ḥbyuṅ ste/ 《mdo ḥdi》 las bstan paḥi miṅ bṣi la yaṅ gsum gyis bsnan naḥo// miṅ gsum po de yaṅ gaṅ ṣe na/

《bstan bcos de ñid》 las ji skad du

śes byaḥi gnas ṣes kyaṅ bya ste/ kun nas ñon moṅs pa daṅ/ rnam par byaṅ baḥi chos rnams kyi gnas byed paḥi phyir ro ṣes ḥbyuṅ ste/

ḥdi ni 《bstan bcos theg pa chen po bsdus pa》 las ji skad du/

khyad par du ḥphags paḥi gsuṅ rab rnam pa bcu bstan pa las/ daṅ po ṣes byaḥo// gnas[(1)] kyi khyad par gyi khyad par du ḥphags paḥi gsuṅ ṣes bstan pa lta buḥo//

《slob dpon dbyig gñen gyis mdsad paḥi ḥgrel pa》 las/

śes par bya ba yin paḥi phyir śes bya ṣes byaḥo// de yaṅ ḥdi lta ste/ kun nas ñon moṅs pa daṅ/ rnam par byaṅ baḥi chos rnams te [ZH.68-553] ṅo bo ñid rnam pa gsum mo// gnas ṣes bya ba ni rgyuḥi don to ṣes ḥbyuṅ ṅo//

《slob dpon ṅo bo ñid med kyis ḥgrel pa》 las kyaṅ/

śes par bya ba yin paḥi phyir śes bya ṣes byaḥo// gnas ni ḥdi lta ste/ brten paḥi gnas te/ sgras ni rten par byed pa[(2)] ñon moṅs pa daṅ/ rnam par byaṅ ba ḥdus byas kyi chos rnams gzuṅ gi /ḥdus ma byas ni ma yin te/ de la gnas pa[(3)] don med paḥi phyir ro// gnas ni kun gṣi rnam par śes pa ñid yin te/ de dag gi rgyu yin paḥi phyir daṅ de dag ḥdren par byed paḥi phyir ci rigs par [D.Ti.233b] byaḥo ṣes ḥbyuṅ ste/

de la slob dpon dbyig gñen gyis kun gṣi rnam par śes pa ste/ ṅo bo ñid rnam pa gsum char kun gyi gnas byed par ston to//

slob dpon ṅo bo ñid med ni gṣan gyi dbaṅ kho naḥi ṅo bo ñid daṅ[(4)] gnas byed kyi/ kun brtags daṅ/ yoṅs su grub paḥi ṅo bo ñid kyi gnas ni mi byed do ṣes ston to//

de la de dag gi rgyu yin paḥi phyir ṣes bya ba ni kun nas ñon moṅs paḥi char gtogs paḥi gṣan gyi dbaṅ gi gnas byed pas so//
de dag ḥdren paḥi phyir ro ṣes bya ba ni rnam par byaṅ baḥi char gtogs paḥi gṣan gyi dbaṅ gi gnas byed pas so//
ciḥi phyir bstan bcos ḥdi gñis mi mthun par gyur ce na/
smras pa/ slob dpon dbyig gñen gyis spyiḥi gnas las brtsams paḥi phyir ṅo bo ñid rnam pa gsum spyir bstan to//
ṅo bo ñid med na ni ñe bar gyur paḥi gnas las brtsams paḥi phyir/ gṣan gyi dbaṅ gi ṅo bo kho na daṅ sbyar nas bstan te/ so so nas don re re smos pas ḥgal ba med do//

(1) PN: 'ṣes byaḥo// gnas' ⇒ 'śes byaḥi gnas'
(2) PN: 'rten par byed pa' ⇒ 'brten par bya ba'
(3) PN: pa ⇒ paḥi
(4) 'gṣan gyi dbaṅ kho naḥi ṅo bo ñid daṅ' ⇒ 'gṣan gyi dbaṅ gi ṅo bo ñid kho naḥi'

[§. “異熟識”]

或名“異熟識”。能引生死善不善業異熟果故。

解云。異熟有三：

一、轉變而熟，故名異熟。

二、異時而熟，故名異熟。

三、異類而熟，因是善惡，果唯[1]無記，故云異熟。

三中唯取第三異類，以前二名通餘果故。

(1) JS, SNST: 唯 ⇒ 爲

yaṅ na rnam par smin paḥi rnam par śes pa ṣes kyaṅ bya ste/ ḥkhor na dge ba daṅ mi dge baḥi las kyi rnam par smin paḥi ḥbras bu rab tu ḥdren paḥi phyir ro [ZH.68-554] ṣes ḥbyuṅ ste/
de la rnam par smin pa ṣes bya ba yaṅ don rnam pa gsum gyi phyir te/ daṅ po ni rnam par gyur nas rnam par smin par ḥgyur baḥi phyir rnam par smin pa ṣes byaḥo//
gñis pa ni dus tha dad pa na rnam par smin par ḥgyur baḥi phyir rnam par smin pa ṣes byaḥo//

gsum pa ni ris tha dad pa[(1)] rnam par smin par ḥgyur baḥi phyir rnam par smin pa ṣes bya ste/ de yaṅ rgyu ni dge ba daṅ mi dge ba yin la ḥbras bu ni luṅ du mi ston pa yin paḥi phyir rnam par smin pa ṣes brjod do//
rnam pa gsum las ḥdir ni gsum pa ris tha dad pa bzuṅ ste/ sṅa ma gñis ni spyiḥi miṅ yin pas rnam par smin pa gṣan du yaṅ gtogs paḥi phyir ro//

(1) PN: null ⇒ +na

[§. "無垢識"]

或名"無垢識", 最極清淨諸無漏法所依止故。

解云。梵音阿末羅[(1)]識, 此云無垢識。即妙覺位大圓鏡智相應心體, 名"無垢識", 最極清淨諸智、定等無漏道法爲依止故。

故《如來功德莊嚴經》云:

如來無垢識, 是淨無漏界,
解脫一切障, 圓鏡智相應。

廣如《唯識疏》第三卷說。

(1) amala

yaṅ na dri ma med paḥi rnam par śes pa ṣes kyaṅ bya ste/ śin tu rnam par dag paḥi zag pa med paḥi chos rnams kyi gnas su gyur paḥi phyir ro ṣes ḥbyuṅ [D.Ti.234a] ste/ ḥdi ni gya nom par mṅon par rdsogs par saṅs rgyas paḥi gnas skabs su me loṅ lta buḥi ye śes daṅ mtshuṅs par ldan paḥi sems kyi bdag ñid la dri ma med paḥi rnam par śes pa ṣes bya ste/ śin tu rnam par dag paḥi ye śes daṅ/ tiṅ ṅe ḥdsin la sogs pa zag pa med paḥi lam gyi chos kyi gnas su gyur paḥi phyir daṅ/

《de bṣin gśegs paḥi yon tan bkod paḥi mdo》 las ji skad du/

de bṣin gśegs paḥi dri med rnam śes ni//
śin tu dag ciṅ zag med dbyiṅs yin pas//
sgrib pa thams cad las ni rnam par dgrol//
me loṅ lta buḥi ye śes mtshuṅs par ldan//

ṣes gsuṅs pa lta buḥo//
rgya cher rnam par bśad pa ni 《bstan bcos rnam par rig pa tsam du grub paḥi ḥgrel pa》 las bstan pa bṣin du rig par byaḥo// //

(@3-15) “廣慧! 阿陀那識爲依止爲建立故, 六識身轉, 謂眼識、耳、鼻、舌、身、意識。”
釋曰。自下第二、明諸識俱轉差別。

bam po ñi śu gcig pa/

blo gros yaṅs pa len paḥi rnam par śes pas [ZH.68-555] gnas daṅ/ rnam par gṣag pa byas paḥi phyir rnam par śes pa[(1)] tshogs drug po dag ḥjug pa ḥdi lta ste/ mig gi rnam par śes pa daṅ/ rna ba daṅ/ sna daṅ/ lce daṅ/ lus daṅ/ yid kyi rnam par śes paḥo

ṣes bya ba ḥdi man chad ni gñis pa rnam par śes pa rnams lhan cig ḥjug paḥi bye brag ston par mdsad do//

(1) pa ⇒ paḥi

於中有三：初、法, 次、喻, 後、合。
前中有二：初、[(1)]阿陀那與六識俱轉, 後、“廣慧若於”下明意識對五俱轉多少。
初、擧本末以辨俱轉, 後以意[(2)]對五明其俱轉。

(1) SNST: null ⇒ +明
(2) SNST: 意 ⇒ ‘意識’

ḥdi yaṅ rnam pa gsum gyis bstan te/ don daṅ dpe daṅ/ dpe daṅ don du sbyar baḥo//

daṅ po yaṅ rnam pa gñis su dbye ste/ len paḥi rnam par śes pa rnam par śes paḥi tshogs drug po dag daṅ lhan cig ḥjug pa bstan pa daṅ/ blo gros yaṅs pa gal te ṣes bya ba man chad kyis yid kyi rnam par śes pa lṅa po dag daṅ/ lhan cig ḥjug paḥi maṅ ñuṅ bstan paḥo//

de yaṅ daṅ po ni rtsa ba yan lag la ltos nas lhan cig ḥjug pa rnam par ḥbyed pa yin la/ phyi ma ni yid kyi rnam par śes pa lṅa po dag la ltos nas lan[(1)] cig ḥjug pa bstan pa yin no//

(1) PN: lan ⇒ lhan

然《瑜伽》等，且約初義以辨俱轉。

此中應說“末那俱轉”，而不說者，舉初舉後，准可知故，略而不說。

故《瑜伽》等，通約末那以辨俱轉。

《bstan bcos rnal ḥbyor spyod paḥi sa》 la sogs pa las ni don daṅ po las brtsams nas lhan cig ḥjug pa ston to// [D.Ti.234b]

ḥdir ñon moṅs pa can gyi yid kyi lhan cig ḥjug pa bstan paḥi rigs pa las ma bstan pa ni/ daṅ po daṅ tha ma smos pas yid kyi[(1)] śes par ḥgyur baḥi phyir mdor bsdus nas ma bstan te/

deḥi phyir 《rnal ḥbyor spyod paḥi sa》 la sogs pa las/ ñon moṅs pa can gyi yid kyaṅ bsdus nas cig car lhan cig ḥjug pa ston pa yin no//

(1) 'yid kyi' ⇒ zlas

前中有二：初、總標俱轉，後、逐難重釋。此即初也。

以阿陀那爲依止故，六識身轉，謂眼識等。

daṅ po yaṅ rnam pa gñis kyis bstan te/ lhan cig ḥjug pa mdor bstan pa daṅ/ gal gyi dbaṅ du mdsad nas bzlas te bśad paḥo//

ḥdi ni daṅ po mdor bstan pa ste/

ḥdi ltar len paḥi rnam par śes pas gnas byas paḥi phyir rnam par śes paḥi tshogs drug po mig la sogs [ZH.68-556] paḥi rnam par śes pa goṅ nas goṅ du ḥphel bar ḥgyur baḥo//

(@3-16) “此中有識眼及色爲緣生眼識，與眼識俱轉[(1)]隨行、同時、同境有分別意識轉；”

釋曰。自下第二、逐難重釋。

(1) JS, Taisho, SNST, Baek(2013c): 轉 ⇒ null

de la rnam par śes pa daṅ bcas paḥi mig daṅ/ gzugs kyis rkyen byas nas mig gi rnam par śes pa skye ste/ mig gi rnam par śes pa daṅ lhan cig rjes su ḥjug pa/ dus mtshuṅs pa/ spyod yul mtshuṅs pa/ rnam par rtog paḥi yid kyi rnam par śes pa yaṅ ḥgag[(1)] go ṣes bya ba la sogs pa ni gñis pa gal gyi rjes su bzlas te bśad paḥo//

(1) ḥgag ⇒ ḥjug

於中有二：初、明眼識必[(1)]意識俱，後、明四識與意識俱。此即初也。

(1) SNST: null ⇒ +與

ḥdi rnam pa gñis su dbye ste/ mig gi rnam par śes pa gdon mi za bar yid kyi rnam par śes pa daṅ lhan cig ḥjug par bstan pa daṅ/ gṣan rnam par śes pa bṣi po dag yid kyi rnam par śes pa daṅ lhan cig par bstan paḥo//
ḥdi ni daṅ po ste/

言"此中"者，依理門說，有其二義：一、起論端義，二、簡持義。
上來總言"諸識俱轉"，而未分別五必依意、意不依五。爲欲發起如是義端，故言"此中"。
又於"俱轉"含有多義，不可頓說。簡餘諸義，持取此義，故言"此中"。

de la ṣes bya ba ni bstan bcos rigs paḥi sgo daṅ sbyar na don rnam pa gñis yod de/ brjod pa gleṅ bslaṅ baḥi don daṅ/ rnam par bsal nas yoṅs su bzuṅ baḥi don to//
goṅ du rnam par śes pa lhan cig ḥjug pa ṣes mdor gsuṅs mod kyi/ da duṅ lṅa po dag ni gdon mi za bar yid kyi rnam par śes pa la brten pa yin la/ yid ni lṅa po dag la brten pa ma yin par rnam par ma phye bas ḥdir don de lta bu dag gis gleṅ bslaṅ baḥi ched du de la ṣes bya ba gsuṅs so//
gṣan yaṅ lhan cig ḥjug pa bśad na don maṅ du yod pa [D.Ti.235a] las cig car rdsogs par ma bśad de/ don gṣan rnam par bsal nas don ḥdi yoṅs su gsuṅ[(1)] baḥi phyir yaṅ de la ṣes bya ba gsuṅs so//

(1) gsuṅ ⇒ gzuṅ

言"有識眼"者。謂眼二種。一、有識眼，名"同分眼"。二、無識眼，名"彼同分"。
簡彼同分，名"有識眼"。

rnam par śes pa daṅ bcas paḥi mig ces bya ba ni mig rnam pa gñis te/ rnam par śes pa daṅ bcas paḥi mig ni bstan[(1)] pa mtshuṅs paḥi mig ces byaḥo// rnam par śes pa med paḥi mig ni de daṅ mtshuṅs pa ṣes bya ste/ de daṅ mtshuṅs pa las rnam par phye ba gaṅ yin pa de [ZH.68-557] ni rnam par śes pa daṅ bcas paḥi mig ces byaḥo//

(1) bstan ⇒ bsten; PN: bstan=brten

[§. 同分, 彼同分]

然此同分及彼同分, 諸教不同。

一、薩婆多, 依十八界, 以釋同分彼同分義。

謂十八界有業用者, 名爲"同分"。若無業用, 名"彼同分"。

故《俱舍論》第二卷云："十八界中, 幾是同分? 幾彼同分? 頌曰：

法同分餘二, 作不作自業。

論曰。[(1)]謂一法界唯是同分。謂[(2)]諸聖者, 二念已去無我觀智, 緣一切法無不同[(3)]遍。是故法界恒名'同分'。" [(4)]

(1) Taisho: null = +'法同分者'; JS: null = +'法同分'; SNST: null=*sic*
(2) JS, Taisho: 謂=由; SNST: 謂=*sic* (3) JS, Taisho, SNST, Baek(2013c): 同 ⇒ 周
(4) SNST: '二念已去無我觀智......恒名同分'=null

bsten pa mtshuṅs pa daṅ/ de daṅ mtshuṅs pa de yaṅ bstan pa rnams las so so nas bśad pa mi mthun te/

thams cad yod par smra ba dag ni khams bco brgyad las brtsams nas bsten pa mtshuṅs pa daṅ/ deḥi bsten pa mtshuṅs paḥi don ston pas ḥdi lta ste/ khams bco brgyad las las kyi nus pa daṅ bcas pa ni bsten pa mtshuṅs pa ṣes byaḥo//

las kyi nus pa med pa ni de daṅ mtshuṅs pa ṣes byaḥo ṣes zer te/

deḥi phyir《mdsod kyi bstan bcos》las

du ni bsten pa mtshuṅs pa yin te/ du ni deḥi bsten pa mtshuṅs pa yin ṣe na/ tshig leḥur byas pa las/

chos ni rten[(1)] bcas gṣan rnam[(2)] gñis//
raṅ gi las ni mi byed de//

ṣes ḥbyuṅ ste/ ḥdi ñid kyi ḥgrel pa las chos kyi khams gcig ni bsten pa mtshuṅs pa kho na yin te/ ḥdi lta ste/ ḥphags pa rnams kyi[(3)]

[(1)] rten ⇒ bsten [(2)] PN: rnam ⇒ rnams [(3)] 〈......〉 omitted.

《雜心》釋云：“一切法界意識境故。”

《大婆沙》云：“以無有法非三世攝，意識境故。”具說如《彼》。

“問。十七界意識所緣，應皆同分，無彼同分？

答。十七界不依意識立爲同分及彼同分，但依各別根、境相對，[(1)]色，色對眼，乃至身對觸，觸對身。

問。若爾，意界及意識界，唯應對法界立同分、彼同分，是則緣餘十七界者，應非同分？

答。理應如是。然以意界及意識界，能遍[(2)]了一切法故，依自作用立爲同分。如眼等根有見等用，必不立爲彼同分故。

有餘師說‘法界總攝一切法盡，以十七界亦名法故’。

彼不應作是說。法名雖通，而法界別故。由此前說於理爲善。”

【解云。准此，薩婆多宗通一切法非法界攝。】[(3)]

[(1)] Taisho, SNST: null ⇒ +‘眼對’; JS, Baek(2013c): ‘相對’=‘眼對’; SNST: ‘相對’=*sic*

[(2)] Taisho, SNST, Baek(2013c): 遍 ⇒ 通 [(3)] SNST: ‘【解云。......非法界攝。】’=null

ḥdres paḥi sems so ṣes ḥbyuṅ ṅo//[(1)] chos kyi khams thams cad ni yid kyi rnam par śes paḥi yul yin paḥi phyir[(2)]

《bstan bcos bye brag tu bśad pa chen po》 las kyaṅ

chos gaṅ yaṅ dus gsum gyis ma bsdus pa med de/ yid kyi rnam par śes paḥi yul yin paḥi phyir ro ṣes bśad de/

ṣib tu 《de ñid》 las bstan pa bṣin no//

khams bcu bdun po dag yid kyi rnam par śes pas dmigs pa thams cad kyaṅ bsten pa mtshuṅs pa yin la/ deḥi bsten pa mtshuṅs pa ni med do ṣe na/

smras pa/ khams bcu bdun po dag yid kyi rnam par śes pa la brten nas [D.Ti.235b] bsten pa mi mtshuṅs par[(3)] rnam par gṣag pa ma yin gyi so soḥi dbaṅ po daṅ/ yul tha dad pa phun tshun ltos pa la brten nas bstan pa yin no// ḥdi lta ste/ mig ni gzugs la ltos la/ gzugs ni mig la ltos pa nas lus ni reg bya la [ZH.68-558] ltos la/ reg bya ni lus la ltos paḥi bar duḥo//

gal te de lta na yid kyi khams ni chos kyi khams ḥbaḥ ṣig la ltos nas bsten pa mtshuṅs pa daṅ/ deḥi bsten pa mtshuṅs pa rnam par gṣag paḥi[(4)] ḥgyur bas ḥo na ni gṣan khams bcu bdun po dag la dmigs pa dag ni bsten pa mtshuṅs pa ma yin pa ñid du ḥgyur ro ṣe na/

don de lta yin mod kyi/ ḥon kyaṅ yid kyi khams[(5)] yid kyi rnam par śes paḥi khams ni chos thams cad khoṅ du chud ciṅ togs[(6)] par ḥgyur baḥi phyir/ raṅ gi byed pa la brten nas brten pa mtshuṅs par rnam par gṣag ste/ ji ltar mig la sogs paḥi dbaṅ po dag la mthoṅ ba la sogs paḥi nus pa yod pa ṅes par deḥi bsten pa mtshuṅs pa mi gṣag pa yin no//

slob dpon gṣan kha cig ni chos kyi khams kyis chos thams cad bsdus pas khams bcu bdun po dag kyaṅ chos ṣes byaḥo ṣes zer te/

des de skad du smra bar mi byaḥo// chos kyi miṅ du spyir ḥdra yaṅ chos kyi khams tha dad paḥi phyir/ des na sṅar bstan pa ñid śin tu rigs pa daṅ mthun pa yin no//

(1) 'ḥdres paḥi sems so ṣes ḥbyuṅ ṅo//' ⇒ '《bstan bcos sems sna tshogs bstan pa》 las/'
(2) +'ro ṣes ḥbyuṅ ṅo//'
(3) 'bsten pa mi mtshuṅs par' ⇒ 'bsten pa mtshuṅs pa daṅ deḥi bsten pa mtshuṅs par'
(4) PN: paḥi ⇒ pas (5) PN: null ⇒ +daṅ (6) PN: togs ⇒ rtogs

"謂[(1)]餘十七界, 皆有同分及[(2)]彼同分。

何名同分、彼同分耶?

謂依自業不作自業[(3)]。若作自業名爲同分, 不作自業名彼同分。此中眼界[(4)], 已正當見, 名同分眼。如是廣說。乃至意界, 皆[(5)]各於自界[(6)], 應說自用。

迦濕彌羅國毗婆沙師說'彼同分眼, 但有四種, 謂不見色已正當滅及不生法'。

西方諸師說有五種, 謂不生法復開爲二。一、有識屬, 二、無識屬。乃至身界應知亦然。意彼同分, 唯不生法。

【解云。准此, 羅漢最後蘊同分意界, 約能緣義, 說爲同分。不爾, 如何說爲同分?】[(7)]

色界爲眼已正當見, 名同分色。彼同分色, 亦有四種。乃至觸界亦爾, 各對自根, 應說自用, 應知同分及彼同分。眼若於一是同分, 於餘一切亦同分。彼同分眼[(8)]如是。廣說乃至意界亦爾。”

《雜心》亦爾。

若依《婆沙》, 有其三釋。初師說同《俱舍》等。

“有作是說。諸見色眼, 於自有情名同分眼, 於餘有情名彼同分眼。諸不見色眼, 於自有情名彼同分眼, 於餘有情亦名彼同分眼。

復有說者。諸見色眼, 於自有情名同分眼, 於餘有情非同分亦非彼同分。諸不見色眼, 於自有情名彼同分眼, 於餘有情非同分眼亦非彼同分。

彼不應作是說。云何有眼, 而非同分亦非彼同分?

應作是說, 於三說中, 初說應理。”具說如《彼》。

(1) JS: 謂='餘二謂'; SNST: 謂=*sic* (2) JS: 及=null; SNST: 及=*sic*

(3) JS, Taisho, Baek(2013c): '依自業不作自業' ⇒ '作自業不作自業'; SNST: '依自業不作自業'='依自業'

(4) Taisho, Baek(2013c): null=+'有見色'; SNST: null=*sic*

(5) Taisho, SNST, Baek(2013c): 皆 ⇒ null

(6) Taisho, Baek(2013c): 界 ⇒ 境; SNST: 界=*sic*

(7) SNST: '【解云。......如何說爲同分】'=null (8) JS, Taisho, SNST, Baek(2013c): 眼 ⇒ 亦

ḥdi ltar khams bcu bdun po gṣan dag la yaṅ bsten pa mtshuṅs pa daṅ/ deḥi bsten pa mtshuṅs pa yod de/ bsten pa mtshuṅs pa daṅ deḥi bsten pa mtshuṅs pa yaṅ ji lta bu ṣe na/

ḥdi lta ste/ raṅ gi las la gnas śiṅ raṅ gi las byed pa ni bsten pa mtshuṅs pa ṣes byaḥo// raṅ gi las mi byed pa ni deḥi bsten pa mtshuṅs pa ṣes byaḥo//

de la mig gi khams kyis mthoṅ baḥam/ lta baḥam/ lta bar ḥgyur ba ni bsten pa mtshuṅs paḥi mig ces byaḥo// de bṣin du yid kyi khams kyi bar du re re la yaṅ raṅ gi khams la raṅ gi las rgya cher rnam par bśad [D.Ti.236a] par byaḥo//

kha cheḥi bye brag tu smra ba dag ni deḥi bsten pa [ZH.68-559] mtshuṅs paḥi mig ni rnam pa bṣi kho na ste/ gzugs rnams ma mthoṅ bar ḥgags paḥam/[(1)] ḥgag par ḥgyur baḥam/ mi skye baḥi chos can no ṣes ston to//

nub phyogs paḥi slob dpon kha cig ni rnam pa lṅaḥo ṣes ḥchad de/ mi skye baḥi chos can la rnam pa gñis su phye na/ rnam par śes pa daṅ bcas pa daṅ[(2)] rtogs pa daṅ/ rnam par śes pa med par rtogs par ḥgyur te/ lus kyi khams kyi bar du yaṅ rig par byaḥo// [(3)]deḥi bsten pa mtshuṅs pa ṣes bya ba ni mi skye

baḥi chos can kho naḥo ṣeḥo//
gzugs kyi khams kyaṅ mig gis mthoṅ baḥam[4] lta bar ḥgyur ba gaṅ yin pa de ni bsten pa mtshuṅs paḥi gzugs ṣes byaḥo//
deḥi bsten pa mtshuṅs paḥi gzugs ni rnam pa bṣi ste/ yid kyi khams kyi bar du yaṅ so soḥi dbaṅ po la ltos nas raṅ gi las byed mi byed pa la bsten pa mtshuṅs pa daṅ/ deḥi bsten pa mtshuṅs pa bstan par śes par byaḥo//
gal te mig gi dṅos po gcig la dmigs na yaṅ bsten pa mtshuṅs pa ṣes bya la/ gṣan thams cad la dmigs na yaṅ bsten pa mtshuṅs pa ṣes bya ste/ deḥi bsten pa mtshuṅs pa yaṅ de bṣin no// de bṣin du yid kyi khams kyi bar du rgya cher bśad pa yaṅ de bṣin du rig par bya ste/
《bstan bcos sems sna tshogs bstan pa》las kyaṅ de skad du ston to//
《bstan bcos bye brag tu bśad pa chen po》las na rnam pa gsum yod de/ slob dpon daṅ poḥi bśad pa ni《mdsod kyi bstan bcos》las ḥbyuṅ ba daṅ mthun no//
kha cig ni ḥdi skad du gzugs rnams lta baḥi mig kyaṅ sems can bdag ñid la ni bsten pa mtshuṅs paḥi mig ces bya la/ sems can gṣan dag la ni deḥi bsten pa mtshuṅs paḥi mig ces byaḥo//
gzugs rnams mi lta baḥi mig kyaṅ sems can bdag ñid la ni deḥi [ZH.68-560] bsten pa mtshuṅs paḥi mig ces bya la/ sems [D.Ti.236b] can gṣan dag la yaṅ deḥi bsten pa mtshuṅs paḥi mig ces byaḥo ṣeḥo//
yaṅ kha cig ni ḥdi skad du gzugs rnams lta baḥi mig kyaṅ sems can bdag ñid la ni bsten pa mtshuṅs paḥi mig ces bya la/ sems can gṣan dag la ni bsten pa mtshuṅs pa yaṅ ma yin la/ deḥi bsten pa mtshuṅs pa yaṅ ma yin no//
gzugs rnams la mi lta baḥi mig kyaṅ sems can bdag ñid la deḥi bsten pa mtshuṅs paḥi mig ces bya la/ sems can gṣan dag la ni bsten pa mtshuṅs paḥi mig kyaṅ ma yin la/ deḥi bsten pa mtshuṅs pa yaṅ ma yin no ṣeḥo//
de de skad du smra bar mi bya ste/ ji ltar mig daṅ bcas pa bṣin du bsten pa mtshuṅs pa yaṅ ma yin la/ deḥi bsten pa mtshuṅs pa yaṅ ma yin par ḥgyur la/ de ḥdi skad du brjod par bya ste/ bśad pa rnam pa gsum las bśad pa daṅ po ni rigs pa daṅ mthun pa yin no ṣes ḥbyuṅ ste/
ṣib tu《de ñid》las bstan pa bṣin no//

(1) PN: null ⇒ +'ḥgag paḥam' (2) PN: 'pa daṅ' ⇒ par (3) +'yid kyi' (4) +'lta baḥam'

又《俱舍》云："眼不共故，依一相續，建立同分及彼同分。色是共故，依多相續，建立同分及彼同分。如說色界，聲、香、味、觸，應知亦爾。
聲可如色，香、味、觸三，至根方取，是不共故，一取非餘，理應如眼等，不應如色說。
雖有是理，而容有共。所以者何？ 香等三界，於一及餘，皆有可生鼻等識義，眼等不爾，故如色說。"
若依《雜心》，"謂眼見色是有分，不見色是餘有分。謂色眼可[1]見是有分，所不見是餘有分。差別者。若眼是一有分，餘一切亦有分。若一餘有分，餘一切亦餘有分。色若見者是有分，非餘耳、鼻、舌、身，聲、香、味、觸亦如是。第一義如眼說，俗數如色說。"
【解云。《雜心》意不分明。】
《毗婆沙》云："如色界，聲、香、味、觸界亦爾，同分彼同分品類差別皆相似故。
然於此義，或有欲令唯嗅嘗覺各自身中諸香味觸，彼作是說。香、味、觸界，依世俗理，如色界說。謂諸世間作如是語'汝所嗅香，我等亦嗅。汝所嘗味，我等亦嘗。汝所覺觸，我等亦覺'。依勝義理，香、味、觸界，如眼界說。謂一有情所嗅香界，餘不能嗅。若一有情所嘗味界，餘不能嘗。若一有情所覺觸界，餘不能覺。
問。若一觸界，二有情身各在一邊共所逼觸，豈非勝義如色界說？
答。如是觸界有多極微和集一處，二身逼觸，各得一邊，無共得者，故勝義理，如眼界說。香、味二[2]界，准此應知。
復有欲令亦嗅嘗覺他及非情諸香味觸。[3]若已受用及受用時，依世俗理，如色界說，謂諸世間說共得故。依勝義諦[4]，如眼界說，一所受用餘不得故。若未受用，香、味、觸界，依勝義理，亦[5]得，如色界說，[6]謂在未來當至現在有多人等共得義故。
若依前義，應作是說。香、味、觸界，依世俗理如色界說，依勝義理如眼界說。
若依後義，應作是說。香、味、觸界，若已受用及受用時，依世俗理如色界說，依勝義理如眼界說。若未受用，依勝義理，亦可得言如色界說。是故諸論皆作是說。如色界，聲、香、味、觸界亦爾，以香、味、觸可共得故。”
眼等六識同分、彼同分，生、不生法故，如意界說。

(1) JS, Taisho, SNST, Baek(2013c): 可 ⇒ 所　(2) Taisho: 二=觸; SNST: 二=*sic*
(3) Taisho, Baek(2013c): null=+'彼作是說香味觸界'; SNST: null=*sic*
(4) Taisho, SNST, Baek(2013c): 諦 ⇒ 理
(5) Taisho, Baek(2013c): null ⇒ +'有共'; SNST: null=*sic*
(6) Taisho, SNST, Baek(2013c): null ⇒ +義

gṣan yaṅ《mdsod kyi bstan bcos》las
mig ni thun moṅ ma yin paḥi phyir/ rgyun gcig la brten nas bsten pa mtshuṅs pa daṅ/ deḥi bsten pa mtshuṅs pa rnam par gṣag pa yin la/ gzugs ni thun moṅ ma[(1)] yin paḥi phyir rgyun maṅ po la brten nas bsten pa mtshuṅs pa daṅ deḥi bsten pa mtshuṅs pa rnam par gṣag pa yin te/ gzugs kyi khams la ji lta ba bṣin du sgra daṅ dri daṅ/ ro daṅ/ reg byaḥi khams la yaṅ de bṣin no//
sgra ni gzugs ji lta ba bṣin du ruṅ na dri daṅ ro daṅ reg bya gsum ni dbaṅ po daṅ phrad par gyur pa na gdod len pas thun moṅ ma yin paḥi phyir gcig len gyi gṣan ni ma yin pas mig la sogs pa bṣin du bśad pa ni rigs kyi gzugs ji [ZH.68-561] lta ba bṣin no ṣes bśad pa ni mi rigs so ṣe na/
de lta buḥi rigs pa yod kyaṅ thun moṅ baḥi don yaṅ yod de/ de ciḥi phyir ṣe na/ dri la sogs paḥi khams gsum ni gcig daṅ/ gṣan dag la yaṅ sna la sogs pa[(2)] rnam par śes pa [D.Ti.237a] bskyed par ruṅ gi mig la sogs pa ni de lta ma yin pas deḥi phyir gzugs bṣin du bśad dgos so ṣes ḥbyuṅ ṅo//
《bstan bcos sems sna tshogs bstan pa》las kyaṅ
ḥdi lta ste/ mig gis gzugs la lta ba ni cha daṅ bcas pa yin la/ gzugs la mi lta ba ni gṣan gyi cha daṅ bcas pa yin te/ ḥdi ltar gzugs la mig gis lta ba ni cha daṅ bcas pa yin la/ mi lta ba ni gṣan gyi cha daṅ bcas pa yin pas so//
de la bye brag ni gal te mig gcig gi cha daṅ bcas pa yin na gṣan thams cad kyaṅ cha daṅ bcas pa yin la/ gal te gcig gṣan gyi cha daṅ bcas pa yin na gṣan thams cad kyaṅ gṣan gyi cha daṅ bcas pa gzugs la lta ba[(3)] yin no//
[(4)]lta ba cha daṅ bcas pa gaṅ yin pa de ni gṣan rna ba daṅ/ sna daṅ/ lce daṅ/ lus kyi ma yin te/ sgra daṅ/ dri daṅ/ ro daṅ/ reg byaḥi rnams kyaṅ de bṣin no//
don dam par ni mig bṣin du bśad par byaḥo// kun rdsob kyi graṅs ni gzugs

bṣin du bśad par byaḫo ṣes ḫbyuṅ ṅo//
《bstan bcos bye brag tu bśad pa chen po》 las ni
ḫdi ltar sgra daṅ/ dri daṅ/ ro daṅ/ reg byaḫi khams kyaṅ de bṣin te/ bsten pa mtshuṅs pa daṅ/ deḫi bsten pa mtshuṅs paḫi rnam pa tha dad pa ḫdra baḫi phyir ro//
don ḫdi yaṅ na kha cig so so raṅ gi lus la yod paḫi dri daṅ ro daṅ reg bya bsnam pa daṅ myaṅ ba daṅ bye brag phyed par bya baḫi phyir de dag de skad du bśad de/ dri daṅ ro daṅ/ reg byaḫi khams kyaṅ [ZH.68-562] kun rdsob kyi dbaṅ du na ni gzugs kyi khams bṣin du bśad par bya ste/ ḫdi ltar ḫjig rten pa rnams ḫdi skad du/ ji ltar khyod kyis dri gaṅ bsnams pa de ni bdag cag gis kyaṅ bsnams so// khyod kyis ro gaṅ myaṅs pa de ni bdag cag gis kyaṅ myaṅs so// khyod kyis reg bya gaṅ bye brag phyed pa de ni bdag cag gis kyaṅ bye brag phyed do ṣes zer bas so//
don dam paḫi dbaṅ du byas na dri daṅ ro daṅ/ reg byaḫi khams ni mig gi khams bṣin du bśad [D.Ti.237b] par bya ste/ ḫdi ltar sems can gcig gis gaṅ bsnams paḫi driḫi khams gṣan gyis bsnam par mi nus pa daṅ/ sems can gcig gis gaṅ myaṅs paḫi roḫi khams gṣan gyis myaṅ bar mi nus pa daṅ/ sems can gcig gis bye brag phyed paḫi reg byaḫi khams gṣan gyis bye brag phyed par mi nus pas so//
reg byaḫi khams gcig la sems can gñis kyi lus phyogs so so nas ḫdug pas thun moṅ du reg par gyur pa de don dam par gzugs kyi khams bṣin du bśad pa ma yin nam ṣe na/
smras pa/ ḫdi ltar reg byaḫi khams rdul phra rab tsam maṅ po gcig tu bsdus pa la lus gñis reg par gyur pa so so nas phyogs gcig thob pa yin gyi/ thun moṅ du thob pa med paḫi phyir don dam par mig gi khams bṣin du bśad par bya ste/ dri daṅ roḫi khams gñis kyaṅ de bṣin du rig par byaḫo//
gṣan(5) kha cig ni pha rol daṅ sems can ma yin pa rnams kyi dri daṅ(6) reg bya bsnam pa daṅ/ myaṅ ba daṅ/ bye brag phyed pa spyad zin pa daṅ/ yoṅs su spyad paḫi dus gaṅ yin pa de ni kun rdsob kyi dbaṅ du byas nas gzugs kyi khams bṣin du bśad par byaḫo//
ḫdi ltar ḫjig rten pa rnams thun moṅ du thob pa yin no ṣes zer baḫi phyir ni don dam paḫi dbaṅ du byas nas mig gi [ZH.68-563] khams bṣin du bśad par bya ste/ gcig gis yoṅs su spyad pa gṣan gyis mi mthoṅ baḫi phyir ro//
yoṅs su spyad (7)zin paḫi dri daṅ/ ro daṅ reg byaḫi khams gaṅ yin pa de ni don dam pa la brten nas gzugs kyi khams bṣin du bśad na mi ruṅ ba med de/ don

de ni ḥdi lta ste/ ma ḥoṅs pa na yod pa daṅ/ da ltar gyi dus su ḥjug ciṅ maṅ po la sogs pas thun moṅ du thob paḥi don gyi phyir ro ṣeḥo//
de la don sṅa ma daṅ sbyar na ni ḥdi skad du dri daṅ ro daṅ reg byaḥi khams ni kun rdsob kyi don la brten nas ni gzugs kyi khams bṣin du bśad par byaḥo// don dam paḥi don la brten nas ni mig gi khams bṣin du bśad par [D.Ti.238a] byaḥo ṣes brjod par byaḥo//
don phyi ma daṅ sbyar na ni ḥdi skad du/ dri daṅ ro daṅ/ reg byaḥi khams yoṅs su spyad zin pa gaṅ yin pa daṅ/ yoṅs su spyad paḥi dus gaṅ yin pa de ni kun rdsob kyi don la brten nas gzugs kyi khams bṣin du bśad par byaḥo// don dam paḥi don la brten nas ni mig gi khams bṣin du bśad par byaḥo// yoṅs su ma spyad pa gaṅ yin pa de ni don dam paḥi don la brten nas gzugs kyi khams bṣin du bśad par byaḥo ṣes bśad na yaṅ ḥdi mi ruṅ ba med do ṣes brjod par bya ste/ deḥi phyir bstan bcos kun las kyaṅ de skad bstan to//
gzugs kyi khams ji lta ba bṣin du sgra daṅ dri daṅ ro daṅ reg byaḥi khams kyaṅ de bṣin no// ḥdi ltar dri daṅ ro daṅ reg bya ni thun moṅ du dmigs paḥi phyir daṅ/[8] mig la sogs paḥi rnam par śes pa drug gi bsten pa mtshuṅs pa daṅ/ deḥi bsten pa mtshuṅs pa ni skye ba daṅ/ mi skye baḥi chos can gyi phyir yid kyi khams bṣin du bśad par byaḥo//

(1) ma ⇒ ba (2) pa ⇒ paḥi (3) 'gzugs la lta ba' ⇒ null (4) +'gzugs la' (5) +yaṅ
(6) +'ro daṅ' (7) +ma (8) 'daṅ/' ⇒ 'ro ṣes ḥbyuṅ ṅo//'

次釋“同分”、“彼同分”名。

依《俱舍論》, 有其三義。

故《彼》問言[1]：“云何同分彼同分義?

根境識三, 更相交雜[2], 故名爲‘分’。或復分者, 是已[3]作用。或復分者, 是所生觸。

同有此分, 故云[4]‘同分’。與此相違, 名‘彼同分’。由非同分與彼同分與彼同分[5]種類分同, 名彼同分。”

《正理》同《俱舍》。

《雜心論》云：“[6]有分、餘有分有何義?

答。有分時, 說名[7]有分。

問[8]。眼界[9]二種, 有業及無業分。彼有業分, 爲無業分可[10]分, 亦[11]說‘有分'。彼無業分，亦爲有業分可[10]分，亦說'有分'。二分俱得有分相。"

[(1)] SNST: '故《彼》問言' ⇒ '故《彼論》云'
[(2)] JS, Taisho, Baek(2013c): 雜 ⇒ 涉; SNST: 雜=*sic*
[(3)] JS, Taisho, Baek(2013c): 已 ⇒ 己; SNST: 已=*sic*
[(4)] JS, Taisho, SNST, Baek(2013c): 云 ⇒ 名
[(5)] JS, Taisho, SNST, Baek(2013c): '與彼同分' ⇒ null
[(6)] JS, Taisho, SNST, Baek(2013c): null ⇒ +問
[(7)] JS, Taisho: 名=null; SNST: 名=*sic*
[(8)] JS, Taisho, Baek(2013c): 問 ⇒ null; SNST: 問=*sic*
[(9)] Taisho, SNST: null ⇒ 有 [(10)] JS, Taisho, Baek(2013c): 可=所
[(11)] JS, Taisho, Baek(2013c): 亦=故

da ni bsten pa mtshuṅs pa daṅ/ deḥi bsten pa [ZH.68-564] mtshuṅs paḥi ṅes paḥi tshig bśad par bya ste/ 《mdsod kyi bstan bcos》 ni don rnam pa gsum mo ṣes bśad de/ deḥi phyir 《de ñid》 las

bsten pa mtshuṅs pa daṅ/ deḥi bsten pa mtshuṅs paḥi don gaṅ ṣe na/

smras pa/ dbaṅ po daṅ yul daṅ rnam par śes pa gsum phan tshun ḥdus śiṅ ḥdres par gyur paḥi phyir cha ṣes byaḥo//

yaṅ na cha ṣes bya ba ni las byed paḥo//

gṣan yaṅ cha ṣes bya ba ni reg bya mtshuṅs par skyes pa la/ cha ḥdi yod paḥi phyir bsten pa mtshuṅs pa ṣes byaḥo//

ḥdi las bzlog pa ni deḥi bsten pa mtshuṅs pa ṣes bya ste/ bsten pa mtshuṅs pa ma yin pa[(1)] deḥi bsten pa mtshuṅs pa daṅ/ rnam pa mi mtshuṅs pas deḥi bsten pa mtshuṅs pa ṣes byaḥo ṣes ḥbyuṅ ste/

《yaṅ dag paḥi rigs pa》 las kyaṅ ḥdi daṅ mthun par bśad do//

《bstan bcos sems sna [D.Ti.238b] tshogs bstan pa》 las

cha daṅ bcas pa las[(2)] gṣan gyi cha daṅ bcas pa la don ci yod ce na/

smras pa/ cha daṅ bcas paḥi dus rdsogs pa ni cha daṅ bcas pa ṣes byaḥo//

mig gi khams rnam pa gñis po las daṅ bcas pa daṅ/ las med pa de dag las kyi cha daṅ bcas pa ṣig gam/ ḥon te las kyi med paḥi cha daṅ bcas pa ṣig ce na/(?) cha daṅ bcas pa de las med pa yaṅ yod/ las kyi cha daṅ bcas pa yaṅ yod/ cha daṅ bcas pa cha gñi ga daṅ ldan ṣiṅ/ cha daṅ bcas par phan tshun bsten pa yod par ḥchad pa yaṅ yod do(?) ṣes ḥbyuṅ ṅo//

[(1)] 'ma yin pa' ⇒ null
[(2)] las ⇒ daṅ

依經部宗，未見正文，准同大乘，於理無違。

mdo sde pa dag ji ltar ḥdod pa ni da duṅ gṣuṅ yaṅ dag pa ñid mthoṅ ste/ theg pa chen po pa dag daṅ mthun par ḥdod par bśad pa daṅ ḥgal ba med do//

今依大乘，諸論不同。

若依世親、安慧《五蘊論》，唯約五內處，釋“同分”義。

故《彼論》皆云：“幾同分？ 謂五內有色界，與彼自識等境界故。

幾彼同分？ 謂彼自識空時，與自類等故。”

解云。同分，等境義，故名“同分”。

ḥdir theg pa chen poḥi bstan pa daṅ sbyar na bstan bcos rnams so so nas bśad pa mi mthun te/

《slob dpon dbyig gñen gyis mdsad [ZH.68-565] paḥi phuṅ po lṅaḥi rab tu byed pa》 las ni naṅ gi skye mched lṅa la brten nas bsten pa mtshuṅs paḥi don ston te/

deḥi phyir 《de ñid》 las

bsten pa mtshuṅs pa du ṣe na/ naṅ gi gzugs can lṅa ste raṅ gi rnam par śes pa dag yul thun moṅ pa ñid kyi phyir ro//

de daṅ mtshuṅs pa du ṣe na/ de dag ñid raṅ gi rnam par śes pas stoṅ pa ste/ raṅ gi rigs pa daṅ mthun paḥi phyir ro ṣes ḥbyuṅ ste/

de la bsten pa mtshuṅs pa ni yul mtshuṅs pa ñid kyi don gyi phyir bsten pa mtshuṅs paḥo//

《集論》第三、《雜集》第五，意同《五蘊》。

故《集論》云：“云何同分、彼同分？ 幾[(1)]同分、彼同分？ 爲何義故觀同分、彼同分耶？

謂不離識，彼相似根於境相續生故，離識，自類相似相續生[(2)]，是同分、彼同分[(3)]。

初是同分。諸根與識俱識[(4)]相似，於諸境[(5)]相續生故，由根與識相似轉義，說名‘同分’。

第二是彼同分。諸根離識自類相似相續生故，由根不與識合，唯自體相似相續生，根相[(6)]似義，說[(6)]‘同分’[(7)]。色蘊一分、眼等五有色界、處一分，是同分、彼同分。”

(1) JS, Taisho, SNST, Baek(2013c): null ⇒ +是
(2) JS, Taisho, SNST, Baek(2013c): null ⇒ +故
(3) JS, Taisho, Baek(2013c): null=+義; SNST: null=*sic*
(4) Taisho: 識=*sic* ; SNST: 識=null (5) Taisho, Baek(2013c): null=+界
(6) Taisho, Baek(2013c): null=+相; SNST: null=*sic*
(6) Taisho, SNST, Baek(2013c): 說 ⇒ ‘說名’
(7) JS, Taisho, SNST, Baek(2013c): ‘同分’ ⇒ ‘彼同分’

《bstan bcos chos mṅon pa kun las btus pa》 daṅ/ 《chos mṅon pa sna tshogs kun las btus pa》 las kyaṅ 《phuṅ po lṅaḥi rab tu byed pa》 las bstan pa daṅ don mthun par ḥbyuṅ ste/

deḥi phyir 《chos mṅon pa kun las btus pa》 las

ji ltar na bsten pa mtshuṅs pa daṅ/ de daṅ mtshuṅs pa yin te/ bsten pa mtshuṅs pa daṅ/ de daṅ mtshuṅs pa ni du ṣig /ciḥi phyir bsten pa mtshuṅs pa daṅ/ de daṅ mtshuṅs par rtag[(1)] ce na/

rnam par śes pa daṅ ma bral ṣiṅ de daṅ [D.Ti.239a] ḥdra baḥi dbaṅ po yul la rgyun du ḥbyuṅ baḥi phyir daṅ/ rnam par śes pa daṅ bral ṣiṅ raṅ daṅ ḥdra ba rgyun du ḥbyuṅ baḥi phyir yaṅ bsten pa mtshuṅs pa daṅ/ de daṅ mtshuṅs par bltaḥo ṣes ḥbyuṅ ste/

de la daṅ po bstan[(2)] pa mtshuṅs pa yin te/ dbaṅ po daṅ rnam par śes pa gñi ga ḥdra ṣiṅ yul rnams la/ rgyun du skye baḥi phyir dbaṅ po daṅ rnam par śes pa ḥdra bar ḥjug paḥi don la bsten pa mtshuṅs paḥi[(3)] ṣes bśad do//

gñis pa ni de daṅ mtshuṅs pa yin te/ dbaṅ po rnams rnam par śes pa daṅ bral ṣiṅ raṅ ḥdra baḥi rnam pa rgyun du skye baḥi phyir dbaṅ po rnam par śes pa daṅ phrad par ma gyur kyaṅ raṅ gi bdag ñid dbaṅ po [ZH.68-566] daṅ ḥdra baḥi rnam pa rgyun du skye ṣiṅ dbaṅ po daṅ ḥdra baḥi don la de daṅ mtshuṅs pa ṣes bśad de/ de yaṅ gzugs kyi phuṅ poḥi phyogs gcig daṅ/ gzugs can gyi khams daṅ/ skye mched lṅaḥi phyogs gcig ni bsten pa mtshuṅs pa daṅ/ de daṅ mtshuṅs pa yin no//

(1) rtag ⇒ brtag (2) PN: bstan ⇒ bsten (3) paḥi ⇒ pa

又《瑜伽》五十六，亦依五內處說。

[(1)]《彼》云："問。[(2)]十八界中，幾是同分，幾彼同分？

答。有識眼界名爲同分，所餘眼界名彼同分。如眼界乃至身界亦爾。唯根所攝內諸界中，思量同分及彼同分，非於色等外諸界中。當知法界諸有所緣如心界說，[(3)]無所緣如色等說。"

【若《深密經》，闕無此文。

《梁攝論》所列[(4)]《解節經》云"依有識眼根，緣外色塵，眼識得生"。

《眞諦解》云："若死人眼，名無識眼。故言'有識'，以簡無識。"

此釋不然。若捨命後，不成眼故也。】[(5)]

下"有識耳"等，准此應知。

(1) SNST: null ⇒ +故 (2) Taisho, SNST: null ⇒ +此
(3) JS, Taisho, Baek(2013c): null ⇒ +諸; SNST: null=*sic*
(4) Baek(2013c): 列=引; Lee: 列=*sic* (5) SNST: '【若《深密經》......不成眼故也。】'=null

《bstan bcos rnal ḥbyor spyod paḥi sa》las kyaṅ naṅ gi skyed mched lṅa la brten nas ston to//

deḥi phyir《de ñid》las

khams bco brgyad po de dag las du ni mtshuṅs pa yin/ du ni de daṅ mtshuṅs pa yin ṣe na/ smras pa/ mig gi khams rnam par śes pa daṅ bcas pa ni mtshuṅs pa yin no//de las gṣan pa ni de dag daṅ mtshuṅs pa yin no//

mig gi khams la ji lta ba bṣin du lus kyi khams kyi bar du yaṅ de bṣin no// mtshuṅs pa daṅ/ de daṅ mtshuṅs pa gaṅ yin pa de ni dbaṅ pos zin paḥi naṅ gi khams rnams las bsam pa yin gyi gzugs la sogs paḥi phyi rol gyi dag la ni ma yin no// chos kyi khams dmigs pa daṅ bcas pa gaṅ yin pa de ni sems kyi khams daṅ ḥdra bar blta bar byaḥo//

dmigs pa med pa gaṅ yin pa de ni gzugs la sogs pa daṅ ḥdraḥo ṣes ḥbyuṅ ste/ rnam par śes pa daṅ bcas paḥi rna ba la sogs pa la yaṅ de bṣin du rig par byaḥo//

"與眼識俱隨行"等者，此明[(1)]眼識起時，必有分別意識，同時隨行，同緣一境。

(1) JS: 明=名; SNST: 明=*sic*

mig gi rnam[1] [D.Ti.239b] rnam par śes pa daṅ lhan cig rjes su ḥjug pa ṣes bya ba la sogs pas ni mig gi rnam par śes pa ḥbyuṅ ba na gdon mi za bar rnam par rtog paḥi yid kyi rnam par śes pa dus gcig tu rjes su ḥjug ciṅ yul gcig la dmigs par bstan paḥo//

(1) rnam ⇒ null

(@3-17) "有識耳鼻舌身及聲香味觸爲緣生耳鼻舌身識, 與耳鼻舌身識俱隨行、同時、同境有分別意識轉。"
釋曰。此即第二、釋餘四識與意識俱。

rnam par śes pa daṅ bcas paḥi rna ba daṅ/ sna daṅ/ lce daṅ/ lus daṅ/ sgra daṅ dri daṅ/ ro daṅ reg bya dag gis rkyen byas nas/ rna ba daṅ/ sna daṅ/ lce daṅ/ lus kyi rnam par śes pa [ZH.68-567] skye ste/ rna ba daṅ/ sna daṅ/ lce daṅ/ lus kyi rnam par śes pa daṅ lhan cig rjes su ḥjug pa/ dus mtshuṅs pa/ spyod yul mtshuṅs pa/ rnam par rtog paḥi yid kyi rnam par śes pa la[1] yaṅ ḥjug go ṣes bya ba ni gñis pa gṣan rnam par śes pa bṣi po dag yid kyi rnam par śes pa daṅ lhan cig par bśad pa ste/

(1) la ⇒ null

准上應知。

goṅ ma bṣin du rig par byaḥo//

(@3-18) "廣慧! 若於爾時, 一眼識轉, 即於此時, 唯有一分別意識與眼識同所行轉;"
釋曰。自下第二、別釋[1]俱轉多少。

(1) SNST: null ⇒ +'意識對五'

blo gros yaṅs pa gal te deḥi tshe mig gi rnam par śes pa gcig kho na ḥjug na ni/ deḥi dus su rnam par rtog paḥi yid kyi rnam par śes pa yaṅ gcig kho na mig gi rnam par śes pa daṅ[1] lhan cig rjes su ḥjug[2] ces bya ba ḥdi man chad ni gñis pa yid kyi rnam par śes pa rnam pa lṅa po dag lhan cig ḥjug paḥi maṅ ñuṅ rnam par phye ste bśad paḥo//

(1) +'spyod yul mtshuṅs pa/'
(2) 'rjes su ḥjug' ⇒ 'ḥjug paḥo//'

於中有二：初、明意識與眼識俱轉, 後、明意識與眼等二三四五識俱轉。此即第一、明意識與眼識俱轉, 一緣合故。

ḥdi yaṅ rnam pa gñis kyis bsten te/ yid kyi rnam par śes pa mig gi rnam par śes pa daṅ lhan cig ḥjug pa bstan pa daṅ/ yid kyi rnam par śes pa mig la sogs paḥi rnam par śes pa gñis sam gsum mam bṣiḥam lṅa daṅ lhan cig ḥjug pa bstan paḥo// ḥdi ni daṅ po yid kyi rnam par śes pa mig gi rnam par śes pa daṅ lhan cig ḥjug pa bstan pa ste/ dmigs pa gcig la mthun par gyur paḥi phyir ro//

(@3-19) "若於爾時, 二三四五諸識身轉, 即於此時, 唯有一分別意識與五色[(1)]身同所行轉。"
釋曰。此即第二、明隨所緣境等緣合多少[(2)]。

[(1)] JS, Taisho, SNST, Baek(2013c): 色 ⇒ 識
[(2)] SNST: '隨所緣境等緣合多少' ⇒ '意識與眼等識俱轉'

gal te deḥi tshe rnam par śes paḥi tshogs gñis sam gsum mam bṣiḥam lṅa char ḥjug pa[(1)] na yaṅ deḥi dus su rnam par rtog paḥi yid kyi rnam par śes pa gcig kho na rnam par śes paḥi tshogs lṅa po dag daṅ[(2)] lhan cig rjes su[(3)] ḥjug [D.Ti.240a] paḥo
ṣes bya ba ni/ gñis pa yid kyi rnam par śes pa daṅ mig la sogs paḥi rnam par śes pa dag lhan cig ḥjug pa bstan paḥo//

[(1)] pa ⇒ null [(2)] +'spyod yul mtshuṅs pa/' [(3)] 'rjes su' ⇒ null

是一意識與眼等五識俱轉[(1)]多少, 其數不定。

[(1)] SNST: null ⇒ +'隨所緣境'

dmigs par bya baḥi yul maṅ ñuṅ gi rjes su yid kyi rnam par śes pa yaṅ mig la sogs paḥi rnam par śes pa [ZH.68-568] [(1)]daṅ/ lhan cig ḥjug pas graṅs kyi maṅ ñuṅ ni ṅes pa med do//

(1) +lṅa

《深密經》云"無分別意識"。
依《解節經》等，皆云"分別意識"，與《此本》同，故知"分別"爲正。

《dgoṅs pa zab mo rnam par dgrol baḥi mdo》 las ni
rnam par mi rtog paḥi yid kyi rnam par śes pa ṣes ḥbyuṅ/
《tshig[(1)] ṅes par ḥgrel paḥi mdo》 las ni
rnam par rtog paḥi yid kyi rnam par śes pa ṣes ḥbyuṅ ste/
dpe ḥdi daṅ mthun paḥi phyir rnam par rtog pa ṣes ḥbyuṅ ba ni ma nor ba yin par śes par byaḥo//

(1) tshig ⇒ tshigs

(@3-20) "廣慧！如[(1)]大暴[(2)]水流，若有一浪生緣現前，唯一浪轉；"
釋曰。此即第二、擧喻重釋。

(1) Taisho, SNST: 如 ⇒ '譬如'
(2) JS, Taisho, SNST, Baek(2013c): 暴 ⇒ 瀑

blo gros yaṅs pa dper na chuḥi kluṅ chen po ḥbab pa la gal te rlabs gcig ḥbyuṅ baḥi rkyen ñe bar gnas par gyur na rlabs kyaṅ gcig kho na ḥbyuṅ[(1)]
ṣes bya ba ḥdi man chad ni gñis pa dpe smos nas rnam par bśad paḥo//

(1) +ṅo//

於中有二：初、水浪多少喻，二、鏡影多少喻。

ḥdi yaṅ rnam pa gñis su dbye ste/ chuḥi rlabs maṅ ñuṅ gi dpe daṅ/ me loṅ gi gzugs brñan maṅ ñuṅ gi dpeḥo//

前後二喻有差別者，諸說不同。

一云。二喻意趣各别。

如《眞諦記》:“水生浪, 譬六識與本識同生滅義。鏡生影, 譬諸識雖起非本識體轉作六識。”

一云。二喻意趣無異, 同顯諸識俱轉義故。

如《瑜伽論》第五十一、《顯揚》十七。

dpe sṅa phyi gñis bye brag tu gyur pa yaṅ so so nas bśad pa mi mthun te/
kha cig na re dpe rnam pa gñis gsuṅs paḥi dgoṅs pa ni so so nas tha dad de/
《slob dpon yaṅ dag bden paḥi brjed byaṅ》 las/ ji skad du
chu rlabs ḥbyuṅ ba ni rnam par śes pa drug po dag rtsa baḥi rnam par śes pa daṅ/ skye ḥgag mtshuṅs paḥi don gyi dpe bstan paḥo//
me loṅ gi dkyil ḥkhor las gzugs brñan snaṅ ba ni rnam par śes pa rnams ḥbyuṅ ba rtsa baḥi rnam par śes paḥi bdag ñid rnam par śes pa drug po dag tu gyur pa ma yin paḥi dper bstan paḥo ṣes ḥbyuṅ ba lta buḥo ṣeḥo//
kha cig na re dpe rnam pa gñis gsuṅs paḥi dgoṅs pa ni tha dad pa med de/ gñi ga yaṅ rnam par śes pa rnams lhan cig tu ḥjug paḥi dper bsten pa yin pas 《bstan bcos rnal ḥbyor spyod paḥi sa》 daṅ 《rnam par bśad pa》 las ji skad du bstan pa bṣin no ṣeḥo//

今解二喻, 諸教不同。

有處。欲顯所依、能依二種差別, 故說二喻。

如《瑜伽》六十三云:“云何名爲‘勝義道理建立差別’?

謂略有二識:一[(1)]、阿賴耶[(2)], 二者[(3)]、轉識。

阿賴耶識是所依, 轉識是能依。此復七種, 所謂眼識乃至意識。譬如水浪依止暴[(4)]流, 或如影像依止明觀[(5)]。如是名‘依勝義道理建立所依能依差別’。”

有處。爲顯第八與七俱轉。如《瑜伽》五十一、《顯揚》十七。

有處。爲顯第八與七不異義故。

如《成唯識》第七云:“八識自性, 不可言定一。行相、所依緣、相應異故, 又一滅時餘不滅故, 能[(6)]熏等相各異故。亦非定異。經說‘八識如水、波等無差別'故，定異應非因果性故，如幻[(7)]等無定性故。如前所說識差別相，依理世俗，非眞勝義。眞勝義中，心言絕故。如伽他[(8)]說：

心意識八種，俗故相有別，

眞故相無別，相、所相無別[(9)]故。"

今《此經》[(10)]意，含有如上所說諸義。

(1) Taisho, Baek(2013c): null=+者; Lee: null=*sic*
(2) JS, Taisho, SNST, Baek(2013c): null ⇒ +識
(3) JS: 者=null; Lee: 者=*sic* (4) JS, SNST: 暴 ⇒ 瀑
(5) JS, Taisho, SNST, Baek(2013c): 觀 ⇒ 鏡 (6) JS, Taisho, SNST, Baek(2013c): null ⇒ +所
(7) JS, Taisho, SNST, Baek(2013c): null ⇒ +事 (8) SNST: '伽他'='《佛地論》'
(9) JS, Taisho, SNST, Baek(2013c): 別 ⇒ null (10) JS: 經='經文'; SNST: 經=*sic*

ḥdir [D.Ti.240b] dpe rnam pa gñis bśad pa yaṅ bstan pa [ZH.68-569] rnams las mi mthun te/ la lar ni gnas daṅ gnas pa rnam pa gñis kyi bye brag rab tu bstan paḥi phyir/ dpe rnam pa gñis gsuṅs pa yin/

《bstan bcos rnal ḥbyor spyod paḥi sa》 las ji skad du

don dam paḥi tshul rnam par gṣag pas ḥjug pa gaṅ ṣe na/

mdor bsdu na rnam par śes pa ni rnam pa gñis te/ kun gṣi rnam par śes pa daṅ ḥjug paḥi rnam par śes paḥo//

de la kun gṣi rnam par śes pa ni gnas yin no//

ḥjug paḥi rnam par śes pa ni gnas pa yin te/ de yaṅ rnam pa bdun te/ ḥdi lta ste/ mig gi rnam par śes pa nas yid kyi rnam par śes paḥi bar ro//

dper na chuḥi chu bo daṅ rlabs lta buḥam me loṅ daṅ gzugs brñan lta bu yin te/ de ltar na ḥdi ni don dam paḥi tshul gyis gnas daṅ gnas paḥi bye brag rnam par gṣag pa yin no ṣes bstan pa lta buḥo//

la lar ni brgyad pa daṅ bdun po dag lhan cig ḥjug par rab tu bstan paḥi phyir gsuṅs pa yin te/ 《bstan bcos rnal ḥbyor spyod paḥi sa》 daṅ/ 《rnam par bśad p a》 las ji skad du bstan pa lta buḥo//

la la las ni brgyad pa daṅ bdun po dag tha dad pa med paḥi don rab tu bstan paḥi phyir gsuṅs pa yin te/ 《bstan bcos rnam par rig pa tsam du grub pa》 las ji skad du

rnam par śes pa brgyad po dag gi raṅ gi ṅo bo ñid rnam pa gcig gi mtshan ñid(?) ces ṅes par brjod du yaṅ mi ruṅ ste/ gnas daṅ rkyen daṅ mtshuṅs par ldan pa tha dad paḥi phyir daṅ/ gṣan yaṅ gcig ḥgag paḥi tshe/ gṣan mi ḥgag paḥi phyir daṅ/ bsgo ba daṅ/ bsgo bar bya baḥi mtshan ñid so so tha dad paḥi phyir ro//

ṅes par tha dad pa yaṅ ma yin te/ 《mdo》 las rnam par śes pa brgyad po dag ni chu daṅ chu boḥi rlabs lta bur tha dad pa med par [ZH.68-570] gsuṅs paḥi phyir daṅ/ ṅes par tha dad par gyur na rgyu daṅ ḥbras buḥi ṅo bo ñid ma yin par ḥgyur baḥi phyir daṅ/ sgyu ma la sogs pa ltar ṅes paḥi dṅos po med paḥi phyir ro ṣes bstan pa [D.Ti.241a] lta buḥo//

sṅar goṅ du bśad pa ltar rnam par śes paḥi bye brag tu gyur paḥi mtshan ñid kyaṅ kun rdsob la brten nas yid kyi[(1)] de kho naḥi don dam pa la ni ma yin te/ de kho na ñid kyi don dam pa la ni sems daṅ tha sñad chad paḥi phyir/ 《ḥphags pa saṅs rgyas kyi saḥi ḥgrel pa》 las/ sems daṅ yid daṅ rnam par śes pa brgyad po dag kyaṅ kun rdsob kyi mtshan ñid kyis ni tha dad la/ don dam paḥi mtshan ñid kyis tha dad pa med de/ mtshan ñid daṅ mtshan ñid kyi gṣi med paḥi phyir ro ṣes bstan pa yin te/

ḥdir mdo sdeḥi dgoṅs pa la yaṅ goṅ du bstan pa lta buḥi don yod par ḥos so//

(1) 'yid kyi' ⇒ 'yin gyi/'

或可。《此經》二喻意異。

前喻俱起及因果相續不斷義。

如《成唯識》第三卷云："'恒'言遮斷, '轉'[(1)]非常, 猶如暴[(2)]流, 因果法爾。" 具說如《彼》。

後喻俱起及八不轉成七及受用無盡義。

(1) JS, Taisho, SNST, Baek(2013c): null ⇒ +表
(2) JS : 暴=瀑

yaṅ na 《mdo sde》 las dpe rnam pa gñis gsuṅs paḥi dgoṅs pa tha dad pas dpe sña ma ni lhan cig ḥbyuṅ ba daṅ/ rgyu daṅ ḥbras bu rgyun mi ḥchad paḥi don gyi dper bstan pa yin te/

《bstan bcos rnam par rig pa tsam du grub pa》 las ji skad du/

de la rgyun ṣes bya bas ni chad pa dgag ciṅ ḥjug pa rtag pa ma yin par bstan pa ste/ chu boḥi rgyun bṣin du rgyu daṅ ḥbras buḥi chos ñid de yin pas so ṣes bstan pa lta bu ste/

ṣib tu 《de ñid》 las ḥbyuṅ ba bṣin no//

dpe phyi ma ni lhan cig ḥbyuṅ ba daṅ/ bdun pa mṅon par ḥgrub pa[1] daṅ/ ñe bar spyod pa zad mi śes paḥi don gyi dper bstan pa yin no//

[1] 'bdun pa mṅon par ḥgrub pa' ⇒ 'kun gṣi rnam par śes pas rnam par śes pa bdun po dag tu gyur pa ma yin pa'

前中有三：初、一緣一浪喻, 次、多緣多浪喻, 後、"然此"下自類無斷喻。此即第一、一緣一浪喻。

sṅa ma la yaṅ rnam pa gsum gyis bstan te/ rkyen gcig las rlabs gcig ḥbyuṅ baḥi dpe daṅ rkyen maṅ po las rlabs maṅ po ḥbyuṅ baḥi dpe daṅ/ ḥon kyaṅ ṣes bya ba man chad kyis raṅ gi rgyud rgyun mi[1] ḥchad [ZH.68-571] par mi ḥgyur baḥi dpe ste/ ḥdi ni daṅ po rkyen gcig las rlabs gcig ḥbyuṅ baḥi dpeḥo//

[1] mi ⇒ null

(@3-21) "若二若多浪生緣現前, 有多浪轉。"
釋曰。此即第二、多緣多浪喻。

gal te rlabs gñis sam/ gal te rlabs rab tu maṅ po dag ḥbyuṅ baḥi rkyen ñe bar gnas par gyur na rlabs maṅ po dag ḥbyuṅ ste
ṣes bya ba ni gñis pa rkyen maṅ po las rlabs maṅ po ḥbyuṅ baḥi dpeḥo//

(@3-22) "然此暴[1]水自類恒流無斷無盡。"
釋曰。第三、自類不斷喻。

[1] Taisho, JS, SNST, Baek(2013c): 暴 ⇒ 瀑

ḥon kyaṅ chuḥi kluṅ de raṅ gi rgyun gyis rgyun chad par yaṅ mi ḥgyur la/ yoṅs su zad par [D.Ti.241b] mi ḥgyur ro
ṣes bya ba ni gsum pa raṅ gi rgyun chad par mi ḥgyur baḥi dpeḥo//

《入楞伽經》亦同《此》意。故《彼》頌云：

如海遇風緣, 起種種波浪,

現前作用轉，無有間斷時。
藏識海亦然，境等風所擊，
恒起諸識浪，現前化[(1)]用轉。

(1) JS, Taisho, SNST, Baek(2013c): 化 ⇒ 作

《ḥphags pa laṅ-kar gśegs pa》 las kyaṅ ḥdi daṅ mthun par ḥbyuṅ ste/ deḥi phyir tshigs su bcad pa las/

ji ltar rgya mtshor rgyu rkyen gyis//
dpaḥ rlabs sna tshogs byuṅ nas ni//
mṅon du bya bar rab ḥjug kyaṅ//
rgyun ni chad par ḥgyur med ltar//
kun gẓi rgya mtsho de bẓin te//
yul gyi rluṅ ni rab bskyod pas//
rnam śes dbaḥ rlabs rtag tu ḥbyuṅ//
bya ba dag ni ñe bar ḥjug//

ces gsuṅs pa yin no//

(@3-23) "譬[(1)]如善淨鏡面，若有一影生緣現前，唯一影起；"
釋曰。自下第二、鏡影多少喻。

(1) JS, Taisho, SNST, Baek(2013c): 譬 ⇒ 又

gẓan yaṅ dper na me loṅ gi dkyil ḥkhor śin tu yoṅs su dag pa la/ gal te gzugs brñan gcig ḥbyuṅ baḥi rkyen ñe bar gnas par gyur na gzugs brñan yaṅ gcig kho na ḥbyuṅ ṅo
ẓes bya ba ḥdi man chad ni gñis pa me loṅ gi dkyil ḥkhor gyi gzugs brñan maṅ ñuṅ gi dpe ẓes bya ba ston to//

於中有三：初、一緣一影喻，二[(1)]、多緣多影喻，後、"非此"下受用無盡喻。此即第一、一緣一影喻。

(1) Lee: 二 ⇒ 次

ḥdi yaṅ rnam pa gsum du dbye ste/ rkyen gcig las gzugs brñan gcig ḥbyuṅ baḥi dpe daṅ/ rkyen maṅ po las gzugs brñan maṅ po ḥbyuṅ baḥi dpe daṅ/ ñe bar spyod pa zad mi śes paḥi dpe ste ḥdi ni daṅ po rkyen gcig las gzugs brñan gcig ḥbyuṅ baḥi dpe bstan paḥo//

(@3-24) "若二若多影生緣現前，有多影起。"
釋曰。此即第二、多緣多影喻。

gal te gzugs brñan gñis sam/ gal te rab tu maṅ po dag ḥbyuṅ baḥi rkyen ñe bar gnas [ZH.68-572] par gyur na gzugs brñan maṅ po dag ḥbyuṅ
ṣes bya ba ni/ gñis pa rkyen maṅ po las gzugs brñan maṅ po ḥbyuṅ baḥi dpes bstan paḥo//

(@3-25) "非此鏡面轉變爲影，亦無受用滅盡可得。"
釋曰。此即第三、受用無盡喻。

me loṅ gi dkyil ḥkhor de dag gzugs brñan gyi dṅos pos[(1)] yoṅs su ḥgyur ba yaṅ ma yin la/ ñe bar spyod pa zad par mṅon par yaṅ med do
ṣes bya ba ni/ gsum pa ñe bar spyod pa zad mi śes paḥi dpes bstan paḥo//

(1) pos ⇒ por

言"非此鏡面轉變爲影"等者。
《眞諦記》云："鏡影生藉緣，鏡不轉作影。六識藉緣塵生者，並用前六識種子生後六識，非爲本識體轉作六識。"

me loṅ gi dkyil ḥkhor de gzugs brñan gyi dṅos por yoṅs su ḥgyur ba yaṅ ma yin
ṣes bya ba la sogs pas ni《slob dpon yaṅ dag bden paḥi brjed byaṅ》las
me loṅ la gzugs brñan ḥbyuṅ ba ni rkyen la ltos pas me loṅ ñid gzugs brñan gyi dṅos por ḥgyur ba [D.Ti.242a] ni ma yin no//
rnam par śes pa drug po yul gyi rkyen la ltos nas skye ba yaṅ rnam par śes pa drug po sña maḥi sa bon las rnam par śes pa drug poḥi[(1)] phyi maḥi skye baḥi

rtsa baḥi rnam par śes paḥi bdag ñid rnam par śes pa drug po dag gi dṅos por gyur pa ni ma yin no ṣes bśad do//

(1) poḥi ⇒ po

[§. "轉變"]

今解"轉變", 自有二義：

一者、因變, 種子賴耶變成七識。

二者、果變, 現行第八變自相分, 而不能變眼等七識。

今《此經》中, 約果變義, 故(1)"非此鏡面轉變爲影"。

又此鏡面現影無滅(2), 意顯第八生果無盡。

(1) SNST: null ⇒ +說
(2) SNST: 滅 ⇒ 盡

ḥdir yoṅs su ḥgyur ba rnam par śes(1) pa yaṅ don rnam pa gñis daṅ ldan te/ daṅ po ni rgyur(2) gyur pa ste/ sa bon kun gṣi rnam par śes pa gyur nas rnam par śes pa bdun po dag mṅon par ḥgrub paḥo//

gñis pa ni ḥbras bur(3) gyur pa ste/ mṅon du spyod pa kun gṣi rnam par śes pa raṅ gi rgyu mtshan gyi rnam par ni snaṅ la mig la sogs paḥi rnam par śes pa bdun po dag tu ni ma gyur paḥo//

《mdo ḥdi》 las ni ḥbras bur(3) gyur pa la ma(4) dgoṅs nas deḥi phyir me loṅ gi dkyil ḥkhor de gzugs brñan gyi dṅos po(5) yoṅs su gyur pa yaṅ ma yin ṣes bya ba(6) gsuṅs so//

gṣan yaṅ me loṅ gi dkyil ḥkhor de gzugs brñan ston pa la zad pa med par gsuṅs paḥi dgoṅs pa ni/ kun gṣi rnam par śes pa [ZH.68-573] ḥbras bu bskyed pa la zad pa med par ston to(7)//

(1) PN: śes ⇒ bśad (2) PN: rgyur ⇒ rgyu (3) PN: bur ⇒ bu (4) PN: ma ⇒ null
(5) po ⇒ por (6) PN: 'bya ba' ⇒ null (7) 'ston to' ⇒ 'bstan pa yin no'

問。如何合(1)中唯擧水波?

解云。義准可知, 略而不說。

若爾, 如何《深密》、《解節》具合二喻?

解云。《梵本》有此差別。

(1) SNST: 合='聲聞阿含'

ciḥi phyir ñan thos kyi luṅ[1] las chu boḥi rlabs ñi tsheḥi dpe smos śe na/ smras pa/ don de ni brda phrad par zad de/ mdor bsdus paḥi phyir ma bstan to//
gal te de lta na ciḥi phyir《dgoṅs pa zab mo rnam par dgrol baḥi mdo》daṅ《tshig[2] ṅes par ḥgrel paḥi mdo》las dpe rnam pa gñis tshaṅ bar smos śe na/《rgya gar gyi dpe》ñid las bye brag ḥdi yod pas so//

(1) 'ñan thos kyi luṅ' ⇒ 'dpe daṅ don du sbyar ba'
(2) tshig ⇒ tshigs

(@3-26) "如是，廣慧！由似暴[1]流阿陀那識爲依止爲建立故，若於爾時，有一眼識生緣現前，即於此時，一眼識轉。"
釋曰。自下第三、擧法同喻。

(1) Taisho, JS, SNST: 暴 ⇒ 瀑

de bṣin du blo gros yaṅs pa chu kluṅ lta buḥi len paḥi rnam par śes pas gnas pa daṅ/ rnam par gṣag pa byas paḥi phyir/ gal te deḥi tshe mig gi rnam par śes pa gcig ḥbyuṅ baḥi rkyen ñe bar gnas par gyur na deḥi dus su mig gi rnam par śes pa yaṅ gcig kho na ḥjug
ces bya ba ḥdi man chad ni gsum pa dpe daṅ don du sbyar baḥo//

於中有二：初、明一緣一識轉，後、明多緣多識轉。此即第一、明一緣一識[1]。

(1) SNST: null ⇒ +轉

ḥdi yaṅ rnam pa gñis su dbye ste/ rkyen gcig la rnam par śes pa gcig ḥjug pa daṅ/ [D.Ti.242b] rkyen maṅ po las rnam par śes pa maṅ po ḥjug par bstan pa ste/ ḥdi ni daṅ po rkyen gcig las rnam par śes pa yaṅ gcig kho na ḥjug par bstan paḥo//

(@3-27) "若於爾時，乃至有五識身生緣現前，即於此時，五識身轉。"
釋曰。此即第二、明多緣多識轉。

gal te deḥi tshe rnam par śes paḥi tshogs lṅa char gyi bar dag ḥbyuṅ baḥi rkyen ñe bar gnas par gyur na/ deḥi dus su rnam par śes paḥi tshogs kyaṅ lṅa char ḥjug go
ṣes bya ba ni gñis pa rkyen maṅ po las rnam par śes pa yaṅ maṅ por ḥjug par bstan pa ste/

准上應知。

goṅ ma bṣin du rig par byaḥo//

(@3-28) "廣慧！如是菩薩，雖由法住智爲依止爲建立故，於心意識秘密善巧，然諸如來不齊於此施設彼爲'於心意識一切秘密善巧菩薩'。"
釋曰。此下第二、辨秘密善巧，答前兩問。

blo gros yaṅs pa de ltar byaṅ chub sems dpaḥ chos gnas pa śes pas/ gnas daṅ rnam par gṣag pa byas paḥi phyir sems daṅ yid daṅ/ rnam par śes paḥi gsaṅ ba la mkhas pa yin mod kyi/ ḥon kyaṅ de bṣin gśegs pa [ZH.68-574] rnams ni de tsam gyis de dag la sems daṅ yid daṅ rnam par śes pa thams cad kyi gsaṅ ba la mkhas paḥi byaṅ chub sems dpaḥ ṣes mi ḥdogs so
ṣes bya ba ḥdi man chad ni gñis pa gsaṅ ba la mkhas pa rnam par ḥbyed ciṅ sṅar ṣus pa rnam pa gñis kyis lan ston par mdsad do//

於中有二：初、依問正釋，後、"廣慧齊此"下結答前問。
前中有二：初、明地前非佛所說，後、明地上是佛所說。此即初也。

ḥdi yaṅ rnam pa gñis su dbye ste/ ṣus pa bṣin du yaṅ dag par rnam par bśad pa daṅ blo gros yaṅs pa de tsam gyis ṣes bya ba man chad kyis sṅar ṣus paḥi lan spyir gsuṅs paḥo//
daṅ po yaṅ rnam pa gñis kyis bstan te/ saḥi mdun rol pa rnams de bṣin gśegs pas luṅ bstan pa ma yin par bstan pa daṅ sa la gnas pa rnams de bṣin gśegs

pas luṅ bstan pa yin par bstan pa ste/ ḥdi ni daṅ poḥo//

[§. "法住智"]

"法住智"者。

依薩婆多宗，知果法所住內[(1)]故，名"法住智"。

故《大婆沙》一百一十云："問。何故名'法住智'?

答。'法'者是果。'住'者是因。知果法所住因故，名'法住智'。謂知三界下中上果所住之因，名'法住智'。"

廣說如《彼》。

(1) JS, SNST, Baek(2013c): 內 ⇒ 因

de la chos gnas pa ṣes bya ba ni thams cad yod par smras paḥi gṣuṅ gis ḥbras buḥi chos rgyu la gnas par śes paḥi phyir chos gnas pa ṣes bya ste/

deḥi phyir《bstan bcos bye brag tu bśad pa chen po》las/

ciḥi phyir chos gnas pa śes pa ṣes bya ṣe na/

smras pa/ chos ṣes bya ba ni ḥbras bu yin la/ gnas par[(1)] ṣes bya ba ni rgyu yin no//

ḥbras buḥi chos gnas paḥi rgyu śes pa ni chos gnas pa śes pa ṣes bya ste/ ḥdi ltar khams gsum paḥi ḥbras bu rab [D.Ti.243a] daṅ ḥbriṅ daṅ tha ma gnas paḥi rgyu śes pa ni chos gnas pa śes pa ṣes byaḥo//

rgya cher bśad pa ni《de ñid》las bstan pa bṣin no//

(1) PN: par ⇒ pa

依經部宗，知法常住故，名"法住智"。

故《成實論》二十六[(1)]云："知諸法生起，名'法住智'。如生緣老死乃至無明緣行，以有佛無佛，此性常住，故曰'法住智'。"

(1) JS: '二十六' ⇒ '第十六'; Baek(2013c): '二十六'="一十六"

mdo sde pa dag ni chos rtag tu gnas par śes paḥi phyir/ chos gnas pa śes pa ṣes byaḥo ṣes zer te/

deḥi phyir《bstan bcos de kho na ñid grub pa》las

chos rnams kyi ḥbyuṅ gnas śes pa ni chos gnas pa śes pa ṣes bya ste/ ji ltar skye baḥi rkyen gyis rga śi ṣes bya ba daṅ/ de bṣin du ma rig paḥi rkyen gyis ḥdu byed ces bya ba lta bu ste/ [ZH.68-575] de bṣin gśegs pa bṣugs kyaṅ ruṅ de bṣin gśegs pa mi bṣugs kyaṅ ruṅ ste/ ṅo bo ñid ḥdi ni rtag tu gnas paḥi phyir chos gnas pa śes pa ṣes byaḥo ṣes ḥbyuṅ ṅo//

今依大乘，依《顯揚論》第十五云："'法住智'者，謂依素怛纜等安立法門智。"

依《瑜伽論》，同《顯揚論》。

故第十云："云何[(1)]法住智？ 謂如佛施設開示，無倒而知。"

又九十四云："云何法住智？ 謂如有一人間[(2)]隨順緣生[(3)]緣起無倒教已，於緣生行因果分位，住異生地，便能如實以聞思修所成作意如理思惟，能以妙慧悟入信解，苦眞是苦、集眞是集、滅眞是滅、道眞是道，諸如是等如其因果安立法中所有妙智，名'法住智'。"

今此所說，意同《顯揚》、《瑜伽》第十。

此意說云。地前菩薩，雖由法住智力了知心意識中世俗差別，而未證解於心意識秘密勝義，是故世尊不齊於此施設彼爲善巧菩薩。

(1) Taisho, SNST, Baek(2013c): null ⇒ +以

(2) JS, Taisho, SNST, Baek(2013c): '人間' ⇒ '聽聞'

(3) Taisho, SNST: 生 ⇒ 性; Baek(2013c): 生=*sic*

ḥdir theg pa chen poḥi bstan pa daṅ sbyar na《bstan bcos rnam par bśad pa》las

chos gnas pa śes pa ṣes bya ba ni ḥdi lta ste/《mdo sde》las brtsams nas chos kyi sgo mo rnam par gṣag paḥo(?) ṣes ḥbyuṅ ṅo//

《bstan bcos rnal ḥbyor spyod paḥi sa》las kyaṅ ḥdi daṅ don mthun par ḥbyuṅ ste/ deḥi phyir《de ñid》las

chos gnas pa śes pa ji ltar śes par bya ṣe na/

bcom ldan ḥdas kyis ji ltar gṣag pa daṅ/ bstan pa bṣin du phyin ci ma log par śes par byaḥo ṣes ḥbyuṅ ṅo//

gṣan yaṅ《de ñid》las/

chos gnas pa śes pa gaṅ ṣe na/ ḥdi lta ste/ ji ltar ḥdi na kha cig rkyen ḥdi pa

ñid kyi rten ciṅ ḥbrel par ḥbyuṅ ba daṅ mthun paḥi gtam phyin ci ma log pa thos nas/ rten ciṅ ḥbrel par ḥbyuṅ baḥi ḥdu byed rnams kyi rgyu daṅ/ ḥbras buḥi gnas skabs de so soḥi skye boḥi sa la gnas bṣin du thos pa daṅ bsam pa daṅ/ bsgom pa las byuṅ baḥi tshul bṣin yid la byed pas yaṅ dag pa ji lta ba bṣin du sdug bsṅal la yaṅ dag par sdug bsṅal bar kun ḥbyuṅ ba daṅ/ ḥgog pa daṅ/ lam la yaṅ dag par lam yin par śes rab kyis ḥjug ciṅ mos par byed de/ de ltar rgyu daṅ ḥbras bu ji lta ba bṣin du gnas paḥi chos rnams kyi śes pa gaṅ yin pa ḥdi ni chos gnas pa śes pa [D.Ti.243b] ṣes byaḥo ṣes ḥbyuṅ ba yin te
ḥdir gsuṅs pa yaṅ don gyis《bstan bcos rnam par bśad pa》daṅ/《rnal ḥbyor spyod paḥi sa》las bstan pa daṅ mthun no//
de ni ḥdi skad du saḥi mdun rol gyi byaṅ chub sems dpaḥ dag chos gnas pa śes paḥi stobs kyis/ sems [ZH.68-576] daṅ yid daṅ rnam par śes paḥi kun rdsob kyi bye brag khoṅ du chud mod kyi/ ḥon kyaṅ da duṅ sems daṅ yid daṅ rnam par śes paḥi gsaṅ baḥi don dam pa ma rtogs pas/ deḥi phyir bcom ldan ḥdas kyis de tsam gyis de dag la mkhas paḥi byaṅ chub sems dpaḥ ṣes mi ḥdogs so ṣes bstan par ḥgyur ro//

(@3-29) "廣慧! 若諸菩薩於內各別, 如實不見阿陀那, 不見阿陀那識, 不見阿賴耶, 不見阿賴耶識, 不見積集, 不見心,"
釋曰。自下第二、正明地上是佛所記。

blo gros yaṅs pa byaṅ chub sems dpaḥ gaṅ gis naṅ gi so so yaṅ dag pa ji lta ba bṣin du len pa mi mthoṅ/ len paḥi rnam par śes pa mi mthoṅ la/ kun gṣi yaṅ mi mthoṅ/ kun gṣi rnam par śes pa yaṅ mi mthoṅ/ bsags pa yaṅ mi mthoṅ/ sems kyaṅ mi mthoṅ
ṣes bya ba ḥdi man chad ni/ gñis pa sa la gnas pa yan chad de bṣin gśegs pas luṅ bstan pa yin par bstan paḥo//

於中有二：初、總答兩問, 後、"是名"下別答兩問。
謂前答中, 含有二義：一者、教所詮義以答初問, 二者、依義設教即答後問。
於中有二：初、約第八三名辨如實知, 後、約十八界明如實知。此即初也。

ḥdi yaṅ rnam pa gñis te/ ṣus pa rnam pa gñis kyi lan spyir gsuṅs pa daṅ/ de ni ṣes bya ba man chad kyis ṣus pa rnam pa gñis kyi lan so sor phye ste gsuṅs paḥo//
lan spyir gsuṅs pa yaṅ don rnam pa gñis su ḥgyur te/ daṅ po bstan pas brjod par bya baḥi don ni ṣus pa sṅa maḥi lan du gsuṅs paḥo//
gñis pa don la brten nas bstan pa gṣag pa ni ṣus pa phyi maḥi lan du gsuṅs paḥo//
ḥdi yaṅ rnam pa gñis kyis bstan te/ kun gṣi rnam par śes pa la brten nas yaṅ dag pa ji lta ba bṣin du śes pa rnam par ḥbyed pa daṅ/ khams bco brgyad la brten nas yaṅ dag pa ji lta ba bṣin du śes pa rab tu bstan pa ste/ ḥdi ni daṅ poḥo//

然釋此文，諸說不同。
《眞諦記》云："菩薩若如此前來見識色等，此依俗解，佛不記說此人'解心意識秘密義'。由如實不見前來所明識義，佛方記說此人'解心意識秘密義'。此明識虛妄[(1)]無所有即眞。由達本秘密，於虛妄之末，方始明了也。"
又解[(2)]云："於內各別者。'內'謂眞如諸法自體，故名爲'內'。'各別'者，隨詮顯眞，名爲'各別'。"
此意說，地上菩薩，依勝義諦由根本智，於內各別由證眞如，境上如實不見阿陀那用，如實不見阿陀那體。賴耶及心體用差別，准此應知。

(1) SNST: '識虛妄'='虛妄分別'
(2) SNST: 解 ⇒《彼》

mdoḥi tshig ḥdi bśad pa yaṅ so so nas bśad pa mi mthun te/
《slob dpon yaṅ dag bden paḥi brjed byaṅ》 las/
byaṅ chub sems dpaḥ gal te goṅ du gsuṅs pa ltar rnam par śes pa daṅ/ [ZH.68-577] gzugs la [D.Ti.244a] sogs par mthoṅ nas/ de ni kun rdsob tu śes pa yin pas bcom ldan ḥdas kyis gaṅ zag ḥdi sems daṅ yid daṅ/ rnam par śes paḥi gsaṅ baḥi don śes pa ṣes luṅ ston par mi mdsad la/ yaṅ dag pa ji lta ba bṣin du sṅar gsuṅs pa ltar rnam par śes paḥi don mi mthoṅ na ni/ gdod bcom ldan ḥdas kyis gaṅ zag ḥdi sems daṅ/ yid daṅ/ rnam par śes paḥi gsaṅ baḥi don śes

pa ṣes luṅ ston par mdsad de/ ḥdis ni yaṅ dag pa ma yin pa rnam par rtog pa yod pa ma yin par śes na ni yaṅ dag pa yin no ṣes bstan te/ ḥdi ltar rtsa baḥi gsaṅ ba khoṅ du chud na yaṅ yaṅ dag pa ma yin pa rnam par rtog paḥi yan lag kyaṅ gdod gsal bar khoṅ du chud par ḥgyur baḥi phyir ro ṣes ḥbyuṅ ṅo//

gṣan yaṅ《de ñid》las

de la naṅ so so ṣes bya ba la naṅ ni ḥdi lta ste/ de bṣin ñid chos rnams kyi ṅo bo ñid de/ deḥi phyir naṅ ṣes byaḥo//

so so ṣes bya ba ni brjod pa ni[(1)] rjes su yaṅ dag pa ñid rab tu ston pa ni so so ṣes byaḥo ṣes ḥbyuṅ ste/

de ni ḥdi skad du/ sa la gnas paḥi byaṅ chub sems dpaḥ rnams don dam paḥi bden pa rtsa baḥi ye śes la brten ciṅ naṅ gi so so la de bṣin ñid du rtogs paḥi dbaṅ gis yul rnams la yaṅ dag pa ji lta ba bṣin du len paḥi las kyaṅ mi mthoṅ la/ len paḥi ṅo bo ñid kyaṅ yaṅ dag pa ji lta ba bṣin du mi mthoṅ ṅo ṣes bstan par ḥgyur te/ kun gṣi daṅ sems kyi las daṅ ṅo bo ñid kyi bye brag kyaṅ de bṣin du rig par byaḥo//

(1) PN: 'pa ni' ⇒ paḥi

又解云。“於內各別”者。阿陀那等諸法體上, 皆有自共相道理。於中自相現量境故, 名之爲“內”。諸法自相各附自體, 名爲“各別”。

是故《雜集》第一云 :“自內所受是知義。”

此即現量知自相義。

又《瑜伽》第二, 復作此言 :“依知言說者, 謂各別於內所受、所證、所觸、所得, 由此因緣, 爲他宣說[(1)]”

若依此釋, 正體、後得, 皆是現量。如實了知陀那自相, 離諸分別, 故名“不見”, 非無分別乃名“不見”。

(1) Taisho, SNST: null ⇒ +'是名依知言說'

gṣan yaṅ naṅ gi so so ṣes bya ba ni/ len pa la sogs pa chos rnams kyi bdag ñid la raṅ gi mtshan ñid daṅ/ spyiḥi mtshan ñid kyi rigs pa yod de/ de la raṅ gi mtshan ñid ni mṅon sum gyi tshad maḥi [ZH.68-578] yul yin paḥi phyir ni naṅ ṣes bya la/ chos rnams kyi raṅ gi mtshan ñid so so nas raṅ gi bdag ñid daṅ ldan paḥi phyir ni so so ṣes bya ste/

deḥi phyir《bstan bcos chos mṅon pa sna tshogs kun las btus pa》las bdag ñid kyis naṅ gi myoṅ ba gaṅ yin pa de ni don śes pa [D.Ti.244b] ṣes bya ṣes ḥbyuṅ ste/

ḥdi ni mṅon sum gyi tshad mas raṅ gi mtshan ñid śes paḥo//

gṣan yaṅ《bstan bcos rnal ḥbyor spyod paḥi sa》las/

rnam par śes pa la brten paḥi tha sñad ni ḥdi lta ste/ gaṅ des naṅ so so raṅ gis rig pa daṅ/ rtogs pa daṅ/ reg pa mṅon sum du byas nas de la brten te gṣan dag la tha sñad du brjod pa gaṅ yin pa de ni rnam par śes paḥi tha sñad ces byaḥo ṣes ḥbyuṅ ste/

ḥdi daṅ sbyar te bśad na yaṅ dag pa daṅ/ rjes las thob pa gñi ga mṅon sum gyi tshad ma bṣin no//

yaṅ dag pa ji lta ba bṣin du len paḥi raṅ gi mtshan ñid khoṅ du chud ciṅ rnam par rtog pa daṅ bral baḥi phyir mi mthoṅ ba ṣes byaḥi rnam par rtog pa med pa la mi mthoṅ ba ṣes bya ba ni ma yin no//

(@3-30) “不見眼色及眼識, 不見耳聲及耳識, 不見鼻香及鼻識, 不見舌味及舌識, 不見身觸及身識, 不見意法及意識,”

釋曰。此釋[(1)]

[(1)] SNST: 釋 ⇒ ‘即第二、約十八界明如實知’

mig daṅ gzugs daṅ mig gi rnam par śes pa yaṅ mi mthoṅ/ rna ba daṅ/ sgra daṅ rna baḥi rnam par śes pa yaṅ mi mthoṅ/ sna daṅ/ dri daṅ/ snaḥi rnam par śes pa yaṅ mi mthoṅ/ lce daṅ/ ro daṅ/ lceḥi rnam par śes pa yaṅ mi mthoṅ/ lus daṅ/ reg bya daṅ/ lus kyi rnam par śes pa yaṅ mi mthoṅ/ yid daṅ/ chos daṅ/ yid kyi rnam par śes pa yaṅ mi mthoṅ

ṣes bya ba ni gñis pa khams bco brgyad la brten nas yaṅ dag pa ji lta ba bṣin du śes pa bstan te/

不見十八界故, 名“善巧菩薩”。

khams bco brgyad mi dmigs paḥi phyir byaṅ chub sems dpaḥ mkhas pa ṣes byaḥo ṣes bya baḥi tha tshig go//

(@3-31) "是名'勝義善巧菩薩', 如來施設彼爲'勝義善巧菩薩'。"
釋曰。此即第二、別答前兩問。

[ZH.68-579] de ni don dam pa la mkhas paḥi byaṅ chub sems dpaḥ ṣes bya ste/ de bṣin gśegs pa yaṅ de dag la don dam pa la mkhas paḥi byaṅ chub sems dpaḥ ṣes ḥdogs so

ṣes bya ba ni gñis pa sṅar ṣus pa rnam pa gñis kyi lan so sor phye ste gsuṅs paḥo//

文有兩節。初、"是名勝義善巧菩薩"者, 牒上所證[(1)]之義, 以答前問。後、如來施設彼爲勝義善巧菩薩者, 牒上能詮之教, 以答後問。【或可。是名兩字, 該通兩段。】[(2)]

(1) SNST, Baek(2013c): 證 ⇒ 詮
(2) JS: 【】=null

mdoḥi tshig ḥdi yaṅ rnam pa gñis su dbye ste/ daṅ po de ni don dam pa la mkhas paḥi byaṅ chub sems dpaḥ ṣes bya ste ṣes bya ba ni goṅ du sṅar bstan paḥi bstan pas brjod par bya baḥi don smos nas ṣus pa sṅa maḥi lan du gsuṅs paḥo//

gñis pa de bṣin gśegs pa yaṅ [D.Ti.245a] de dag la don dam pa la mkhas paḥi byaṅ chub sems dpaḥ ṣes ḥdogs so ṣes bya ba ni goṅ du sṅar bstan paḥi bstan pa gṣag pa smos nas ṣus pa phyi maḥi lan du gsuṅs paḥo//

(@3-32) "廣慧! 齊此名爲'於心意識一切秘密善巧菩薩', 如來齊此施設彼爲'於心意識一切秘密善巧菩薩'。"
釋曰。此即第二、結答前問。

blo gros yaṅs pa de tsam gyis na sems daṅ yid daṅ rnam par śes paḥi gsaṅ ba thams cad la mkhas paḥi byaṅ chub sems dpaḥ ṣes bya bas na de bṣin gśegs pa de tsam gyis de dag la sems daṅ yid daṅ rnam par śes paḥi gsaṅ ba thams cad la mkhas paḥi byaṅ chub sems dpaḥ ṣes ḥdogs so

ṣes bya ba ni gñis pa mjug bsdu ṣiṅ sṅar ṣus pa rnam pa gñis kyi lan gsuṅs pa ste/

如文可知。

mdo ñid kyis brda phrad par zad do//

(@3-33) 爾時，世尊欲重宣此義，而說頌曰：
釋曰。自下第二、擧頌略說。

de nas bcom ldan ḥdas kyis don de ñid yaṅ dag par bstan paḥi phyir tshigs su bcad pa gsuṅs so
ṣes bya ba ḥdi man chad ni gñis pa tshigs su bcad pas mdor bstan paḥo//

於中有二：初、發起頌文，後、擧頌略說。此即第一、發起頌文。

ḥdi yaṅ rnam pa gñis kyis bstan te/ tshigs su bcad pas ston par mdsad paḥi gleṅ bslaṅ ba daṅ/ tshigs su bcad pas mdor bstan pa ñid de/ ḥdi ni daṅ po tshigs su bcad pas ston [ZH.68-580] par mdsad paḥi gleṅ bslaṅ baḥo//

(@3-34)

"阿陀那識甚深細，一切種子如暴[(1)]流，
我於凡愚不開演，恐彼分別執爲我。"

【《深密》頌云"諸種阿陀那，能生於諸法，我說水鏡喩，不爲愚人說"。《解節經》曰"執持識深細，諸種子恒流，於凡我不說，彼勿執爲我"。】[(2)]
釋曰。此即第二、擧頌[(3)]說。

(1) Taisho, JS, SNST: 暴 ⇒ 瀑 (2) SNST: '【《深密》頌云......彼勿執爲我】'=null
(3) JS, SNST, Baek(2013c): null ⇒ +略

len paḥi rnam par śes pa zab ciṅ phra//
sa bon thams cad chu boḥi kluṅ ltar ḥbab//
bdag tu rtog par gyur na mi ruṅ ṣes//
byis pa rnams la ṅas ni de ma bstan//

ṣes bya ba ni gñis pa tshigs su bcad pas mdor bstan pa ñid do//

然釋此頌，諸論不同。

依《攝大乘無性釋》曰："言'甚[1]'者，世聰叡者所有覺慧難窮底故。言'甚細'者，諸聲聞等難了知故。是故不爲諸聲聞等開示此識，以[2]不求微細一切智智故。'一切種子如暴[3]流'者，刹那展轉相續不斷，如水暴[3]流。'我於凡愚不開演'者，懷我見者不爲開示。恐彼分別計執爲我，何容彼類分別計我[4]窮生死際，行相一類無改易故。"

《世親釋》云："'阿陀那識'者，所釋異名。'甚深細'者，難了知故。'一切種子如暴[3]流'者，次第轉故。一切種子，刹那展轉，如暴[3]水流，相續轉故。'恐彼分別執爲我'者，一行相轉，故分別執可得。"

(1) JS, Taisho, SNST, Baek(2013c): null ⇒ +深
(2) JS, Taisho, Baek(2013c): 以=彼; SNST: 以=*sic* (3) JS, SNST: 暴 ⇒ 瀑
(4) JS, Taisho, Baek(2013c): 我=執; SNST: 我=*sic*

tshigs su bcad pa ḥdiḥi rnam par bśad pa yaṅ bstan bcos rnams las so so nas mi mthun te/

《theg pa chen po bsdus paḥi ḥgrel pa slob dpon ṅo bo ñid med kyis byas pa》 las/

zab pa ni ḥjig rten gyi mkhas paḥi blos kyaṅ gtiṅ dpag par dkaḥ baḥi phyir ro//

phra ba ni ñan thos rnams kyis kyaṅ śes par dkaḥ baḥi phyir ro//

deḥi phyir ñan thos la sogs pa la rnam par śes pa ḥdi ma bstan te/ śin tu phra baḥi thams cad mkhyen pa yoṅs su mi tshol baḥi phyir ro//

sa bon thams cad chu boḥi kluṅ lta[1] ḥbab//

ces bya ba ni skad [D.Ti.245b] cig gcig nas gcig tu brgyud pas rgyun mi ḥchad par chu boḥi kluṅ ltar ḥbab paḥo//

byis pa rnams la ṅas ni de ma bstan//

ṣes bya ba ni bdag tu lta ba daṅ bcas pa rnams la rnam par ma phye ba ste/ bdag tu rnam par rtog pa de dag gis de la ḥkhor baḥi mthaḥ ji srid pa de srid du rnam pa gcig pa ḥgyur ba med pa bdag tu ḥdsin paḥi phyir ro ṣes ḥbyuṅ ṅo//

《slob dpon dbyig gñen gyis mdsad paḥi ḥgrel pa》 las/

len paḥi rnam par śes pa ṣes bya ba ni miṅ gi rnam graṅs bstan paḥo//

zab ciṅ phra ba ṣes bya ba ni rtogs par dkaḥ baḥi phyir ro//

sa bon thams cad chu boḥi kluṅ ltar ḥbab//

ces bya ba ni go rims bṣin du ḫjug paḫi phyir daṅ/ sa bon thams cad skad cig gcig nas gcig tu chu boḫi kluṅ ltar rgyun mi ḫchad par ḫjug paḫi phyir ro//

bdag tu rtog par gyur na mi ruṅ ṣes//

ṣes [ZH.68-581] bya ba ni rnam pa gcig tu rgyun mi ḫchad paḫi phyir rnam par rtog pas ḫdsin par ḫgyur baḫo ṣes ḫbyuṅ ṅo//

(1) PN: lta ⇒ ltar

《成唯識論·護法釋》云："以能執持諸法種子，及能執受色根依處，亦能執取結生相續，故說此識名阿陀那。無性(1)有情不能窮底，故說甚深。趣寂種性(1)不能通達，故名甚細。是一切法眞實種子，緣擊便生轉識波浪，恒無間斷，猶如暴(2)流。凡即無性(1)。愚即趣寂。恐彼於此起分別執，墮諸惡趣，障生聖道，故我世尊不爲開示(3)。"

(1) JS: 性=姓; Lee: 性=*sic* (2) JS,SNST:暴⇒瀑 (3) Taisho, SNST, Baek(2013c): 示⇒演

《bstan bcos rnam par rig pa tsam du grub paḫi naṅ nas slob dpon chos skyoṅ gis bśad pa》las ni

chos rnams kyi sa bon yoṅs su ḫdsin pa daṅ/ dbaṅ po gzugs can len ciṅ gnas byed pa daṅ/ ñiṅ mtshams sbyor ba daṅ/ yoṅs su ḫdsin paḫi phyir rnam par śes pa ḫdi len pa ṣes bya baḫo//

rigs med paḫi sems can dag gi gtiṅ dpag par mi nus paḫi phyir zab pa ṣes gsuṅs so//

ṣi ba la phyogs paḫi rigs can dag gis khoṅ du chud par mi nus paḫi phyir śin tu phra ba ṣes bya ste/ chos thams cad kyi yaṅ dag paḫi sa bon yin pas rkyen gyis bskyod na rnam par śes paḫi rlabs rnams ḫbyuṅ ste/ rtag par rgyun du chu boḫi kluṅ bṣin du ḫbab paḫo//

byis pa dag ni ṣi ba la phyogs pa ste/ de dag gi ḫdi la rnam par rtog pas bdag tu ḫdsin par gyur na ṅan ḫgro rnams su lhuṅ ṣiṅ ḫphags paḫi lam la sgrib par ḫgyur bar dgoṅs paḫi phyir bcom ldan ḫdas kyis rnam par phye ste ma bstan to ṣes ḫbyuṅ ṅo//

《解深密經疏》卷第三

《解深密經疏》卷第四
《解深密經》卷第二

《解深密經疏》卷第四(經本第二)

西明寺沙門　圓測　撰

《解深密經·一切法相品第四》

《dgoṅs pa [D.Ti.246a] zab mo ṅes par ḥgrel paḥi mdo》 las 《chos thams cad kyi mtshan ñid kyi leḥu》 ste bṣi paḥo// //

(@4-0)[0251a04] 將釋此品，有其二種：一、解品名，二、釋文義。

bam po ñi śu gñis pa/
leḥu ḥdi rnam par bśad pa yaṅ rnam pa gñis su dbye ste/ leḥu ñid kyi miṅ rnam par bśad pa daṅ/ mdo ñid kyi tshig gi don rnam par bśad paḥo//

題云“一切法相品”者，自有兩釋。
一云。三性非一，故言“一切”。皆持自性[(1)]，軌生物解，名之爲“法”。“相”謂體相，或相狀相。謂所執等是一切法體性[(2)]、相狀。總說三性名“一切法”，即持業釋。若一一性名“一切法”[(3)]，是依主釋，以一一性非一切故。
一云。“一切法”者，略有二釋[(4)]，所謂有爲及無爲等。中即有五，謂心心法等。廣有百法，謂八識等。然此三性是一切法體性、相狀，故名“一切法相”。
若依此釋，於三性中前之二性名“一切法相”，即持業釋，二性皆具一切法故。後圓成實名“一切法相”，是依主釋，是一切法之體相故。

(1) SNST: ‘自性’⇒‘自相’　(2) SNST: ‘體性’=null　(3) SNST: ‘即持業釋......名一切法’=null
(4) SNST: 釋⇒種

chos thams cad kyi mtshan ñid kyi leḥu ṣes bya ba la yaṅ bśad pa rnam pa gñis yod de/

kha cig na re ṅo bo ñid ni rnam pa [ZH.68-582] gsum ste/ gcig kho na ma yin paḥi phyir thams cad ces bya ba gsuṅs so// thams cad kyaṅ raṅ gi ṅo bo(1) mtshan ñid ḥdsin ciṅ dpe lugs kyis sems can gyi śes pa bskyed paḥi(2) chos ṣes byaḥo// mtshan ñid ni ḥdi lta ste/ ṅo bo ñid kyi mtshan ñid dam/ yaṅ na mtshan ñid ni dbyibs kyi mtshan ñid de/ ḥdi lta ste/ kun brtags la sogs pa ni chos thams cad kyi dbyibs kyi mtshan ñid yin pas mdor bsdu na ṅo bo ñid rnam pa gsum la thams cad ces bya ste/ (3)ḥdi ni bdag poḥi dbaṅ du mdsad nas rnam par bśad pa yin te/ ḥdi ltar ṅo bo ñid re rer gyur ciṅ/ thams cad ma yin paḥi phyir ro ṣeḥo//

yaṅ na kha cig na re de la chos thams cad ces bya ba ni mdor bsdu na rnam pa gñis te/ ḥdus byas daṅ ḥdus ma byas la sogs paḥo// bsdus pa daṅ rgyas pa yaṅ ma yin par ni lṅa ste/ sems daṅ sems las ḥbyuṅ baḥi chos la sogs paḥo// rgyas par bya na chos brgyad de/ rnam par śes pa brgyad la sogs paḥo// ṅo bo ñid gsum po ḥdi chos thams cad kyi ṅo bo ñid kyi mtshan ñid yin paḥi phyir/ chos thams cad kyi mtshan ñid ces byaḥo ṣeḥo//

bśad pa ḥdi daṅ sbyar na ṅo bo ñid rnam pa gsum las ṅo bo ñid rnam pa sṅa ma gñis ni thams cad kyi mtshan ñid ces bya ba(4) las yoṅs su ḥdsin paḥi rnam par bśad pa yin te/ ṅo bo ñid gñi ga yaṅ chos thams cad daṅ ldan paḥi phyir ro// phyi ma yoṅs su grub paḥi ṅo bo ñid ni chos thams cad kyi mtshan ñid ces bya bas bdag poḥi dbaṅ du mdsad [D.Ti.246b] nas bśad pa yin te/ ḥdi ltar chos thams cad kyi mtshan ñid yin paḥi phyir ro//

(1) PN: 'ṅo bo' ⇒ null (2) paḥi ⇒ 'paḥi phyir' (3) 〈......〉 omitted (4) +'ni'

雖有兩釋, 後釋爲勝, 下《經》文不違理故。

如下《經》說："所執、依他, 皆云一切。圓成實性, 是一切法平等眞如。"

de ltar bśad pa rnam pa gñis yod mod kyi/ bśad pa ni phyi ma bzaṅ ste/ ḥog nas《mdo》las gsuṅs pa dag daṅ rjes su mthun ṣiṅ [ZH.68-583] ḥgal ba med paḥi phyir/ ḥog nas《mdo》las kyaṅ

kun brtags daṅ/ gṣan gyi dbaṅ la thams cad ces gsuṅs śiṅ yoṅs su grub paḥi ṅo bo ñid la ni chos thams cad kyi mñam pa ñid kyi de bṣin ñid ces gsuṅs pa yin no//

此品廣明一切法相三性[1]道理，故名“一切法相品”。
【《深密》題云“聖者功德林菩薩問品”者，《梵本》經文有此異故。】

[1] SNST: ‘三性’=null

leḥu ḥdi las chos thams cad kyi mtshan ñid kyi rigs pa rgya cher ston par mdsad paḥi phyir chos thams cad kyi mtshan ñid kyi leḥu ṣes byaḥo// 《dgoṅs pa zab mo rnam par dgrol baḥi mdo》 las ni 《ḥphags pa byaṅ chub sems dpaḥ yon tan gyi tshal gyis ṣus paḥi leḥu》 ṣes ḥbyuṅ ste/ 《rgya gar gyi dpe》 las tha dad pa ḥdi lta bu dag yod paḥi phyir ro//

(@4-1)[0251a19] 爾時，德本菩薩摩訶薩白佛言：“世尊! 如世尊說‘於諸法相善巧菩薩’，”
[0251a21] 釋曰[1]。第二、正釋文[2]。

[1] JS: 釋曰=null
[2] SNST: 文 ⇒‘文義’

de nas byaṅ chub sems dpaḥ yon tan ḥbyuṅ gnas kyis/ bcom ldan ḥdas la ḥdi skad ces gsol to// bcom ldan ḥdas kyis ji skad du chos rnams kyi mtshan ñid la mkhas paḥi byaṅ chub sems dpaḥ ṣes gsuṅs na
ṣes bya ba ḥdi man chad ni gñis pa mdoḥi tshig gi don yaṅ dag par bśad pa yin no//

就所觀境，自有二種：一、眞、俗諦境，二、有、無性境。
上來已釋眞、俗二境，自下當辨有、無性境。
初、明有性，即是三性。後、說無性，即三無性。
於二品中，依有立無。有性是本，所以先明。無性是末，故在後說。
由斯理故，《世親菩薩三十頌》云：

即依此三性，立彼三無性，[1]

[1] SNST: null=+‘故佛密意說，一切法無性。’

yoṅs su brtag par bya baḥi yul la rnam pa gñis te/ don dam pa daṅ kun rdsob kyi bden paḥi yul daṅ/ yod pa daṅ med paḥi ṅo bo ñid kyi yul ṣes bstan pa la/ de yan chad du don dam pa daṅ/ kun rdsob kyi yul rnam pa gñis bstan nas/ ḥdi man chad ni yod pa daṅ med paḥi ṅo bo ñid kyi yul ston par mdsad de/

de yaṅ sṅar ni yod pa ni[(1)] ṅo bo ñid ston par mdsad de/ de ni ṅo bo ñid rnam pa gsum po ñid do// deḥi ḥog tu ni med paḥi ṅo bo ñid ston par mdsad de/ de ni ṅo bo ñid med pa rnam pa gsum po dag ñid do//

leḥu gñis po dag las kyaṅ yod pa la brten nas med pa ḥjog par mdsad de/ de yaṅ yod paḥi ṅo bo ñid [ZH.68-584] rtsa ba yin pas sṅar ston par mdsad la/ med [D.Ti.247a] paḥi ṅo bo ñid ni yan lag yin paḥi phyir phyis ston par mdsad de/ rigs pa deḥi phyir《slob dpon dbyig gñen gyis mdsad paḥi tshig leḥur byas pa sum cu pa》las/

> ṅo bo ñid ni rnam gsum gyis//
> ṅo bo ñid med rnam gsum la//
> dgoṅs nas chos rnams thams cad ni//
> ṅo bo ñid med bstan pa yin//

ṣes ḥbyuṅ ba yin no//

(1) PN: ‘pa ni’ ⇒ paḥi

就此品中, 文別有二 : 初、菩薩請問, 後、如來正答。

就請問中, 復分爲二 : 初、擧所問教, 後、依教發問。此即初也。

leḥu ḥdi gcig kyaṅ rnam pa gñis su dbye ste/ byaṅ chub sems dpas ṣu ba gsol ba daṅ/ de bṣin gśegs pas lan yaṅ dag par gsuṅs paḥo//

ṣu ba gsol ba la yaṅ rnam pa gñis su dbye ste/ gaṅ ṣu ba bstan pa ñid smos pa daṅ/ bstan pa ji lta ba bṣin du ṣu ba gsol ba ste/ ḥdi ni daṅ poḥo//

文有兩節。

初、約時分辨問答者。

《深密經》云“功德林”者, 以德成人, 如樹成林, 法、喻雙擧, 名“功德林”。今“德本”者, 從無量劫久殖德本。

解云。此是從因立號。種[(1)]殖福、智二種德本, 故言“德本”。

[(2)]“於諸法相善巧菩薩”者, 擧所問教。“諸法相”者, 辨所觀法。“善巧菩薩”

者，能觀人也。

(1) SNST: 種=積

(2) Lee: null ⇒ +後

mdoḥi tshig ḥdi yaṅ rnam pa gñis kyis bstan te/ dus la brten nas ṣu ba po daṅ lan gsuṅs paḥi rnam par ḥbyed paḥo//
《dgoṅs pa zab mo rnam par dgrol ba bstan paḥi mdo》 las yon tan gyi tshal ṣes bya ba ni ḥdi ltar yon tan gyis gaṅ zag yoṅs su smin par byed pa ji ltar śiṅ maṅ po las tshal du gyur pa bṣin pas na dpe daṅ don gñi ga smos paḥi phyir yon tan gyi tshal ṣes byaḥo ṣes ḥbyuṅ ṅo//
ḥdir yon tan ḥbyuṅ gnas ṣes bya ba ni bskal pa dpag tu med pa nas yon tan gyi rgyu bsags pas ḥdi ni rgyu las miṅ du btags pa ste/ bsod nams daṅ ye śes kyi tshogs yon tan rnams kyi gṣi rnam pa gñis bsags paḥi phyir yon tan ḥbyuṅ gnas ṣes byaḥo//
chos rnams kyi mtshan ñid la mkhas paḥi byaṅ chub sems dpaḥ ṣes bya ba ni gaṅ ṣus paḥi bstan pa ñid smos pa ste/ chos rnams kyi mtshan ñid ces bya ba ni brtag par bya baḥi chos bstan paḥo// mkhas paḥi byaṅ chub sems dpaḥ ṣes bya ba ni [ZH.68-585] brtags paḥi gaṅ zag bstan paḥo//

(@4-2)[0251b10] “‘於諸法相善巧菩薩’者，齊何名爲‘於諸法相善巧菩薩’？如來齊何施設彼爲‘(1)諸法相善巧菩薩’？”說是語已，
[0251b12] 釋曰。此即第二、依教發問。

(1) Taisho, SNST, Baek(2013c): null ⇒ +於

chos rnams kyi mtshan ñid la mkhas paḥi byaṅ chub sems dpaḥ ṣes bgyi ba ji tsam gyis na chos rnams kyi mtshan ñid la mkhas paḥi byaṅ chub sems dpaḥ ṣes bgyi lags/ [D.Ti.247b] de bṣin gśegs pa yaṅ ji tsam gyis na de dag la chos rnams kyi mtshan ñid la mkhas paḥi byaṅ chub sems dpaḥ ṣes ḥdogs lags/ de skad ces gsol ba daṅ
ṣes bya ba ni gñis pa bstan pa ji lta ba bṣin du ṣu ba la[(1)] gsol baḥo//

(1) PN: la ⇒ null

文有兩節：初、牒所問教，後、“齊何”等者正發問辭。

mdoḥi tshig ḥdi yaṅ rnam pa gñis su dbye ste/ gaṅ ṣu ba bstan pa ñid smos pa daṅ/ ci tsam gyis na ṣes bya ba la sogs pas ni ṣu ba ñid kyi tshig yaṅ dag par bstan paḥo//

問有二意：一、問菩薩善巧齊何分位，二、問施設善巧之名。
或可。前、問所詮之義，後、問能詮之教。

ṣu ba gsol ba yaṅ rnam pa gñis yod de/ byaṅ chub sems dpaḥi gnas skabs gaṅ gdags pa ṣu ba daṅ/ gaṅ la mkhas paḥi miṅ ḥdogs pa ṣu baḥo// yaṅ na sṅa ma ni rjod par byed paḥi[(1)] don ṣus paḥo// phyi ma ni rjod par byed paḥi bstan pa ṣus paḥo//

(1) 'byed paḥi' ⇒ 'bya baḥi'

(@4-3)[0251b16] 爾時，世尊告德本菩薩曰：
[0251b17] 釋曰。自下第二、世尊正說。

de nas bcom ldan ḥdas kyis byaṅ chub sems dpaḥ yon tan ḥbyuṅ gnas la ḥdi skad ces bkaḥ stsal to
ṣes bya ba ḥdi man chad ni/ gñis pa de bṣin gśegs pas lan yaṅ dag par gsuṅs paḥo//

於中有二：初、讚問許說，後、"謂諸法相"下對問正說。
前中有三：初、標問答者，次、讚問有益，後、勸[(1)]聽許說。此即初也。

(1) JS: 勸 ⇒ 勅

ḥdi yaṅ rnam pa gñis kyis bstan te/ ṣus pa las bsṅags pa brjod nas bśad par gnas[(1)] pa daṅ/ ḥdi lta ste chos rnams kyi mtshan ñid ni ṣes bya ba man chad kyis ṣus pa bṣin du lan yaṅ dag par gsuṅs pa bstan paḥo//
daṅ po la yaṅ rnam pa gsum du dbye ste/ ṣu ba gsol ba daṅ/ lan gsuṅs pa smos pa daṅ/ ṣu ba gsol baḥi phan yon gyi bsṅags pa brjod pa daṅ/ mñan par bskul ṣiṅ [ZH.68-586] bśad par snaṅ ba[(2)] ste/ ḥdi ni daṅ poḥo//

(1) PN: gnas ⇒ gnad (2) 'snaṅ ba' ⇒ 'gnad pa'

(@4-4)[0251b20] “善哉, 德本! 汝今乃能請問如來如是深義。汝今爲欲利益、安樂無量衆生, 哀愍世間乃[(1)]諸天、人、阿素洛等, 爲令獲得義利、安樂, 故發斯問。”
[0251b23] 釋曰。第二、讚問有益。

(1) JS, Taisho, SNST, Baek(2013c): 乃 ⇒ 及

yon tan ḥbyuṅ gnas khyod de ltar[(1)] skye bo tshad med pa la phan pa daṅ/ bde ba daṅ/ ḥjig rten la sñiṅ brtse ba daṅ/ lha daṅ mi daṅ/ lha ma yin la sogs paḥi don daṅ/ phan pa daṅ bde baḥi[(2)] phyir/ de bṣin gśegs pa la ḥdi ltar don zab mo ḥdri ba[(3)] ni legs so
ṣes bya ba ni/ gñis pa ṣu ba gsol baḥi phan yon gyi bsṅags pa brjod paḥo//

(1) ‘de ltar’ ⇒ ḥdir (2) ‘bde baḥi’ ⇒ ‘bde ba thob par bya baḥi’
(3) ‘ḥdri ba’ ⇒ ‘ḥdri bar sems pa’

文有二節：初、讚問深義, 後、讚問有益。准上應知。

mdoḥi tshig ḥdi yaṅ rnam pa gñis su dbye ste/ ṣu ba gsol ba la phan yon che bar bsṅags pa daṅ/ don zab mo ṣus paḥi legs [D.Ti.248a] paḥi bsṅags pa ste/ goṅ ma bṣin du rig par byaḥo//

(@4-5)[0251c01] “汝應諦聽! 吾當爲汝說諸法相。”
[0251c02] 釋曰。第三、勅聽許說。

khyod legs par ñon cig daṅ/ ṅas khyod la chos rnams kyi mtshan ñid bśad par byaḥo
ṣes bya ba ni gsum pa mñan par bskul ṣiṅ bśad par gnaṅ baḥo[(1)]//

(1) ‘gnaṅ baḥo’ ⇒ ‘gnad paḥo’

(@4-6)[0251c03] “謂諸法相略有三種。”
[0251c04] 釋曰。自下第二、對問正說。

ḥdi lta ste/ chos rnams kyi mtshan ñid ni mdor bsdu na rnam pa gsum mo ṣes bya ba ḥdi man chad ni gñis pa bṣin du[(1)] lan yaṅ dag par gsuṅs paḥo//

(1) 'bṣin du' ⇒ 'ṣus pa bṣin du'

於中有二：初約所觀辨諸法相，後"復次德本"下約能觀人明善巧菩薩。

ḥdi yaṅ rnam pa gñis su dbye ste/ brtag par bya ba las brtsams nas/ chos rnams kyi mtshan ñid rnam par ḥbyed pa daṅ/ gṣan yaṅ yon tan ḥbyuṅ gnas ṣes bya ba man chad kyis brtags paḥi gaṅ zag las brtsams nas mkhas paḥi byaṅ chub sems dpaḥ rab tu bstan paḥo//

前中有二：先、法，後、喻。
法中有三：初、標章擧數，次、問答列名，後、次第別釋。此即初也。

daṅ po la yaṅ rnam pa gñis su dbye ste/ don bstan pa daṅ/ dpes bstan paḥo// don bstan pa la yaṅ rnam pa gsum ste/ sgo bstan nas bstan pa[(1)] smos pa daṅ/ graṅs ṣu ṣiṅ miṅ bkod pa daṅ/ go rims bṣin du rnam par phye ste bśad paḥo// ḥdi ni daṅ po ste/[(2)]

(1) 'bstan pa' ⇒ graṅs (2) 'po ste/' ⇒ 'poḥo//'

然此"略"言，自有兩釋。
一者、廣略略。謂一切法，廣雖百法，略唯三性。今對百法，故言"略"也。
二者、要略略。故《攝大乘》云："謂所知相，略有三種："
《無性釋》云："略有三種者，謂一切法要有所應知、所應斷、所應證差別故。"

mdor bsdus te gsuṅs paḥi bśad pa yaṅ rnam pa [ZH.68-587] gñis te/ daṅ po ni/ rgyas pa bsdus pa ste/ bsdus par ni chos thams cad ces bya baḥo//[(1)] rgyas pa[(2)] ni chos[(3)] yod mod kyi de yaṅ mdor bsdu na ṅo bo ñid rnam pa gsum mo// ḥdir chos brgya la ltos nas/ deḥi phyir mdor bsdu na ṣes bya ba[(4)] gsuṅs so// gñis pa ni/ dgoṅs pa bsdus pas sdud[(5)] pa ṣes bya ste/ deḥi phyir/《bstan bcos theg pa chen po bsdus pa》las/
ḥdi lta ste/ śes byaḥi mtshan ñid ni mdor bsdu na rnam pa gsum ste ṣes ḥbyuṅ

ba yin te/
《slob dpon ṅo bo ñid med kyis ḥgrel pa》 las/
mdor bsdu na rnam pa gsum mo ṣes bya ba ni/ ḥdi lta ste/ chos thams cad ni mdor bsdu na yoṅs su śes par bya ba daṅ/ yoṅs su spaṅ bar bya ba daṅ/ mṅon sum du bya baḥi bye brag gi phyir ro ṣes bśad do//

(1) 'daṅ po ni/ ...chos thams cad ces bya baḥo//' ⇒ 'daṅ po ni/ rgyas pa bsdus pas bsdus pa ṣes bya ste/ ḥdi lta ste/ chos thams cad ni'
(2) PN: pa ⇒ par (3) chos ⇒ 'chos brgya' (4) PN: 'ṣes bya ba' ⇒ ṣes
(5) PN: sdud ⇒ bsdus

(@4-7)[0251c12] "何等爲三?"
[0251c13] 釋曰。第二、問答列名。

gsum gaṅ ṣe na
ṣes bya ba ni gñis pa graṅs ṣu ṣiṅ miṅ bkod pa [D.Ti.248b] ste/

先徵，後列。此即徵也。

ḥdi yaṅ sṅar ni graṅs ṣus pa deḥi ḥog tu miṅ bkod pa ste/ ḥdi ni graṅs ṣus paḥo//

(@4-8)[0251c14] "一者、遍[(1)]計所執相，二者、依他起相，三者、圓成實相。"
[0251c15] 釋曰。此即列名。

(1) JS: 遍=徧. The same is below.

kun brtags paḥi mtshan ñid daṅ/ gṣan gyi dbaṅ gi mtshan ñid daṅ/ yoṅs su grub paḥi mtshan ñid do
ṣes bya ba ni gñis pa miṅ bkod paḥo//

[§. 三相：遍計所執相、依他起相、圓成實相]
然三相名，有通有別。

言“三相”者，是其通名。“三”謂標數。“相”即體性，或相狀相。即六釋中帶數釋也。具如別章。

mtshan ñid gsum po de dag gi miṅ yaṅ spyi daṅ bye brag yod de/ de la mtshan ñid rnam pa gsum ṣes bya ba ni spyiḥi miṅ ste/ gsum pa ni graṅs smos paḥo// mtshan ñid ni bdag ñid kyi ṅo bo ñid do// yaṅ mtshan ñid ni dbyiṅs kyi mtshan ñid do//
rnam par bśad pa rnam pa drug las graṅs daṅ bcas paḥi dbaṅ du mdsad nas rnam par bśad paḥo// ṣib tu ni gṣan nas mtshan ñid bstan pa dag las ḥbyuṅ ba bṣin du rig par byaḥo//

言“別名”者。
一者、遍計所執。
《攝大乘論》第四卷云：“云何成遍計所執？何因緣故名遍計所執？無量行相意識遍計，顚倒生相，故名遍計所執。自相實無，唯有遍計所執可得，是故說名遍計所執也[(1)]。”
解云。此文雙答二問。或可。次第答前兩問。
《世親釋》云：“‘無量行相’者，所謂一切境界行相。‘意識遍計’者，謂即意識說名遍計。‘顚倒生相’者，謂是能生虛妄顚倒所緣境相。‘自相實無’者，實無彼體。‘唯有遍計所執可得’者，唯有亂識所執可得。”
《無性釋》云：“‘無量行相’者，謂種種我、法境界影像。【一云。依他因緣我、法。一云。所執我、法。】‘意識遍計’者，謂即意識說名遍計。‘顚倒生相’者，謂亂識所取、能取義相生因。【一云。遍計所執境義相，生顚倒亂識之因。一云。所執無量行相，與依他起相、見，生因。】‘故名遍計所執’者，謂即遍計所執義相，名爲遍計所執自性。‘自相實無唯有遍計所執可得’者，謂於實無我及法中[(2)]，唯有遍計所執影像相貌可得，[(3)]故名遍計所執。”

(1) Taisho, Baek(2013c): 也 ⇒ null
(2) SNST: ‘唯有遍計所執可得者謂於實無我及法中’=null
(3) Taisho, Baek(2013c): null=+‘由此’; SNST: null=*sic*

[ZH.68-588] de la bye brag gi miṅ ṣes bya ba yaṅ daṅ po ni kun brtags paḥi mtshan ñid de/ 《bstan bcos theg pa chen po bsdus pa》 las/

ji ltar na kun brtags pa yin la/ ciḥi phyir na kun brtags pa ṣes bya ṣe na/ yid kyi rnam par śes pa kun tu rtog pa dpag tu med paḥi rnam pa can gyis phyin ci log ḥbyuṅ ba(1) ñid yin paḥi phyir kun tu brtags pa ṣes byaḥo// raṅ gi mtshan ñid yaṅ dag par med pa la kun tu rtog pa tsam du dmigs pas deḥi phyir kun tu brtags pa ṣes byaḥo ṣes bśad pa lta bu ste/

ḥdis ni dris pa rnam pa gñis kyi lan cig car smos pa yin no// yaṅ na go rims bṣin du dris tshig gñis kyi lan btab pa yin no//

《slob dpon dbyig gñen gyis ḥgrel pa》 las/

dpag tu med paḥi rnam pa can ṣes bya ba ni/ ḥdi lta ste/ spyod yul thams cad kyi rnam paḥi mtshan ñid do//

yid kyi rnam par śes pa ñid la(2) kun tu rtog pa ṣes bya ba ni ḥdi lta ste/ yid kyi rnam par śes pa ñid la kun tu rtog pa ṣes bya bar bstan paḥo//

phyin ci log ḥbyuṅ baḥi mtshan ñid ces bya ba ni ḥdi lta ste/ yaṅ dag pa ma yin pa phyin ci log gi dmigs par bya baḥi yul gyi mtshan ñid do//

raṅ gi mtshan ñid yaṅ dag par med pa ṣes bya [D.Ti.249a] ba ni/ deḥi bdag ñid yaṅ dag par med paḥo//

kun tu rtog pa tsam du dmigs pa ṣes bya ba ni nor baḥi rnam par śes pas brtags pa ñi tshe yod par ḥgyur baḥo ṣes ḥbyuṅ ṅo//

《slob dpon ṅo bo ñid med kyis ḥgrel pa》 las ni/

dpag tu med paḥi rnam pa can ṣes bya ba ni bdag daṅ/ chos rnam pa sna tshogs mthaḥ yas pa yul du snaṅ ba ste/ kha cig na re gṣan gyi dbaṅ gi rgyu daṅ/ rkyen gyi bdag daṅ/ chos so ṣes zer ba(3) kha cig ni/ kun brtags paḥi [ZH.68-589] bdag daṅ chos so ṣes zer ro//

yid kyi rnam par śes pa kun tu rtog pa ṣes bya ba ni ḥdi lta ste/ yid kyi rnam par śes pa ñid la kun tu rtog pa ṣes bśad paḥo//

phyin ci log ḥbyuṅ baḥi mtshan ñid ces bya ba ni/ ḥdi lta ste/ nor baḥi rnam par śes pa gzuṅ ba daṅ/ ḥdsin paḥi don gyi rnam par ḥbyuṅ baḥi rgyu ste/ kha cig na re/ kun tu brtags paḥi yul gyi don gyi rnam pa las/ phyin ci log nor baḥi rnam par śes pa ḥbyuṅ baḥi rgyuḥo ṣeḥo// kha cig ni kun tu brtags pa dpag tu med paḥi rnam pa can daṅ/ gṣan gyi dbaṅ gi mtshan ñid kyi lta ba daṅ/ rgyu mtshan skyed paḥi rgyuḥo ṣeḥo//

kun tu brtags pa ṣes byaḥo ṣes bya ba ni ḥdi lta ste/ kun tu rtog paḥi don gyi rnam pa ñid kun tu brtags paḥi ṅo bo ñid ces bya ste/ raṅ gi mtshan ñid ni yaṅ dag par med kyi/ kun tu brtags paḫi gzugs brñan snaṅ baḫi mtshan ñid kho na dmigs paḫi phyir kun tu brtags pa ṣes byaḫo ṣes ḫbyuṅ ṅo//

(1) ba ⇒ 'baḫi mtshan' (2) PN: 'ñid la' ⇒ null (3) 'zer ba' ⇒ 'zer ro//'

依《成唯識》第八卷云："周遍(1)度，故名遍計，即(2)能計度(3)虛妄分別。分別謂彼所執(4)蘊、界、處(5)等，若法若我自性、差別，總名遍計所執自性。"

然能遍計，自有兩說。

一云。八識及諸心所有偏(6)攝者，皆能遍計。虛妄分別爲自性故，皆似所取、能取現故，說阿賴耶以遍計所執自性妄執種爲所緣故。【此是安慧論師義也。】

有義。第六、第七心品，執我、法者，是能遍計。唯說意識能遍計故。廣說如彼(7)。【此即護法菩薩(8)宗。】

(1) JS, Taisho, Baek(2013c): null ⇒ +計 (2) JS, Taisho, Baek(2013c): 即 ⇒ 謂
(3) JS, Taisho, SNST, Baek(2013c): '計度' ⇒ '遍計'
(4) JS, Taisho, SNST, Baek(2013c): '彼所執' ⇒ '所妄執'
(5) JS, Taisho: '界處'='處界'; SNST: '界處'=*sic*
(6) JS, Taisho, SNST, Baek(2013c): 偏 ⇒ 漏 (7) SNST: '廣說如彼'=null
(8) SNST: '菩薩'='論師'

《bstan bcos rnam par rig pa tsam du grub pa》 las ni/
kun tu rtog paḫi phyir don gyi rnam pa ñid(?) kun brtags ṣes bya ste/ yaṅ dag pa ma yin pa kun tu rtog pa la brtags pas(?) phuṅ po daṅ khams daṅ skye mched la sogs pa de dag thams cad la chos sam/ bdag gi ṅo bo ñid du brtags paḫi bye brag la[1] spyir kun brtags paḫi ṅo bo ñid ces byaḫo ṣes ḫbyuṅ ṅo//
kun tu brtags pa de la yaṅ/ bśad pa rnam pa gñis yod de/
kha cig [D.Ti.249b] na re rnam par śes pa brgyad daṅ sems las byuṅ ba zag pa daṅ bcas pas bsdus pa ni yaṅ dag pa ma yin pa kun tu rtog pa dag la raṅ gi ṅo bo ñid du brtags paḫi phyir(?) daṅ/ gzuṅ ba daṅ ḫdsin pa lta bur snaṅ baḫi phyir daṅ/ kun gṣi la kun tu brtags paḫi ṅo bo [ZH.68-590] ñid yaṅ dag pa ma yin pa brtags pa sa bon yod la dmigs par gyur pa ṣes bśad paḫi phyir ro ṣes zer te/ ḫdi ni slob dpon blo brtan gyis bśad paḫi don to//
yaṅ kha cig ni rnam par śes pa drug pa daṅ bdun paḫi sems kyi rnam pas bdag

daṅ chos su ḥdsin pa ni kun brtags pa yin pas yid kyi rnam par śes pa ḥbaḥ ṣig la kun tu brtags pa ṣes bśad paḥi phyir ro ṣes zer te/ ḥdi ni slob dpon chos skyoṅ gis bśad paḥi gṣuṅ ṅo//

(1) 'ṅo bo ñid du brtags paḥi bye brag la' ⇒ 'raṅ gi ṅo bo ñid daṅ bye brag tu brtags pa gaṅ yin pa de ni'

《深密經》云"虛妄分別相、因緣相、第一義相",【(1)眞諦三藏所翻諸論云"分別性、依他性、眞實性",《楞伽經》云"妄相(2)自性、緣起自性、成(3)自性"者,譯家別故。】(4)

(1) Lee: 【 ⇒ null (2) Taisho: 相 ⇒ 想 ; JS: 相=計 (3) JS: 成='圓成'; SNST: 成=*sic*
(4) Lee: 】⇒ null

《dgoṅs pa zab mo rnam par dgrol paḥi mdo》 las ni yaṅ dag pa ma yin pa kun tu rtog paḥi mtshan ñid daṅ/ rgyu daṅ rkyen gyi mtshan ñid daṅ/ don dam paḥi mtshan ñid ces ḥbyuṅ ṅo//
slob dpon yaṅ dag bden pas bsgyur paḥi bstan bcos rnam las ni rnam par rtog paḥi ṅo bo ñid daṅ/ gṣan gyi dbaṅ gi ṅo bo ñid daṅ/ de kho naḥi ṅo bo ñid ces ḥbyuṅ ṅo//
《ḥphags pa laṅ-kar gśegs paḥi mdo》 las/ yaṅ dag pa ma yin paḥi ṅo bo ñid daṅ rten ciṅ ḥbrel par ḥbyuṅ baḥi ṅo bo ñid daṅ/ grub paḥi ṅo bo ñid ces ḥbyuṅ pa ni lo tsā ba dag gi bsam pa tha dad paḥi phyir ro//

今言"遍計所執"者,擧遍計意取所執。若遍計所執者,是依主釋。若以所執對性,即持業釋,所執即性故。

ḥdir kun brtags ṣes bya ba yaṅ brtags paḥi don daṅ sbyar na ni yoṅs su ḥdsin pa gzuṅ ṅo// kun brtags ṣes brjod na ni bdag poḥi dbaṅ du byas te bśad paḥo//
gal te brtags pa ṅo bo ñid la ltos na ni las yoṅs su ḥdsin paḥi rnam par bśad pa yin te/ brtags pa ñid ṅo bo ñid yin paḥi phyir ro//

二者、依他起。
《攝大乘》云:"若依他(1)自性,實唯有識,似義顯現之所依止,云何成依他起？何因緣故名依他起？從自熏習種子所生，依他緣起，故名依他起。生刹那後，無有功能自然住故，名依他起。”
《世親釋》云："[(2)]從自因緣[(3)]生，生已無能暫時安住，名依他起。”
《無性釋》云："謂從遍計所執名言熏習種生，依自種子他所生，故名依他起。此說彼體依他而生。‘生刹那後無有功能自然住’者，此說彼體依[(4)]而住。由此二因，名依他起。”【所言“住”者，依勝軍義，生刹那後別立住時，名依他住。依護法宗，即生刹那暫有用故，義說爲住。】

(1) JS, Taisho, Baek(2013c): null ⇒ +起　(2) JS: null=+謂; SNST: null=*sic*
(3) JS, Taisho, Baek(2013c): ‘因緣’=因; SNST: ‘因緣’=*sic*
(4) JS, Taisho, SNST, Baek(2013c): 依 ⇒ ‘依他’

gñis pa gṣan gyi dbaṅ ṣes bya ba yaṅ/ 《bstan bcos theg pa chen po bsdus pa》 las
gal te rnam par rig pa tsam don snaṅ baḥi gnas gṣan gyi dbaṅ gi ṅo bo ñid yin na de ji ltar yin ciḥi phyir na gṣan gyi dbaṅ ṣes bya ṣe na/
[ZH.68-591] raṅ [D.Ti.250a] gi bag chags kyi sa bon las skye ba yin pas de lta bas na rkyen gṣan gyi dbaṅ byed do// skyes nas kyaṅ skad cig las lhag par bdag ñid gnas par mi nus paḥi phyir gṣan gyi dbaṅ ṣes ḥbyuṅ ste/
《slob dpon dbyig gñen gyis mdsad paḥi ḥgrel pa》 las/
raṅ gi rgyu daṅ rkyen las skyes la skyes nas kyaṅ thaṅ cig tsam du yaṅ gnas par mi nus pas gṣan gyi dbaṅ ṣes byaḥo ṣes bśad do//
《slob dpon ṅo bo ñid med kyis ḥgrel pa》 las ni
ḥdi lta ste/ kun tu brtags pa mṅon par brjod pas yoṅs su bsgos paḥi sa bon las skye ba daṅ/ raṅ gi sa bon la brten nas gṣan dag skye baḥi phyir gṣan gyi dbaṅ ṣes bya ste/ ḥdis ni deḥi bdag ñid gṣan la brten nas skye bar bstan to//
skyes nas kyaṅ skad cig las lhag par bdag ñid gnas par mi nus ṣes bya ba ḥdis deḥi bdag ñid gṣan la brten nas gnas par bstan te/ rgyu ḥdi ñid kyi phyir gṣan gyi dbaṅ ṣes byaḥo ṣes ḥbyuṅ ṅo//
de la gnas pa ṣes bya ba yaṅ slob dpon mchog gi sdes bśad paḥi don daṅ sbyar na skyes nas skad cig phan chad logs śig tu gnas paḥi dus rnam pa gṣan la brten nas gnas pa ṣes byaḥo ṣes bśad do//
slob dpon chos skyoṅ gis bstan paḥi gṣuṅ las ni skyes pa ñid ni skad cig tsam du yaṅ bya ba daṅ ldan paḥi phyir don gyi gnas pa ṣes bśad do ṣes ston te/

有爲諸法依因託緣而得生起，名依他起。
故《三十唯識》云：

依他起自性，分別緣所生。

《護法釋》云：“依他衆緣而得生起，名依他起。”

ḥdus byas kyi chos rnams ni rgyu la brten rkyen la ltos nas skye ṣiṅ ḥphel ṣiṅ ḥbyuṅ bas gṣan gyi dbaṅ ṣes bya ste/
deḥi phyir《rab tu byed pa sum cu pa》las/

gṣan gyi dbaṅ gi ṅo bo ñid//
rnam rtog yin te rkyen las byuṅ//

ṣes ḥbyuṅ ste/
《slob dpon chos skyoṅ gis ḥgrel pa》las/
gṣan gyi dbaṅ ṣes bya ba ni rkyen las ḥbyuṅ baḥi phyir gṣan [ZH.68-592] gyi dbaṅ ṣes byaḥo ṣes ḥbyuṅ ṅo//

三者、圓成實性。
《攝大乘》云：“由無變異性故，又由清淨所緣性故，一切善法最勝性故，由最勝義名圓成實。”
《世親釋》云：“‘由無變異性故’者，謂無虛誑性，如不虛誑臣(1)。‘由最勝義名圓成實’者，謂由清淨所緣性故，最勝性故，名圓成實，如圓成衣(2)。”
《無性釋》云“圓滿成就眞實爲性”，略不說喻，餘同《世親》。

(1) Taisho: 臣=性; SNST, Baek(2013c): 臣=*sic*
(2) Taisho, SNST: ‘如圓成衣’ ⇒ null; Baek(2013c): ‘如圓成衣’=*sic*

gsum pa yoṅs su grub paḥi ṅo bo ñid ces bya ba yaṅ《bstan bcos theg pa chen po bsdus pa》las/
gṣan du mi ḥgyur baḥi phyir daṅ/ rnam par dag paḥi dmigs pa yin paḥi phyir daṅ/ dge baḥi chos thams cad kyi mchog yin paḥi phyir mchog [D.Ti.250b] gi don gyis yoṅs su grub paḥi ṅo bo ñid ces byaḥo ṣes ḥbyuṅ ste/
《slob dpon dbyig gñen gyis mdsad paḥi ḥgrel pa》las/
gṣan du mi ḥgyur baḥi phyir ṣes bya ba ni brdsun paḥi dṅos po med pa ste/ brdsun pa med paḥi blon po bṣin no//
mchog gi don gyi yoṅs su grub pa ṣes byaḥo ṣes bya ba ni ḥdi lta ste/ rnam

par dag paḥi dmigs pa yin paḥi phyir daṅ/ mchog gi ṅo bo ñid yin paḥi phyir yoṅs su grub pa ṣes byaḥo ṣes ḥbyuṅ ṅo//
《slob dpon ṅo bo ñid med kyis ḥgrel pa》 las ni
yoṅs su rdsogs par grub ciṅ de kho na ñid kyi ṅo bo ñid do ṣes ḥbyuṅ ste/ mdor bsdus pas dpe ni ma bstan te/ gṣan ni slob dpon dbyig gñen gyis bśad pa daṅ mthun no//

《成唯識》云："二空所顯，圓滿、成就、諸法實性，名圓成實。顯此遍、常、體非虛謬，簡自共相、虛空、我等。"
解云。"二空所顯"者，略出體性。具三義故名圓成實：
一者、圓滿。即顯遍滿義，簡色是質礙等自相。
二者、成就。即顯常義，簡諸共相苦、無常等。雖是共相，即無常故。
三者、諸法實性。顯非虛誑，簡於虛空、外道我等。雖說遍、常，是虛謬故。
又《成唯識》云："無漏有爲，離倒究竟，勝用周遍，亦得此名。"
然《此經》中，說初，非後。

《bstan bcos rnam par rig pa tsam du grub pa》 las ni
stoṅ pa ñid kyi[(1)] bar du[(2)] phye ba chos rnams kyi de kho na ñid yoṅs su rdsogs pa daṅ yoṅs su grub pa ni yoṅs su grub pa ṣes byaḥo//
ḥdis ni thams cad du brtags[(3)] pa daṅ/ bdag ñid brdsun pa ma yin par bstan ciṅ raṅ daṅ spyiḥi mtshan ñid daṅ/ nam mkhaḥ daṅ bdag la sogs pa las rnam par ḥbyed pa yin no ṣes ḥbyuṅ ste/
de la stoṅ pa ñid gñis kyis rab tu phye ba ṣes bya ba ni ṅo bo ñid mdor bstan pa ste/ don rnam pa gsum daṅ ldan paḥi phyir yoṅs su grub pa ṣes byaḥo//
daṅ po ni yoṅs su rdsogs paḥo//
ḥdis ni kun tu khyab paḥi don bstan te/ gzugs [ZH.68-593] kyi thogs pa daṅ bcas pa la sogs paḥi raṅ gi mtshan ñid las rnam par ḥbyed do//
gñis pa ni yoṅs su grub paḥo//
ḥdis ni rtag paḥi don bstan te spyiḥi mtshan ñid mi rtag pa la sogs pa las rnam par ḥbyed do// de dag spyiḥi mtshan ñid yin mod kyi rtag pa med paḥi phyir ro//
gsum pa ni chos rnams kyi de kho na ñid do//
ḥdis ni brdsun pa ma yin par bstan te/ nam mkhaḥ daṅ mu stegs can gyi bdag

la sogs pa las rnam par ḥbyed do// de dag rtag tu khyab pa daṅ rtag par ston pa byed kyaṅ brdsun pa yin [D.Ti.251a] paḥi phyir ro//
gṣan yaṅ《bstan bcos rnam par rig pa tsam du grub pa》las/
zag pa med paḥi ḥdus paḥi[(4)] phyin ci log daṅ gtan du bral ba nus pa khyad par can kun tu khyab pa yaṅ miṅ ḥdi thob pa yin no ṣes ḥbyuṅ ste/
《mdo ḥdi》las ni daṅ por bstan pa yin gyi phyi ma ni ma yin no//

(1) kyi ⇒ 'gñis kyis' (2) PN: 'bar du' ⇒ 'rab tu' (3) brtags ⇒ rtag (4) paḥi ⇒ byas kyi

說得名者, 皆持業釋。遍計所執, 乃至圓成, 即是性故。

de la miṅ thob par rnam par bśad pa ni thams cad kyaṅ las yoṅs su ḥdsin paḥi rnam par bśad pa daṅ ldan pa yin te/ kun brtags nas yoṅs su grub paḥi bar du kun kyaṅ ṅo bo ñid yin paḥi phyir ro//

(@4-9)[0252b23] "云何諸法遍計所執相?"
[0252b24] 釋曰。自下第三、次第別釋。

chos rnams kyi kun brtags paḥi mtshan ñid gaṅ ṣe na
ṣes bya ba ḥdi man chad ni/ gñis pa[(1)] go rims bṣin du mtshan ñid gsum rnam par phye nas bśad pa ste/

(1) 'gñis pa' ⇒ 'gsum pa'

別釋三分爲三[(1)]。就初相中, 先問、後答。此即問也。

(1) SNST: '別釋三分爲三' ⇒ '別釋三相, 即分爲三'

mtshan ñid gsum rnam par phye ste bśad pa ñid kyis rnam pa gsum du dbyeḥo//
mtshan ñid daṅ po yaṅ ṣus pa daṅ lan gyis bstan te/ ḥdi ni daṅ po ṣus paḥo//

(@4-10)[0252c02] "[(1)]一切法名假安立自性、差別, 乃至爲令隨起言說。"
[0252c03] 釋曰。此即答也。

(1) Taisho, SNST, Baek(2013c): null ⇒ +謂

ḥdi lta ste chos thams cad la miṅ daṅ brdar rnam par gṣag pas raṅ gi [ZH.68-594] ṅo bo ñid daṅ bye brag tu ji tsam du rjes su tha sñad ḥdogs pa gaṅ yin paḥo
ṣes bya ba ni gñis pa lan du gsuṅs paḥo//

謂一切法無實自性, 但隨妄情名言假立我、諸[(1)]自性。如說謂我, 或說色等我、法自性。或說假我, 或說實我, 或可見色、不可見等我、法差別。如是假立自性、差別已, 乃至爲令世間有情隨起言說。

(1) SNST, Baek(2013c): 諸 ⇒ 法

ḥdi ltar chos thams cad la yaṅ dag par raṅ gi ṅo bo ñid med kyaṅ/ yaṅ dag pa ma yin gyi sems kyi rjes su miṅ daṅ brdas bdag daṅ/ chos kyi raṅ gi ṅo bo ñid rnam par ḥjog ste/ ji ltar kha cig bdag go ṣes smra baḥam/ yaṅ na gzugs la sogs pa la bdag daṅ chos kyi raṅ bṣin ṅo bo ñid ces ḥdogs pa daṅ/ kha cig brtags paḥi bdag go yaṅ dag paḥi bdag go//gzugs bstan du yod paḥo//bstan du med paḥo ṣes bya ba la sogs pas bdag daṅ chos kyi bye brag tu brjod pa lta bu ste/ de ltar brdas raṅ gi ṅo bo ñid daṅ/ bye brag tu rnam par gṣag pas ḥjig rten na sems can rnams rjes su tha sñad ḥdogs pa yin no//

依《成唯識》第八, 復云 : “謂所妄執蘊處界等若我若法自性、差別, 此所妄執自性、差別, 總名遍計所執自性。”
廣說自性及差別義, 如《世親、無性攝大乘釋》第四卷說[(1)]及《瑜伽論》七十三等。

(1) JS, SNST: 說 ⇒ null

《bstan bcos rnam par rig pa tsam du grub pa》 las/
yaṅ dag pa ma yin pas phuṅ po daṅ skye mched daṅ khams la sogs pa la bdag [D.Ti.251b] daṅ chos kyi raṅ gi ṅo bo ñid daṅ bye brag tu brtags pas na yaṅ dag pa ma yin pa des na raṅ gi ṅo bo ñid dam bye brag tu brtags pa gaṅ yin pa de ni mdor bsdu na kun brtags paḥi ṅo bo ñid ces byaḥo ṣes ḥbyuṅ ste/
raṅ gi ṅo bo ñid daṅ bye brag gi don rgya cher bśad pa ni 《theg pa chen po bsdus paḥi ḥgrel pa slob dpon dbyig gñen daṅ/ slob dpon ṅo bo ñid med kyis mdsad pa》 daṅ/ 《rnal ḥbyor spyod paḥi sa》 las bstan pa bṣin du rig par

byaḥo//

(@4-11)[0252c11] “云何諸法依他起相?”
[0252c12] 釋曰。此下第二、辨依他起。

chos rnams kyi gṣan gyi dbaṅ gi mtshan ñid gaṅ ṣe na
ṣes bya ba la sogs pas ni gñis pa gṣan gyi dbaṅ bstan to//

先、問, 後、答。此即問也。

ḥdi yaṅ ṣus pa daṅ lan gyis bstan te ḥdi ni ṣu ba gsol baḥo//

(@4-12)[0252c13] “謂一切法緣生自性, 則此有故彼有, 此生故彼生, 謂無明緣行, 乃至招集純大苦蘊。”
[0252c15] 釋曰。此即答也(1)。

(1) SNST: ‘此即答也’ ⇒ ‘此第二、答’

ḥdi lta ste chos thams cad kyi rten ciṅ [ZH.68-595] ḥbrel par ḥbyuṅ ba ñid de/ ḥdi yod paḥi phyir ḥdi yod la/ ḥdi skyes paḥi phyir ḥdi skye ba ḥdi lta ste/ ma rig paḥi rkyen gyis ḥdu byed rnams ṣes bya ba nas/ sdug bsṅal gyi phuṅ po chen po ḥbaḥ ṣig pa ḥdi ḥbyuṅ bar ḥgyur ro ṣes bya baḥi bar gaṅ yin paḥo ṣes bya ba ni gñis pa lan du gsuṅs paḥo//

文有兩節。
初、總相出體。謂從緣生一切煩惱、業、生雜染。從緣生故, 皆名依他。
汎論依他, 自有二種 : 一者、雜染, 二者、清淨。
故《成唯識》第八云 : “有漏、無漏皆依他起, 依他衆緣而得起故。頌言‘分別緣所生’者, 應知亦(1)說染分依他。”
《此經》亦爾, 說染非淨。

(1) Taisho, SNST, Baek(2013c): 亦 ⇒ 且

mdoḥi tshig ḥdi yaṅ rnam pa gñis su dbye bas daṅ po ni spyiḥi mtshan ñid kyi bdag ñid bstan pa ste/ ḥdi ltar rten ciṅ ḥbrel par ḥbyuṅ ba(1) las ñon moṅs pa daṅ las daṅ skye baḥi kun nas ñon moṅs pa thams cad ḥbyuṅ ste/ rkyen las skye baḥi phyir thams cad kyaṅ gṣan gyi dbaṅ ṣes byaḥo//
gṣan gyi dbaṅ de yaṅ brjod na rnam pa gñis yod de/ kun nas ñon moṅs pa daṅ rnam par byaṅ baḥo//
deḥi phyir 《bstan bcos rnam par rig pa tsam du grub pa》 las/ zag pa daṅ bcas pa daṅ zag pa med pa la kun kyaṅ gṣan gyi dbaṅ yin te/ rkyen maṅ po gṣan la brten nas ḥbyuṅ baḥi phyir ro// tshig leḥur byas pa las

rnam rtog yin te rkyen las byuṅ

ṣes bya bas ni re ṣig kun nas ñon moṅs paḥi phyogs kyi gṣan gyi dbaṅ bstan par rig par bya ste/(2)
《mdo ḥdi》 las kyaṅ de bṣin du kun nas ñon moṅs pa bstan pa yin [D.Ti.252a] gyi rnam par byaṅ ba ni ma yin no//

(1) 'rten ciṅ ḥbrel par ḥbyuṅ ba' ⇒ rkyen
(2) bya ste/ ⇒ byaḥo ṣes ḥbyuṅ ṅo//

言"則此有故"等者, 指事別釋。
然前二句, 有差別者。
薩婆多宗, 如《俱舍論》第九卷云:"何故世尊說前二句, 謂'依此有故(1)彼有, 此生故彼生'?
爲於緣起知決定故。依無明有諸行得有, 非離無明可有諸行。
又爲顯示諸支傳生, 謂依此支有彼支得有, 由彼支生餘支得生。
又爲顯示三際傳生, 謂依前際有中際得有, 由中際有(2)後際得生。
又爲顯示親傳二緣, 謂有無明無明(3)無間生行, 或展轉力諸行方生。
【一云。無明支後即起行支, 名'無間生行'。起無明已, 次起無記心, 後起行支, 名'展轉力諸行方生'。一云。無明望行, 名'無間生'。無明望識等, 名'展轉生'。】
有餘師釋, 如是二句, 爲破無因、常因二論。【此有立破。具如《彼論》。】
軌範諸師釋此二句, 爲顯因果不斷及生, 謂依無明不斷諸行不斷, 即由無明生故諸行得生。如是展轉, 皆應廣說。"

若廣分別，如《順正理》第二十五。

(1) SNST: '依此有故' ⇒ '此有故'; Taisho: '依此有故'='依此有'
(2) Taisho, SNST, Baek(2013c): 有 ⇒ '生故'
(3) JS, Taisho, SNST, Baek(2013c): '無明' ⇒ null

de la ḥdi yod paḥi phyir ṣes bya ba la sogs pas ni dṅos po bstan nas/ rnam par phye ste bśad paḥo//

de la tshig sṅa ma gñis bye brag yod pa yaṅ thams cad yod par smra baḥi gṣuṅ《mdsod kyi bstan bcos》las ji skad du/

ciḥi phyir bcom ldan ḥdas kyis tshig sṅa ma gñis gsuṅs śe na/ smras pa/ ḥdi yod paḥi phyir ḥdi yod la ḥdi skyes paḥi phyir ḥdi skye ba rab tu bstan pa ste/ rten ciṅ ḥbrel par ḥbyuṅ ba rab ṅes pa ñid du śes paḥi [ZH.68-596] phyir ma rig pa la brten nas ni ḥdu byed rnams yod par ḥgyur ba yin gyi/ ma rig pa las gud na ḥdu byed rnams yod pa ma yin pas so//

gṣan yaṅ yan lag rnams brgyud ciṅ ḥbyuṅ ba rab tu bstan pa yin te/ ḥdi ltar yan lag ḥdi yod pas yan lag de yod par ḥgyur la yan lag de skyes paḥi dbaṅ gis yan lag gṣan rnams kyaṅ skye bar rab tu bstan pas so//

gṣan yaṅ mthaḥ gsum po dag tu skye ba rab tu bstan pa yin te/ (1)sṅon gyi mthaḥ la brten nas/ da ltar mthaḥ yod par ḥgyur ba yin pas/ da ltar gyi mthaḥ skyes paḥi dbaṅ gis ni phyi maḥi mthaḥ skye bar rab tu bstan pas so//

gṣan yaṅ ñe bar brgyud paḥi rkyen gñis rab tu bstan pa yin te/ ḥdi ltar ma rig paḥi de ma thag pa las ḥdu byed skye baḥam/ yaṅ na phan tshun gyi stobs kyis ḥdu byed rnams skye bas so//

kha cig na re ma rig paḥi yan lag gi mjug thogs su ḥdu byed kyi yan lag ḥbyuṅ ba ni de ma thag pa las (2)skye ba ṣes byaḥo// ḥdu byed kyis(3) ma rig pa skyes pa las luṅ du mi ston paḥi sems kyi ḥog tu ḥdu byed kyi yan lag ḥbyuṅ ba ni phan tshun stobs kyis ḥdu byed yan lag ḥbyuṅ ba ṣes byaḥo ṣeḥo//

kha cig na re ma rig pa ḥdu byed la ltos pa ni de ma thag pa las skye ba ṣes byaḥo ṣeḥo// ma rig pa rnam par śes pa la sogs pa la ltos pa ni phan tshun gyi stobs kyis skye ba ṣes byaḥo ṣeḥo//

slob dpon gṣan kha cig [D.Ti.252b] na re/ ḥdi ltar tshig gñis po ḥdi ni rgyu med pa daṅ/ rgyu rtag par smra ba gṣig paḥi ched du gsuṅs pa yin no ṣes zer ro ṣes ḥbyuṅ ste/ so so nas rnam par gṣag pa daṅ gṣig pa yod pa dag ni《bstan bcos de ñid》las ḥbyuṅ ba bṣin no//

slob dpon rnams kyis tshig ḥdi gñis bśad pa las ḥbyuṅ ba tshig [ZH.68-597] ḥdi gñis ni rgyu daṅ ḥbras bu rgyun mi ḥchad pa daṅ/ skye ba rab tu bstan pa yin te/ ḥdi ltar ma rig pa la brten nas ḥdu byed rnams rgyun mi ḥchad de de ltar rgyun mi ḥchad pa yaṅ/ ma rig paḥi dbaṅ gis skye baḥi phyir ḥdu byed rnams skye ba yin no// de bṣin du gcig gis gcig bskyed pa yaṅ rgya cher bśad par bya ste/[(4)]

rgya cher rnam par ḥbyed pa ni《bstan bcos yaṅ dag paḥi rigs pa daṅ mthun pa》las bstan pa bṣin du rig par byaḥo//

(1) +'ḥdi ltar' (2) +'ḥdu byed' (3) 'ḥdu byed kyis' ⇒ null

(4) 'bya ste/' ⇒ 'byaḥo ṣes ḥbyuṅ ṅo//'

依《瑜伽論》第十卷云："問。云何說言'此有故彼有'？ 答。由未斷緣，餘得生義故。

問。云何'此生故彼生'？ 答。由無常緣，餘得生義故。"

依《雜集》第四云："相者[(1)]謂無作緣生故，無常緣生故，勢用緣生故，是緣生相。由此相故，薄伽梵說'此有故彼有，此生故彼生，謂無明緣行，乃至廣說'。

'此有[(2)]彼有'者，顯無作緣生義。唯由有緣故，果法得有，非緣有實作用能生果法。

'此生故彼生'者，顯無常緣生義。非無生法爲因故少所生法而成得立[(3)]。

'無明緣行等'者，顯勢用緣生義。雖復諸法無作、無常，然不隨一法爲緣故一切果生。所以者何？ 以諸法功能差別[(4)]。如說[(5)]無明力故諸行得生，乃至生力故得有老死。"

若廣分別，如《彌勒菩薩所問論》第五卷說。

(1) SNST: null ⇒ +'云何'; Taisho: null=*sic* (2) JS, Taisho, SNST: null ⇒ +故

(3) JS, Taisho, SNST, Baek(2013c): '成得立' ⇒ '得成立'

(4) JS, Taisho, SNST, Baek(2013c): null ⇒ +故

(5) JS, Taisho, Baek(2013c): 說=從; SNST: 說=*sic*

《bstan bcos rnal ḥbyor spyod paḥi sa》las kyaṅ

ciḥi phyir ḥdi yod pa las ḥdi ḥbyuṅ ṣes bya ṣe na/ smras pa/ rkyen ma spaṅs pa las de las gṣan pa skye baḥi don gyi phyir ro// ciḥi phyir ḥdi skyes paḥi phyir ḥdi skye ṣes bya ṣe na/ smras pa/ rkyen mi rtag pa las de las gṣan pa skye baḥi don gyi phyir ro ṣes ḥbyuṅ ṅo//

《bstan bcos mṅon pa sna tshogs kun las btus pa》 las

mtshan ñid ji lta bu ṣe na/ ḥdi lta ste/ g-yo ba med pa[1] las byuṅ baḥi phyir daṅ/ mi rtag paḥi rkyen las byuṅ baḥi phyir daṅ/ nus paḥi rkyen las byuṅ baḥi phyir rkyen las byuṅ baḥi mtshan ñid yin te/ mtshan ñid deḥi phyir bcom ldan ḥdas kyis ḥdi yod pas ḥdi ḥbyuṅ ḥdi skyes paḥi phyir ḥdi skye ba ste/ ḥdi ltar ma rig paḥi rkyen gyis ḥdu byed rnams ṣes bya ba nas rgya cher bśad paḥi bar duḥo//

ḥdi yod pas ḥdi ḥbyuṅ ṣes bya bas ni g-yo ba med paḥi rkyen las ḥbyuṅ baḥi don bstan pa yin te/ rkyen ñi tshe yod paḥi phyir ḥbras buḥi chos yod par zad kyi ḥbras bu ḥbyuṅ bar bya baḥi rkyen g-yo ba ni ci yaṅ med do ṣes bya baḥi tha tshig go//

ḥdi skyes paḥi phyir ḥdi skye [D.Ti.253a] ba ṣes pa ni mi rtag paḥi rkyen las byuṅ baḥi don bstan pa yin te/ chos gaṅ yaṅ ma byuṅ baḥi rgyu las ḥbras bu ḥbyuṅ ba ma [ZH.68-598] grub paḥi phyir ro//

ma rig paḥi rkyen gyis ḥdu byed rnams ṣes bya ba la sogs pa ni nus paḥi rkyen las byuṅ baḥi don bstan te/ chos rnams g-yo ba med ciṅ mi rtag pa yin du zin kyaṅ rkyen gaṅ yaṅ ruṅ ba las ḥbras bu thams cad mi ḥbyuṅ ste/ de ciḥi phyir ṣe na/ chos rnams kyi nus paḥi bye brag tha dad pas ji skad du/ ma rig paḥi mthuḥi phyir ḥdu byed rnams ḥbyuṅ ba nas skye baḥi mthuḥi phyir rga śi ḥbyuṅ baḥi bar du gsuṅs pa lta buḥo ṣes ḥbyuṅ ste/

rgya cher rnam par ḥbyed pa ni 《ḥphags pa byaṅ chub sems dpaḥ byams pas ṣus paḥi bstan bcos》 las ḥbyuṅ ba bṣin du rig par byaḥo//

(1) pa ⇒ 'paḥi rkyen'

[0253a23] "招集純大苦藴[1]"者, 依《俱舍論》: "如是'純'言, 顯唯有行無我、我所。'大苦藴[1]'言, 顯苦積集無初無後。'集'言, 爲顯諸苦藴[1]生。" 依《大毗婆沙》第二十四云: "復次, 此十二支緣起法, 有根、有莖、有枝、有葉、有華、有果, 猶如大樹。此中, 根者謂無明、行。莖者謂識、名色。枝者謂六處。葉者謂觸、受。華者謂愛、取、有。果者謂生、老死。此十二支緣起法樹, 或有華、有果, 或無華、無果。有華、有果者, 謂異生及有學。無華、[2]果者, 謂阿羅漢。"

依《瑜伽》第十云："問。於緣起中，何等是苦牙[(3)]，誰守養苦牙[(3)]，何等爲苦樹？

答。無明、行緣所引識乃至受，是苦牙[(3)]。受緣所引愛乃至有，是守養苦牙[(3)]。生與老死，當知是苦樹。"

(1) JS, SNST: 藴 ⇒ 蘊　(2) Taisho, SNST, Baek(2013c): null ⇒ +無
(3) Taisho, SNST, Baek(2013c): 牙 ⇒ 芽

de la sdug bsṅal gyi phuṅ po chen po ḥbaḥ ṣig pa ḥbyuṅ bar ḥgyur ro ṣes bya ba ni 《mdsod kyi bstan bcos》 las/ de ltar ḥbaḥ ṣig pa ṣes bya bas ni ḥdu byed tsam du zad kyi bdag daṅ bdag gi ni ci yaṅ med do ṣes bstan paḥo// sdug bsṅal gyi phuṅ po chen po ṣes bya bas ni sdug bsṅal bsags pa la thog ma daṅ tha ma med par bstan paḥo// ḥbyuṅ bar ḥgyur ro ṣes bya bas ni sdug bsṅal gyi phuṅ po rnams skye bar bstan paḥo ṣes ḥbyuṅ ṅo//

《bstan bcos bye brag tu bśad pa chen po》 las ni

gṣan yaṅ rten ciṅ ḥbrel par ḥbyuṅ ba yan lag bcu gñis paḥi chos ḥdi dag la ni rtsa ba yaṅ yod/ sdoṅ bu yaṅ yod/ yal ga yaṅ yod/ lo ma yaṅ yod/ me tog kyaṅ yod/ ḥbras bu yaṅ yod pas śiṅ ljon pa chen po ji lta ba bṣin no//

de la rtsa ba ni ḥdi lta ste/ ma rig pa daṅ ḥdu byed do// sdoṅ bu ni ḥdi lta ste/[(1)] miṅ daṅ gzugs so// yal ga ni ḥdi lta ste/ skye mched drug go// lo ma ni ḥdi lta ste/ reg pa daṅ tshor baḥo// me tog ni ḥdi lta ste/ srid[(2)] pa daṅ len pa daṅ srid paḥo// ḥbras bu ni ḥdi lta ste/ [ZH.68-599] skye ba daṅ rga śiḥo//

rten ciṅ ḥbrel par ḥbyuṅ ba yan [D.Ti.253b] lag bcu gñis poḥi chos kyi śiṅ de yaṅ kha cig la ni me tog daṅ ḥbras bu chags pa yaṅ yod/ kha cig la ni me tog daṅ ḥbras bu med pa yaṅ yod/ me tog daṅ ḥbras bu yod pa ni ḥdi lta ste/ so soḥi skye bo daṅ slob pa rnams so// me tog kyaṅ med ḥbras bu yaṅ med pa ni ḥdi lta ste/ dgra bcom pa rnams so ṣes ḥbyuṅ ṅo//

《bstan bcos rnal ḥbyor spyod paḥi sa》 las kyaṅ/

rten ciṅ ḥbrel par ḥbyuṅ ba las gaṅ ni sdug bsṅal gyi myu gu lta bu yin/ gaṅ ni sdug bsṅal gyi myu gu yoṅs su bsruṅ ba lta bu yin/ gaṅ ni sdug bsṅal gyi śiṅ lta bu yin/

smras pa/ ma rig pa daṅ ḥdu byed kyi rkyen gyis rnam par śes pa la sogs pa tshor ba la thug pa rnams ni sdug bsṅal gyi myu gu lta bu yin no// srid[(3)] pa la sogs pa tshor baḥi rkyen las byuṅ ba/ srid pa las[(4)] thug pa rnams ni sdug bsṅal gyi myu gu yoṅs su sruṅ ba lta bur blta bar byaḥo// skye ba daṅ rga śi ni sdug bsṅal gyi śiṅ lta bur blta bar byaḥo ṣes ḥbyuṅ ṅo//

(1) +'rnam par śes pa daṅ' (2) PN: srid ⇒ sred (3) N: srid ⇒ sred (4) las ⇒ la

若依《攝論》, 約十一識, 明依他起。

故《攝大乘》云 : "論曰。此中, 何者依他起相? 謂阿賴耶識爲種子, 虛妄分別所攝諸識。

此復云何? 謂身、身者、受者識、彼所受識、彼能受識、世識、數識、處識、言說識、自他差別識、善趣惡趣死生識。此中, 若身、身者、受者識、彼所受識、彼能受識、世識、數識、處識、言說識, 此由名言熏習種子。若自他差別識, 此由我見熏習種子。若善趣惡趣死生識, 此由有支熏習種子。乃至云[1]如是名爲依他起相。"

《世親攝論》第四釋云 :

"身, 謂眼等五界。身者, 謂染汚意。【《無性》云, 眼等五識所依意界, 名身者識也[2]。】

能受者, 謂意界。【《無性》云, 第六識[3]所依意界, 名受者識。】

彼所受識者, 謂色等六外界。彼能受識者, 謂六識界。

世識者, 謂生死相續不斷住[4]。【《無性》云, 世識者, 謂是[5]三時影現。】

數識者, 謂算計性。【《無性》云, 謂似一等算數影現。】

處識者, 謂器世間。【《無性》云, 謂似聚落、薗[6]等影現。】

言說識者, 謂見、聞、覺、知四種言說。如是諸識, 皆用《所知依》中所說'名言熏習差別'爲因。

自他差別識者, 謂依此[7]差別。此用前說'我見熏習差別'爲因。【《無性》云, 謂身等識, 我、我所執相續不斷, 執我、我所、他、他所等有差別故。】

善趣惡趣生死[8]識者, 謂生死趣種種差別。此由前說'有支熏習差別種子'。【《無性》云, 謂似天、人及捺[9]落迦、傍生、餓鬼死、生影現也。】"

廣如《無性、世親釋論》第四。

然此諸識有差別者。

若依《無性》, 眼等五識所依意界名"身者識", 第六意識所依意界名"受者識"。

解云。《無性論》意，眼等五識所依意界，即是賴耶，名“身者識”。第六意識所依意界，即是末那，名“受者識”。
若依《世親》，與此相翻，第七末那名“身者識”，第八賴耶名“受者識”。
故《彼論》云：“身者謂染汚意。受者謂意界。”

(1) Taisho, SNST: 云 ⇒ null (2) JS: 也 ⇒ null
(3) JS, Taisho, SNST, Baek(2013c): 識 ⇒ ‘意識’
(4) JS, Taisho, SNST, Baek(2013c): 住 ⇒ 性 (5) JS, Taisho, SNST, Baek(2013c): 是 ⇒ 似
(6) JS, Taisho, SNST: 薗 ⇒ 園 (7) JS, Taisho, Baek(2013c): 此 ⇒ 止; SNST: 此=*sic*
(8) JS, Taisho, SNST, Baek(2013c): ‘生死’ ⇒ ‘死生’ (9) Taisho: 捺=棕

《bstan bcos theg pa chen po bsdus pa》 las ni(1) rnam pa bcu gcig la brten nas gṣan gyi dbaṅ ston te/ deḥi phyir 《de ñid》 las
de la gṣan gyi dbaṅ gi mtshan ñid ni ḥdi lta ste/ gaṅ kun gṣi rnam par śes pas sa bon gyur pa/ yaṅ dag pa ma yin pa kun tu rtog pas bsdus paḥi rnam par rig paḥo//
de yaṅ gaṅ ṣe na ḥdi lta ste/ lus daṅ lus can daṅ za ba poḥi rnam par rig pa daṅ/ des(2) ñe bar spyad paḥi rnam par rig pa daṅ/ dus kyi rnam par rig pa daṅ/ graṅs kyi rnam par rig pa daṅ/ yul gyi rnam par rig pa daṅ/ tha sñad kyi rnam par rig pa daṅ/ bdag daṅ gṣan gyi bye brag gi rnam par rig pa daṅ/ bde ḥgro daṅ ṅan ḥgro [ZH.68-600] daṅ ḥchi ḥpho daṅ/ skye baḥi rnam par rig paḥo//
de la lus daṅ lus can daṅ/ za ba poḥi rnam par rig pa gaṅ yin pa daṅ/ des ñe bar spyad paḥi(3) rnam par rig pa gaṅ yin pa daṅ/ [D.Ti.254a] deḥi ñe bar spyad paḥi rnam par rig pa gaṅ yin pa daṅ/ dus daṅ graṅs daṅ yul daṅ/ tha sñad kyis(4) rnam par rig pa gaṅ yin pa de dag ni mṅon par brjod paḥi bag chags kyi sa bon las byuṅ baḥo//
bdag daṅ gṣan gyi bye brag gi rnam par rig pa gaṅ yin pa de ni bdag tu lta baḥi bag chags kyi sa bon las byuṅ baḥo//
bde ḥgro daṅ/ ṅan ḥgro daṅ/ ḥchi ḥpho daṅ skye baḥi rnam par rig pa gaṅ yin pa de dag ni srid paḥi yan lag gi bag chags kyi sa bon las byuṅ baḥo ṣes bya ba nas/ ḥdi ni gṣan gyi dbaṅ gi mtshan ñid do ṣes bya baḥi bar du ḥbyuṅ ṅo//
《slob dpon dbyig gñen gyis mdsad paḥi ḥgrel pa》 las/ lus ṣes bya ba ni ḥdi lta ste/ mig la sogs paḥi khams lṅa po dag go// lus can ṣes bya ba ni ḥdi lta ste/ ñon moṅs pa can gyi yid do ṣes ḥbyuṅ ṅo//

《slob dpon ṅo bo ñid med kyis ḥgrel pa》 las/ mig la sogs paḥi rnam par śes pa lṅa po dag gi gnas yid kyi khams gaṅ yin pa de ni lus can gyi rnam par rig pa ṣes byaḥo ṣes bśad do//
za ba po ni ḥdi lta ste/ yid kyi khams so ṣes bśad de/ 《slob dpon ṅo bo ñid med kyis ḥgrel pa》 las ni yid kyi rnam par śes paḥi gnas yid kyi khams gaṅ yin pa de ni za ba poḥi rnam par rig pa ṣes byaḥo ṣes bśad do//
《slob dpon dbyig gñen》 gyis des ñe bar spyad par bya baḥi rnam par rig pa ni ḥdi lta ste/ gzugs la sogs paḥi phyi rol gyi skye mched drug go// deḥi ñe bar spyod paḥi rnam par rig pa ni ḥdi lta ste/ rnam par śes paḥi khams [ZH.68-601] drug go// dus kyi rnam par rig pa ni ḥdi lta ste/ ḥkhor baḥi rgyun ma chad paḥi ṅo bo ñid do ṣes bśad de/ 《slob dpon ṅo bo ñid med kyis ḥgrel pa》 las/ dus kyi rnam par rig pa ni ḥdi lta ste/ dus gsum snaṅ baḥo ṣes ḥbyuṅ ṅo//
《slob dpon dbyig gñen》 gyis graṅs ni(5) rnam par rig pa ni [D.Ti.254b] ḥdi lta ste/ bgraṅ baḥi ṅo bo ñid do ṣes ḥbyuṅ ste/ 《slob dpon ṅo bo ñid med kyis ḥgrel pa》 las ni ḥdi lta ste/ gcig la sogs pa bgraṅ ba ltar snaṅ baḥo ṣes bśad do//
《slob dpon dbyig gñen》 gyis yul gyi rnam par rig pa ni/ ḥdi lta ste/ snod kyi ḥjig rten no ṣes bśad do// 《slob dpon ṅo bo ñid med kyis ḥgrel pa》 las ni groṅ daṅ kun dgaḥ ra ba la sogs pa lta bur snaṅ baḥo ṣes ḥbyuṅ ṅo//
《slob dpon dbyig gñen》 gyis tha sñad kyi rnam par rig pa ni ḥdi lta ste/ mthoṅ ba daṅ thos pa daṅ bye brag byed pa daṅ/ rnam par śes paḥi tha sñad bṣi po dag go//
ḥdi ltar rnam par rig pa de dag thams cad ni 《śes byaḥi gnas》 las mṅon par brjod paḥi bag chags kyi bye brag gi rgyu byed do//
bdag daṅ gṣan gyi bye brag gi rnam par rig pa ni ḥdi lta ste/ bye brag ḥdi ñid la brten pas(6) sṅar bśad paḥi bdag tu lta baḥi bag chags kyi bye brag gi rgyu byed do ṣes bśad do// 《slob dpon ṅo bo ñid med kyis ḥgrel pa》 las ni lus la sogs pa(7) rnam par rig pa la bdag daṅ bdag gir ḥdsin paḥi rgyun ma chad pas bdag daṅ bdag gi daṅ/ gṣan daṅ gṣan gyi ṣes ḥdsin paḥi bye brag yod paḥi phyir ro ṣes bśad do//
《dbyig gñen》 gyis bde ḥgro daṅ ṅan ḥgro daṅ/ ḥchi ḥpho daṅ skye baḥi rnam par rig pa ni/ ḥkhor ba na ḥgro ba rnam pa sna tshogs kyi bye brag gaṅ yin pa ste/ ḥdi yaṅ sṅar bśad [ZH.68-602] paḥi srid paḥi yan lag gis yoṅs su bsgos paḥi sa bon gyi bye brag go ṣes bśad do// 《slob dpon ṅo bo ñid med kyis ḥgrel pa》 las ni/ lha daṅ/ mi daṅ/ sems can dmyal ba daṅ/ dud ḥgro daṅ/ yi dvags kyi

ḥchi ḥpho daṅ/ skye ba lta bur snaṅ baḥo ṣes bśad de/

rgya cher ni《slob dpon dbyig gñen daṅ ṅo bo ñid med kyis mdsad paḥi ḥgrel pa》las bśad pa bṣin du rig par byaḥo//

rnam par rig pa ḥdi dag la bye brag yod pas/ yaṅ《slob dpon ṅo bo ñid med kyis ḥgrel [D.Ti.255a] pa》las/ mig la sogs paḥi rnam par śes pa lṅa po dag gnas paḥi yid kyi khams ni lus can gyi rnam par rig pa ṣes byaḥo// yid kyi rnam par śes pa gnas paḥi yid kyi khams gaṅ yin pa de ni zab paḥi(8) rnam par rig pa ṣes byaḥo ṣes ḥbyuṅ ste/

《slob dpon ṅo bo ñid med kyis ḥgrel pa》las/ mig la sogs paḥi rnam par śes pa lṅa po dag gnas paḥi yid kyi khams ṣes bya ba ni kun gṣi rnam par śes pa yin te/ de ñid la lus can gyi rnam par rig pa ṣes bya bar dgoṅs paḥo// yid kyi rnam par śes pa gnas paḥi yid kyi khams ṣes bya ba ni ñon moṅs pa can gyi yid de/ de ñid la za ba poḥi rnam par rig pa ṣes bya bar dgoṅs paḥo//

《slob dpon dbyig gñen》gyis bśad pa ni ḥdi daṅ mi mthun pas ñon moṅs pa can gyi yid ni lus can gyi rnam par rig paḥo ṣes byaḥo// kun gṣi rnam par śes pa ni za ba poḥi rnam par rig pa ṣes byaḥo ṣes bśad do// ciḥi(9) phyir deḥi《ḥgrel pa》las/ lus can ni ḥdi lta ste/ ñon moṅs pa can gyi yid do// za ba po ni ḥdi lta ste/ yid kyi khams so ṣes ḥbyuṅ ṅo//

(1) +'rnam par rig pa' (2) des ⇒ 'des ñe bar spyad par bya baḥi rnam par rig pa daṅ/ deḥi'
(3) paḥi ⇒ 'par bya baḥi' (4) PN: kyis ⇒ kyi (5) ni ⇒ kyi
(6) 'ḥdi lta ste/ bye brag ḥdi ñid la brten pas' ⇒ 'rten gyi bye brag gaṅ yin pa ste/'
(7) pa ⇒ paḥi (8) 'zab paḥi' ⇒ 'za ba poḥi' (9) P: 'do// ciḥi' ⇒ 'de/ deḥi'

又此諸識, 數有差別。

若依《梁論》及《成唯識》, 皆云十一。

若依《攝大乘》, 自有兩文。前文十一, 後文十二。謂開善趣惡趣死生識以爲二故：一、善趣惡趣識, 二、死生識。

故《彼論》云："業果異熟無數量故, 所受死生無數量故。"

《無性釋》云："善趣惡趣及與死生。"

解云。說"故、及"言, 故知十二。《世親》不釋, 故爲十一, 於理無違。

gṣan yaṅ rnam par rig pa ḥdi dag gi graṅs la bye brag yod de/

《theg pa chen po bsdus paḥi ḥgrel pa mi mthun pa [ZH.68-603] rnam pa gcig》

daṅ/ 《bstan bcos rnam par rig pa tsam du grub pa》 las ni bcu gcig go ṣes ḥbyuṅ/ 《bstan bcos theg pa chen po bsdus pa》 ñid daṅ sbyar na ni ṅes pa med do// goṅ du ni bcu gcig ces ḥbyuṅ la ḥog nas ni bcu gñis ṣes ḥbyuṅ ste/ ḥdi ltar bde ḥgro daṅ ṅan ḥgro daṅ ḥchi ḥpho daṅ skye baḥi rnam par rig pa la gñis su phye baḥi phyir te/ ḥdi lta ste bde ḥgro daṅ ṅan ḥgroḥi rnam par rig pa daṅ/ ḥchi ḥpho daṅ skye baḥi rnam par rig paḥo//
deḥi phyir 《de ñid》 las
las kyi ḥbras bu rnam par smin pa la graṅs tshad med paḥi phyir daṅ/ ḥchi ḥpho daṅ skye ba myoṅ ba la graṅs tshad med paḥi phyir ro ṣes bśad do//
《slob dpon ṅo bo ñid med kyis ḥgrel pa》 las ni/
bde ḥgro daṅ ṅan [D.Ti.255b] ḥgro daṅ ḥchi ḥpho daṅ/ skye ba ṣes ḥbyuṅ ste/ phyir daṅ ṣes bya ba bstan pa ñid kyis bcu gñis su gyur par rig par byaḥo//
《slob dpon dbyig gñen》 gyis ni/ ḥdiḥi ḥgrel pa ma mdsad paḥi phyir/ bcu gcig tu bśad kyaṅ ḥgal ba med do//

(@4-13)[0253c19] “云何諸法圓成實相?”
[0253c20] 釋曰。自下第三、釋圓成實。

chos rnams kyi yoṅs su grub paḥi mtshan ñid gaṅ ṣe na
ṣes bya ba ḥdi man chad ni gsum pa yoṅs su grub paḥi mtshan ñid rnam par bśad paḥo//

於中[(1)]：先、問，後、答。此即問也。

(1) SNST: null ⇒ +‘有二’

ḥdi yaṅ rnam pa gñis te/ ṣus pa daṅ lan gsuṅs pa ste/ ḥdi ni ṣu ba gsol baḥo//

(@4-14)[0253c21] “謂一切法平等眞如。”
[0253c22] 釋曰。此即答也[(1)]。

(1) SNST: ‘此即答也’ ⇒ ‘此第二、答’

ḥdi lta ste/ chos thams cad[(1)] mñam pa ñid kyi[(2)] de bṣin ñid de ṣes bya ba la sogs pas ni gñis pa lan du gsuṅs paḥo//

(1) +kyi
(2) kyi ⇒ null

於中有二：初、正出體，後、顯勝用。此即初也。
謂前所說"遍一切法(1)一味眞如"(=@2-171) 以爲體性。

(1) SNST: '遍一切法' ⇒ '於遍一切'

ḥdi yaṅ rnam pa gñis su dbye ste/ ṅo bo ñid yaṅ dag par bstan pa daṅ/ nus pa khyad par can bstan paḥo// ḥdi ni daṅ po ste/ ḥdi ltar goṅ du thams cad du ro gcig paḥi de bṣin ñid kyi ṅo bo ñid do ṣes gsuṅs pas so//

若(1)《中邊》，圓成實性，自有二種。
故第二云："此圓成實，總有二種，無爲、有爲有差別故。無爲總攝眞如、涅槃，無變異故，名'圓成實'。有爲總攝一切聖道，於境無倒故，亦名'圓成實'。"

(1) JS, SNST, Baek(2013c): null ⇒ +依

《bstan bcos dbus [ZH.68-604] daṅ mthaḥ rnam par ḥbyed pa》 daṅ sbyar na yoṅs su grub paḥi ṅo bo ñid ni rnam pa gñis so ṣes bśad de/ deḥi phyir《de ñid》las yoṅs su grub pa ḥdi yaṅ/ mdor bsdu na rnam pa gñis te/ ḥdus ma byas daṅ ḥdus byas kyi bye brag yod paḥi phyir ro// ḥdus ma byas kyis ni de bṣin ñid daṅ mya ṅan las ḥdas pa bsdus te/ ḥgyur ba med paḥi phyir yoṅs su grub pa ṣes byaḥo// ḥdus byas kyis ni ḥphags paḥi lam bsdus te/ yul la phyin ci log med paḥi phyir yoṅs su grub pa ṣes byaḥo ṣes ḥbyuṅ ba yin no//

若依《攝大乘》，圓成實性，自有四種。
故(1)《彼論》云："云何應知圓成實性(2)? 應知宣說四清淨法。
(3)一者、自性清淨。謂眞如、空、實際、無相、勝義、法界。
二(4)、離垢清淨。謂即此離一切障垢。
三者、得此道清淨。謂一切菩提分法、波羅蜜多等。

四者、生此境清淨。謂諸大乘妙正法教。由此法教清淨緣故，非遍計所執自性；最淨法界等流性故，非依他[(5)]自性。

如是四法，總攝一切清淨法盡。此中有二頌。

幻等說於生，　說無計所執，
若說四清淨，　是謂圓成實。
自性與離垢，　清淨道所緣，
一切清淨法，　皆四相所攝。”

廣如《無性、世親釋論》第五卷說。

(1) JS: 故=null; SNST: 故=*sic* (2) JS, Taisho, SNST, Baek(2013c): 性 ⇒ ‘自性’
(3) Taisho, SNST: null ⇒ +‘何等名爲四清淨法？’ (4) Taisho, SNST: null ⇒ +者
(5) Taisho, SNST, Baek(2013c): null ⇒ +起

《bstan bcos theg pa chen po bsdus pa》 las yoṅs su grub pa ni rnam pa bṣiḫo ṣes bśad de/ deḫi phyir 《de ñid》 las

yoṅs su grub paḫi ṅo bo ñid ji ltar rig par bya ṣe na/ rnam par byaṅ baḫi chos rnam pa bṣis bstan par rig par bya ste/ rnam par byaṅ baḫi chos rnam pa bṣi yaṅ raṅ bṣin gyis rnam par byaṅ ba ni ḫdi lta ste/ de bṣin ñid daṅ stoṅ pa ñid daṅ/ yaṅ dag paḫi mthaḫ daṅ/ mtshan ma med pa daṅ/ don dam pa daṅ/ chos kyi dbyiṅs so//

dri ma [D.Ti.256a] daṅ bral bas rnam par byaṅ ba ni ḫdi lta ste/ de ñid sgrib paḫi dri ma thams cad daṅ bral baḫo//

de ḫthob paḫi lam gyi[(1)] rnam par byaṅ ba ni ḫdi lta ste/ byaṅ chub kyi phyogs kyi chos thams cad daṅ/ pha rol tu phyin pa la sogs paḫo//

de skyed paḫi phyir dmigs pa rnam par byaṅ ba ni ḫdi lta ste/ theg pa chen po gya nom pa yaṅ dag paḫi chos kyis bstan pa rnams te/ ḫdi ltar de ni rnam par byaṅ baḫi rgyu yin paḫi phyir kun brtags paḫi ṅo bo ñid ma yin no// chos kyi dbyiṅs śin tu rnam par dag paḫi rgyu mthun pa yin paḫi phyir gṣan gyi dbaṅ gi ṅo bo ñid kyaṅ ma yin no//

rnam pa bṣi po ḫdi dag gis rnam par byaṅ baḫi chos thams [ZH.68-605] cad ma lus par bsdus pa yin no// ḫdi la tshigs su bcad pa gñis yod de/

byuṅ brten sgyu ma la sogs bstan//
brtags la brten nas med pa bstan//
rnam par dag pa bṣir brten nas//

yoṅs su grub pa bstan pa yin//
raṅ bṣin daṅ ni dri ma bral//
rnam dag lam daṅ dmigs pa ste/
rnam dag chos ni thams cad kyaṅ//
mtshan ñid bṣi po dag gis bsdus//

ṣes ḥbyuṅ ste/ rgya cher ni《slob dpon dbyig gñen daṅ ṅo bo ñid med kyis mdsad paḥi ḥgrel pa》las ḥbyuṅ ba bṣin du rig par byaḥo//

(1) PN: gyi ⇒ gyis

《此經》上來，別約三法，釋三性義。
若依《中邊》第二、《成唯識》第八，約四諦義，通釋三性。
若依《雜集》第五，約薀[1]、界、處三科法門，通說三性。
若依《大般若》，約一切法，通釋三性。
故《無性釋論》第四卷云："如《大般若波羅蜜多經》中亦說：
佛告慈氏。若於彼彼行相事中，遍計爲色爲受爲想爲行爲識乃至爲一切佛法，依止名想施設言說，遍計以爲諸色自性乃至一切佛法自性，是名遍計所執色乃至遍計所執一切佛法。
若復於彼行相事中，唯有分別法性安立，分別爲緣起諸戲論，假立名想施設言說，謂之爲色乃至謂爲一切佛法，是名分別色乃至分別一切佛法。
若諸如來出現於世若不出世，法性安立，法界安立。由彼遍計所執色故，此分別色，於常常時、於恒恒時，是眞如性、無自性性、法無我性、實際之性，是名法性色。乃至由彼遍計所執一切佛法故，此分別一切佛法，於常常時、於恒恒時，乃至是名法性一切佛法。廣說如《經》。"

(1) JS, SNST: 薀 ⇒ 蘊

《mdo ḥdi ñid》las ni chos rnam pa gsum las brtsams nas ṅo bo ñid gsum gyi don bstan to//
《bstan bcos dbus daṅ mthaḥ rnam par ḥbyed pa》daṅ/《rnam par rig pa tsam du grub pa》las ni bden pa bṣi la brten nas ṅo bo ñid gsum spyir ston to//
《bstan bcos mṅon pa kun las btus pa》las ni phuṅ po daṅ khams daṅ skye mched kyi chos rnam pa gsum la brten nas ṅo bo ñid gsum spyir ston to//

《ḥphags pa śes rab kyi pha rol tu phyin paḥi mdo》 las ni/ chos thams cad las brtsams nas ṅo bo ñid rnam pa gsum spyir ston par mdsad de/ deḥi phyir《slob dpon ṅo bo ñid med kyis ḥgrel pa》 las/
《śes rab kyi pha rol tu phyin paḥi [D.Ti.256b] mdo》 las ji skad du bcom ldan ḥdas kyis byaṅ chub sems dpaḥ byams pa la bkaḥ stsal ba/ gaṅ gis rnam paḥi mtshan ñid kyi dṅos po de daṅ de dag la kun tu brtags pas gzugs so// tshor baḥo// ḥdu śes so// ḥdu byed do// rnam par śes paḥo ṣes bya ba nas saṅs rgyas kyi chos thams cad ces bya baḥi bar du sems daṅ[(1)] miṅ daṅ ḥdu śes la brten nas tha sñad ḥdogs śiṅ kun tu brtags pas gzugs rnams kyi raṅ gi ṅo bo ñid ces bya ba nas/ saṅs [ZH.68-606] rgyas kyi chos thams cad kyi raṅ gi ṅo bo ñid ces bya baḥi bar du btags pa gaṅ yin pa ḥdi ni kun brtags paḥi gzugs ṣes bya ba nas kun brtags paḥi saṅs rgyas kyi chos thams cad ces bya baḥi bar dag yin no//
gaṅ gis rnam paḥi mtshan ñid kyi dṅos po de daṅ de dag la rnam par rtog paḥi chos tsam mo ṣes rnam par rtog pa la brten te/ rten ciṅ ḥbrel par ḥbyuṅ ba ñid du rnam par gṣag nas(?) spros pa bskyed de/ btags paḥi miṅ daṅ ḥdu śes kyi[(2)] tha sñad btags nas ḥdi ni gzugs so ṣes bya ba nas saṅs rgyas kyi chos thams cad ces bya baḥi bar gaṅ yin pa ḥdi ni rnam par rtog paḥi gzugs ṣes bya ba nas/ rnam par rtog paḥi saṅs rgyas kyi chos ṣes bya baḥi bar dag yin no//
de bṣin gśegs pa rnams ḥjig rten du byuṅ yaṅ ruṅ[(3)] ste/ chos ñid rnam par gṣag chos kyi dbyiṅs rnam par gṣag nas kun tu brtags pa des gzugs su btags paḥi phyir rnam par rtog paḥi gzugs ḥdi dag ni/ rtag pa rtag paḥi dus daṅ/ ther zug ther zug gi dus su ḥdi ni de bṣin ñid do// raṅ bṣin med pa ñid do// yaṅ dag paḥi mthaḥ ñid do ṣes zer ba gaṅ yin pa ḥdi ni chos ñid kyi gzugs ṣes byaḥo// kun brtags pa des saṅs rgyas kyi chos thams cad ces btags paḥi phyir/ rnam par rtog paḥi saṅs rgyas kyi chos thams cad ces bya ba ḥdi dag ni rtag pa rtag paḥi dus daṅ/ ther zug ther zug gi dus su ṣes bya ba nas/ ḥdi ni chos ñid kyi [D.Ti.257a] saṅs rgyas kyi chos thams cad ces byaḥo ṣes bya baḥi bar du ste/ rgya cher《mdo》 las gsuṅs pa bṣin no ṣes ḥbyuṅ ba yin no//

(1) 'sems daṅ' ⇒ null (2) PN: kyi ⇒ kyis (3) +'ḥjig rten du ma byuṅ yaṅ ruṅ'

(@4-15)[0254b08] "於此眞如, 諸菩薩衆勇猛精進爲因緣故, 如理作意無倒思惟爲因緣故, 乃能通達。於此通達漸漸修集[(1)], 乃至無上正等菩提方證圓滿。"

[0254b11] 釋曰。此[(2)]顯勝用。

[(1)] JS, SNST: '修集' ⇒ '修習'; Taisho: '修集'=*sic*
[(2)] SNST: null ⇒ +'第二'

de bṣin ñid ḥdi la byaṅ chub sems dpaḥ rnams brtun paḥi brtson ḥgrus kyis rgyu daṅ rkyen byas paḥi phyir daṅ/ tshul [ZH.68-607] bṣin yid la byed ciṅ legs par bsams pas rgyu daṅ rkyen byas paḥi phyir gdod de rtogs so// de rtogs nas goṅ nas goṅ du goms par byas pas bla na med pa yaṅ dag par rdsogs paḥi byaṅ chub kyi bar du yoṅs su rdsogs par gyur pa gaṅ yin paḥo
ṣes bya ba ḥdis ni gñis pa nus pa khyad par can rab tu bstan paḥo//

謂於眞如, 諸菩薩衆, 資糧位中勇猛精進, 於加行位無倒思惟。由此因緣, 見道位中乃能通達, 住修道位漸漸修集[(1)], 至究竟位方證圓滿。

[(1)] SNST: '修集' ⇒ '修習'

ḥdi ltar de bṣin ñid de la byaṅ chub sems dpaḥ rnams tshogs kyi lam gyi gnas skabs na nan tan brtson ḥgrus bskyed pa daṅ/ sbyor baḥi gnas skabs su phyin ci ma log par bsams paḥi rgyu daṅ rkyen gyis mthoṅ baḥi lam gyi tshe gdod de rtogs la/ bsgom paḥi lam la brten nas goṅ nas goṅ du goms par byas pas mthar phyin paḥi gnas skabs su gdod yoṅs su rdsogs par gyur paḥo//

若依《瑜伽》第七十三, 有其三用：一、證得清淨用, 二、解脫二縛二縛[(1)]用, 三、引發功德用。
故《彼論》云："乃至能令證得清淨, 能令解脫一切相縛及麤重縛, 亦令引發一切功德。"
解云。如次即當見等三道。

[(1)] JS, Taisho, SNST, Baek(2013c): '二縛二縛' ⇒ '二縛'

《bstan bcos rnal ḥbyor spyod paḥi sa》 las ni nus pa rnam pa gsum ston te/ rnam par dag pa mṅon du byed paḥi nus pa daṅ/ ḥchiṅ ba gñis rnam par dgrol baḥi nus pa daṅ/ yon tan rab tu ḥdren ciṅ bskyed paḥi nus pa ste/ deḥi phyir 《bstan bcos de ñid》 las

ḥdi lta ste/ rnam par dag par bya baḥi phyir daṅ/ mtshan ma daṅ gnas ṅan len gyi ḥchiṅ ba thams cad las rnam par thar par bya baḥi phyir daṅ/ yon tan thams cad mṅon par bsgrub par bya baḥi phyir ṣes ḥbyuṅ ste/
ḥdi dag go rims bṣin du mthoṅ ba la sogs paḥi lam gsum daṅ sbyar ro//

然此三相體性寬狹, 諸說不同。
且依眞諦三藏說云"第八賴耶名依他起, 眼等七識爲分別性", "依他無生、分別無相爲眞實性"。
又解。眼等八識爲依他起, 所變相分爲分別性, 依他無生、分別無相爲眞實性。
又解。眼等八識見分、相分名依他起, 妄所執境爲分別性, 依他無生、分別無相爲眞實性。
如上兩解, 理且不然。
眼等八識及諸相分, 等從緣生, 云何偏說"第八賴耶名依他起, 眼等七識爲分別性"?
分別無相、依他無生, 不異二性, 如何說彼名眞實性?
如此等過, 不可具陳。已外諸說, 恐繁不敍。

mtshan ñid gsum po ḥdi dag ṅo bo ñid kyi yaṅs dog kyaṅ so so nas bśad pa mi mthun te/
re ṣig slob dpon yaṅ dag bden paḥi bśad pa daṅ sbyar na de la kun gṣi rnam par śes pa ni gṣan gyi dbaṅ gi ṅo bo ñid ces byaḥo// mig la sogs paḥi rnam par śes pa bdun po dag ni kun tu rtog [D.Ti.257b] paḥi ṅo bo ñid ces bya ste/ gṣan [ZH.68-608] gyi dbaṅ skye ba med pa daṅ/ kun tu rtog pa mtshan ñid med pa gaṅ yin pa de ni yoṅs su grub paḥi ṅo bo ñid do//
gṣan yaṅ mig la sogs paḥi rnam par śes pa brgyad po dag ni gṣan gyi dbaṅ gi ṅo bo ñid ces byaḥo//
de dag la rgyu mtshan gyi rnam pa lta bur snaṅ ba gaṅ yin pa de ni kun tu rtog paḥi ṅo bo ñid ces bya ste/ gṣan gyi dbaṅ gi ṅo bo ñid skye ba med pa daṅ/ kun tu rtog pa mtshan ñid med pa gaṅ yin pa de ni yoṅs su grub paḥi ṅo bo ñid do//
gṣan yaṅ mig la sogs paḥi rnam par śes pa brgyad po dag gis lta baḥi rnam pa

daṅ/ rgyu mtshan gyi rnam pa gaṅ yin pa de ni gṣan gyi dbaṅ gi ṅo bo ñid ces byaḫo// yaṅ dag pa ma yin pas yul du ḫdsin pa gaṅ yin pa de ni kun tu rtog paḫi ṅo bo ñid ces bya ste/ gṣan gyi dbaṅ gi ṅo bo ñid skye ba med pa daṅ/ kun tu rtog paḫi mtshan ñid med pa gaṅ yin pa de ni yoṅs su grub paḫi ṅo bo ñid do ṣes bśad de/

goṅ du bśad pa de las don rnam pa gñis ni rigs pa daṅ sbyar na de lta ma yin te/ mig la sogs paḫi rnam par śes pa brgyad daṅ/ rgyu mtshan gyi rnam pa rnams ni rkyen las skye bar mtshuṅs na ciḫi phyir/ kun gṣi rnam par śes pa ḫbaḫ ṣig la gṣan gyi dbaṅ ṣes bśad la/ mig la sogs paḫi rnam par śes pa bdun la ni kun tu rtog paḫi ṅo bo ñid ces bśad/

kun tu rtog paḫi mtshan ñid med pa daṅ/ gṣan gyi dbaṅ skye ba med pa yaṅ ṅo bo ñid gñis daṅ tha mi dad na ciḫi phyir de dag la yoṅs su grub paḫi ṅo bo ñid ces bśad/

ḫdi la sogs paḫi skyon maṅ du yod de bśad kyis mi rdsogs so//

de las gṣan paḫi bśad pa rnams ni maṅs kyis dogs te ḫdir ma brjod do//

今述諸教所說三性, 總有二門。

一、所執、雜染、不倒門。謂妄所執實我、實法都無所有, 但隨妄情而施設故說之爲有, 如是皆名遍計所執。一切雜染諸有漏法從緣生者, 名依他起, 依因託緣而得生故。一切有爲無漏道諦及諸無爲, 名圓成實, 二種皆是不顚倒故。

二、所執、緣生、不變門。謂妄所執實我、法等, 隨情有故, 名所執性。有漏無漏一切有爲, 皆依他起。一切諸法平等眞如, 不變異故, 名圓成實。

ḫdir bstan pa rnams las ṅo bo [ZH.68-609] ñid rnam pa gsum bstan pa de yaṅ mdor bsdu na sgo rnam pa gñis yod de/

daṅ po ni/ kun nas ñon moṅs pa la phyin ci ma log par yoṅs su ḫdsin paḫi sgo ste/ ḫdi ltar yaṅ dag pa ma yin pas bdag daṅ chos yaṅ dag par yod [D.Ti.258a] pa ñid du ḫdsin pa de dag yod pa ma yin yaṅ/ yaṅ dag pa ma yin paḫi sems kyis rnam par gṣag pa yin paḫi phyir yod pa ṣes bśad de/ de dag thams cad ni kun tu brtags pa ṣes byaḫo//

kun nas ñon moṅs pa zag pa daṅ bcas paḫi chos rkyen las skye ba thams cad ni gṣan gyi dbaṅ ṣes bya ste/ rgyu la brten ciṅ rkyen la ltos nas skye baḥi phyir ro//

ḥdus byas zag pa med pa la[(1)] lam gyi bden pa daṅ/ ḥdus ma byas thams cad ni yoṅs su grub pa ṣes bya ste/ rnam pa gñis ka yaṅ phyin ci ma log pa yin paḥi phyir ro//

gñis pa ni/ rkyen las skye ba mi ḥgyur bar yoṅs su ḥdsin paḥi sgo ste/ ḥdi ltar yaṅ dag pa ma yin pas bdag daṅ chos la sogs par ḥdsin pa de dag ni sems kyi rjes su yod pa ma[(2)] yin paḥi phyir/ kun tu brtags pa ṅo bo ñid ces byaḥo//

zag pa daṅ bcas paḥi[(3)] ḥdus byas thams cad ni gṣan gyi dbaṅ gi ṅo bo ñid ces byaḥo//

chos thams cad mñam pa ñid kyi de bṣin ñid ni [(4)]ḥgyur baḥi phyir yoṅs su grub paḥi ṅo bo ñid ces byaḥo//

(1) la ⇒ null (2) ma ⇒ null (3) paḥi ⇒ 'pa daṅ zag pa med paḥi' (4) +'mi'

於上二門, 諸教不同。

自有聖教, 說前非後。如《楞伽經》第四卷說 : "大慧! 正智、如如者, 不可壞故, 名成自性。"

《辨中邊論》, 亦同《此》說。

自有聖教, 說後非前。如《瑜伽論》七十四云 : "問。第二自性幾所攝? 答。四所攝。

問。第三自性幾所攝? 答。一所攝。"

自有聖教, 二種俱有。如《成唯識》第八卷云 : "分別緣所生[(1)], 應知且說染分依他, 淨分依他亦圓成故。或諸染、淨心心所法, 皆名分別, 能緣慮故。是則一切染、淨依他, 皆是此中依他起攝。"

《攝論》第四云 : "二者, 依他雜染清淨性不成故。"【《世親釋》云, 由即如是依他起性, 若遍計時即成雜染, 無分別時即成清淨, 由二分故, 一性不成。《無性釋》意, 亦同《此》說。】

(1) Taisho, SNST, Baek(2013c): null ⇒ +者

sgo goṅ ma gñis po ḥdi yaṅ bstan pa rnams las so so nas bśad pa mi mthun pas/ ḥphags paḥi gsuṅ rab kha cig las sṅa ma bstan la/ phyi ma ma yin pa yaṅ yod de/ 《ḥphags pa laṅ-kar gśegs paḥi mdo》 las/ ji skad du/

blo gros chen po yaṅ dag paḥi ye śes daṅ/ de bṣin ñid ni mi ḥjig paḥi phyir yoṅs su grub paḥi ṅo bo ñid ces byaḥo ṣes gsuṅs pa lta bu ste/

《bstan bcos dbus daṅ mthaḥ rnam par ḥbyed pa》 las [ZH.68-610] kyaṅ/ ḥdi daṅ mthun par ston to//

ḥphags paḥi gsuṅ rab kha cig las ni phyi ma bstan la/ sṅa ma ma yin pa yaṅ yod de 《bstan bcos rnal ḥbyor spyod paḥi sa》 las/ ji skad du/

ṅo bo ñid gñis pa du dag gis bsdus śe na/ smras pa/ bṣis bsdus so// ṅo bo ñid gsum pa du dag gis bsdus śe na/ smras pa/ gcig gis bsdus so ṣes bstan pa lta buḥo//

bstan pa kha cig [D.Ti.258b] las gñis ka daṅ ldan pa yaṅ yod de/ 《bstan bcos rnam par rig pa tsam du grub pa》 las/ ji skad du/

rnam rtog yin te rkyen las byuṅ//

ṣes bśad pa lta bu ste/ re ṣig kun nas ñon moṅs paḥi phyogs kyi gṣan gyi dbaṅ bstan pa yin par [(1)]byaḥo// rnam par byaṅ baḥi phyogs kyi gṣan gyi dbaṅ ni yoṅs su grub pa yin paḥi phyir ro//

yaṅ na kun nas ñon moṅs pa daṅ/ rnam par byaṅ baḥi sems daṅ sems las byuṅ baḥi chos rnams ni/ kun kyaṅ kun tu rtog pa ṣes bya ste/ dmigs pa la sems gtod paḥi phyir ro// de nas kun nas ñon moṅs pa daṅ rnam par byaṅ baḥi gṣan gyi dbaṅ thams cad ni ḥdir bstan paḥi gṣan gyi dbaṅ gis bsdus pa yin te/[(2)] deḥi phyir[(3)] 《bstan bcos theg pa chen po bsdus pa》 las

gṣan gyi dbaṅ med na/ kun nas ñon moṅs pa daṅ/ rnam par byaṅ ba ñid ḥgrub par mi ḥgyur baḥi phyir ro[(4)] ṣes bśad de/ 《slob dpon dbyig gñen gyis ḥgrel pa》 las/

ḥdi ltar gṣan gyi dbaṅ gi ṅo bo ñid kun brtags su gyur paḥi tshe ni kun nas ñon moṅs par ḥgyur la/ rnam par rtog pa med paḥi tshe ni rnam par byaṅ bar ḥgyur te/ cha gñis daṅ ldan paḥi phyir ṅo bo ñid gcig tu mi ḥgrub po ṣes ḥbyuṅ ste/ 《slob dpon ṅo bo ñid med kyis ḥgrel pa》 las kyaṅ ḥdi daṅ mthun par ston to//

(1) PN: null ⇒ +'rig par' (2) 'bsdus pa yin te/' ⇒ 'bsdus so ṣes bstan pa lta buḥo//'

(3) 'deḥi phyir' ⇒ 'gṣan yaṅ'

(4) 'gṣan gyi dbaṅ med na......ḥgrub par mi ḥgyur baḥi phyir ro' ⇒ 'gñis pa ni kun nas ñon moṅs pa daṅ/ rnam par byaṅ baḥi ṅo bo ñid yoṅs su ma grub pa gṣan gyi dbaṅ ṅo'

今此一部，說後非前，唯說“眞如”圓成實故。
或可。說前非後，唯說“染法”爲緣生故。
或可。通有二義，前二說故。
若廣分別，如《三性章》。

《mdo ḥdi》 las ni/ [ZH.68-611] phyi ma bstan gyi sṅa ma ni ma yin te/ de bṣin ñid kho na la yoṅs su grub paḥi ṅo bo ñid du gsuṅs paḥi phyir ro//
yaṅ na sṅa ma bstan pa yin gyi/ phyi ma ni ma yin te/ kun nas ñon moṅs paḥi chos kho na la rten ciṅ ḥbrel par ḥbyuṅ ba ṣes gsuṅs paḥi phyir ro//
yaṅ na don gñi ga daṅ yaṅ ldan te bśad pa sṅa ma gñis kyi phyir ro//
rgya cher rnam par ḥbyed pa ni/ 《ṅo bo ñid gsum bstan pa dag》 las ḥbyuṅ ba bṣin du rig par byaḥo// //

(@4-16)[0255a01] “善男子！如眩翳人眼中所有眩翳過患，遍計所執相當知亦爾。”
[0255a03] 釋曰。自下第二、擧喩重釋。

bam po ñi śu gsum pa/
rigs kyi bu dper na skyes bu gaṅ zag rab rib can gyi mig la rab rib [D.Ti.259a] kyi skyon yod pa lta bur kun brtags paḥi mtshan ñid kyaṅ de bṣin du rig par byaḥo
ṣes bya ba ḥdi man chad ni/ gñis pa dpe smos nas bzlas te bśad pa ston to//

於中有二：初、明翳淨眼境三相喩，後、“善男子”下頗胝迦寶四事[1]喩。

[1] SNST: 事 ⇒ 色

ḥdi yaṅ rnam pa gñis su dbye ste/ rab rib daṅ mig yoṅs su dag paḥi spyod yul mtshan ñid gsum gyis dper bstan pa daṅ/ rigs kyi bu ṣes bya ba man chad kyis śel kha dog rnam par[1] bṣir snaṅ baḥi dper bstan paḥo//

[1] PN: par ⇒ pa

前中三喩，即分爲三：初、眩翳過患喩，次、眩翳衆相喩，後、淨眼本境喻。

例有二節：初、正明喻說，後、擧法同喻。

此即第一、眩翳過患喻。此喻意云，由眼有翳，便發眼識及眼識同時分別意識，由此二識，引生第二念中分別意識，作毛輪等解。

dpe daṅ po gsum yaṅ rnam pa gsum du dbye ste/ rab rib kyi skyon daṅ bcas paḥi dpe daṅ rab rib kyi mtshan ma sna tshogs kyi dpe daṅ/ mig yoṅs su dag par raṅ bşin gyi spyod yul la spyod paḥi dpeḥo// re re la yaṅ rnam pa gñis kyis bstan te/ dpe smos pa daṅ/ dpe daṅ don du sbyar baḥo//

ḥdi ni daṅ po rab rib kyi skyon daṅ bcas paḥi dpe bstan pa ste/ dpe ḥdiḥi don ni ḥdi skad du/ ḥdi ltar mig la rab rib yod paḥi dbaṅ gis ni/ mig gi rnam par śes pa daṅ/ dus mtshuṅs paḥi yid kyi rnam par śes pa [ZH.68-612] bskyed la/ rnam par śes pa ḥdi gñis kyi dbaṅ gis ni skad cig ma gñis la rnam par rtog paḥi yid kyi rnam par śes pas spuḥi ḥkhor lo la sogs par śes so şes bstan par ḥgyur ro//

然毛輪自有二種。

一者，分別意識所計，實毛輪等[(1)]。即說此爲"眼翳過患"，以此過患，喻所執性。

二者，即彼分別意識所依、所託，似毛輪相。即說此爲"眩翳衆相"，喻依他起，如後當說。

此用過患喻所執性故，言"遍計所執[(2)]當知亦爾"。

(1) SNST: '實毛輪等' ⇒ '實無毛輪'

(2) Taisho, SNST, Baek(2013c): null ⇒ +相

spuḥi ḥkhor lo de yaṅ rnam pa gñis te/

daṅ po ni/ rnam par rtog paḥi yid kyi rnam par śes pas brtags pa yin gyi/ yaṅ dag par na spuḥi ḥkhor lor med pa ste/ ḥdi ñid la/ rab rib kyi skyon şes bśad pas skyon ḥdis kun tu brtags paḥi ṅo bo ñid kyi dper bstan paḥo//

gñis pa ni/ rnam par rtog paḥi yid kyi rnam par śes paḥi gnas daṅ ltos pa ñid/ spuḥi ḥkhor loḥi mtshan ñid lta bur gyur pas/ rab rib kyi mtshan ma sna tshogs la gşan gyi dbaṅ gi dper bstan te/ phyis ḥog nas bstan pa bşin du rig par byaḥo//

ḥdir ni/ skyon la kun brtags paḥi ṅo bo ñid kyi dper bstan paḥi phyir/ kun brtags paḥi mtshan ñid kyaṅ de bṣin no ṣes gsuṅs pa yin no//

或可。眩翳過患者，即說眩翳名爲過患。此意說言，由所執故生依他起，似由眩翳現毛輪等。故《瑜伽論》七十三云："如眼若有翳等過患，便有髮毛輪等翳相現前可得。若無彼患，便不可得，但有自性，無顚倒取。"

yaṅ na rab rib kyi skyon ṣes bya ba ni/ [D.Ti.259b] rab rib ñid la skyon ṣes bya ste/ de ni ḥdi skad du/ ḥdi ltar brtags paḥi dbaṅ gis gṣan gyi dbaṅ bskyed pas/ ji ltar rab rib kyi dbaṅ gis/ spuḥi ḥkhor lo la sogs pa snaṅ ba bṣin no ṣes bstan te/

deḥi phyir 《bstan bcos rnal ḥbyor spyod paḥi sa》 las/

dper na/ mig la rab rib la sogs paḥi skyon yod pa la ni/ skra śad ḥdsiṅs pa la sogs pa rab rib kyi mtshan ma mṅon sum du dmigs kyi/ gal te deḥi skyon med na ni mi dmigs pa bṣin te/ raṅ gi ṅo bo ñid tsam du zad kyi phyin ci log gis ḥdsin pa ni med do ṣes bśad do//

問。如何依他喻所執性?

答。無淨[(1)]色喻圓成，故故[(2)]無有失。

(1) SNST: 淨 ⇒ 亂

(2) SNST: '故故' ⇒ 故

ciḥi phyir/ gṣan gyi dbaṅ mṅon par ṣen paḥi[(1)] ṅo bo ñid kyi dpe bstan ce na/ smras pa/ nor ba med pa yoṅs su grub paḥi dper bstan [ZH.68-613] paḥi phyir ñes pa med do//

(1) 'mṅon par ṣen paḥi' ⇒ 'kun tu brtags paḥi'

問。翳眼眼識見毛輪不?

解云。西方諸師，自有兩釋。

一、安慧宗，眼等五眼[(1)]亦緣毛輪、第二月等。

故《雜集》云："迦末羅[(2)]病，損壞眼根，見青爲黃。"

[(3)]護法菩薩說，眼等識緣實境起，是現量故。

《瞿婆[(4)]論師十二[(5)]唯識梵本記》中，自有二說。

一云。五識唯緣實境。是故《阿毗達磨經》云：

“無有眼等識，不緣實境起，

意識有三[(6)]種，緣實、不實境。”

故知五識唯緣實境。

一云。五識亦緣不實。是故《經》云：“由亂眼根及眼識引亂意識生，由不亂眼及眼識引不亂意識。”故知五識見第二月及空華等。

此中所說“過患”等文，依前三說，准即可知。

(1) SNST: 眼 ⇒ 識; Baek(2013c): 眼=根　(2) kāmalā　(3) SNST: null ⇒ +二
(4) SNST: ‘瞿婆’=Guṇabhāva　(5) SNST, Baek(2013c): ‘十二’ ⇒ ‘二十’
(6) Taisho, SNST, Baek(2013c): 三 ⇒ 二

rab rib daṅ bcas paḥi mig gi rnam par śes pas/ spuḥi ḥkhor lo mthoṅ ṅam ṣe na/

smras pa/ rgya gar yul paḥi slob dpon dag gis bśad pa rnam pa gñis yod de/ daṅ po slob dpon blo brtan gyi gṣuṅ gis mig la sogs paḥi rnam par śes pa lṅa po dag kyaṅ spuḥi ḥkhor lo daṅ/ zla ba gñis pa la dmigs so ṣes bśad de/ deḥi phyir《chos mṅon pa sna tshogs kun las btus pa》las/

mig ser gyi nad kyis btab paḥi mig gi dbaṅ po ñams pas sṅon po la ser bor mthoṅ ba lta buḥo ṣes bśad pa bṣin no ṣeḥo//

gñis pa ni slob dpon chos skyoṅ gis mig la sogs paḥi rnam par śes pa yul yaṅ dag pa las ḥbyuṅ ste/ mṅon sum gyi tshad maḥi phyir ro ṣes bśad de/ deḥi phyir《slob dpon gu-ṇa-bhā-vas bstan bcos rnam par rig pa tsam du bstan pa ñi śu paḥi brjed byaṅ mdsad pa》las/ bśad pa rnam pa gñis ḥbyuṅ ste/

de la kha cig na re rnam par śes pa lṅa po dag ni yul yaṅ dag pa kho na la dmigs te/ de lta bas na《chos mṅon paḥi mdo》las/ mig la sogs paḥi rnam par śes pa gaṅ yaṅ yul yaṅ dag pa la mi dmigs par ḥbyuṅ ba ni med do// yid kyi rnam par śes pa la ni dmigs pa rnam pa [D.Ti.260a] gñis yod de/ yaṅ dag pa daṅ yaṅ dag pa ma yin paḥi yul lo ṣes gsuṅs paḥi phyir rnam par śes pa lṅa po dag ni yul yaṅ dag pa kho na la dmigs par rig par byaḥo ṣeḥo//

kha cig na re rnam par śes pa lṅa po dag ni yaṅ dag pa ma yin pa yaṅ dmigs te/ deḥi phyir《mdo dag》las nor baḥi mig gi dbaṅ po daṅ/ mig gi rnam par śes pas kyaṅ/ nor baḥi yid kyi rnam par śes pa ḥdren ciṅ skyed par byed do// nor

ba med paḥi mig gi dbaṅ po daṅ/ mig gi rnam par śes pa las kyaṅ/ nor ba [ZH.68-614] med paḥi yid kyi rnam par śes pa ḥdren par byed do ṣes gsuṅs pas/ deḥi phyir rnam par śes pa lṅa po dag zla ba gñis pa daṅ/ nam mkhaḥ la me tog la sogs pa mthoṅ ba yin no ṣes ḥbyuṅ ste/
ḥdir skyon la sogs pa bstan paḥi tshig ḥdi dag ni rnam pa gsum sṅar bstan pa bṣin du rig par byaḥo//

(@4-17)[0255b06] "如眩翳人眩翳衆相, 或髮毛輪、蜂蠅、巨勝[(1)], 或復青、黃、赤、白等相差別現前, 依他起相當知亦爾。"
[0255b08] 釋曰。第二、眩翳衆[(2)]喻。

[(1)] JS, SNST: '巨勝' ⇒ '苣藤'; Taisho: '巨勝'=*sic*. The same is below.
[(2)] JS, SNST, Baek(2013c): null ⇒ +相

dper na rab rib can gyi gaṅ zag de ñid la rab rib maṅ poḥi mtshan ma skraḥi ḥkhor loḥam sbraṅ maḥam/ til gyi ḥbruḥam/ yaṅ na sṅon po daṅ/ ser po daṅ/ dmar po daṅ/ dkar po la sogs pa mtshan ma bye brag tu gyur pa snaṅ ba lta bur ni gṣan gyi dbaṅ gi mtshan ñid kyaṅ de bṣin du rig par byaḥo
ṣes bya ba gñis pa rab rib kyi mtshan ma sna tshogs kyi dpe bstan paḥo//

喻依他相, 當知亦爾。謂眩翳人, 似毛輪相, 非實似實, 故喻依他起, 非有似有, 當知亦爾。

gṣan gyi dbaṅ gi mtshan ñid kyi dpe bstan pa yin pas de bṣin du rig par bya ste/ ḥdi ltar rab rib can gyi gaṅ zag la skraḥi ḥkhor lo lta buḥi mtshan ma yaṅ dag par yod pa ma yin yaṅ/ yaṅ dag pa lta bur snaṅ baḥi phyir/ gṣan gyi dbaṅ gi dpe bstan te/ yod pa ma yin yaṅ yod pa ḥdra bar snaṅ ba yaṅ de bṣin du śes par byaḥo ṣes bya baḥi tha tshig go//

(@4-18)[0255b11] "如淨眼人遠離眼中眩翳過患, 即此淨眼本性所行無亂境界, 圓成實相當知亦爾。"
[0255b13] 釋曰。第三、淨眼本境喻。

dper na mig yoṅs su dag paḥi gaṅ zag mig gi rab rib kyi skyon daṅ bral bar gyur pas mig yoṅs su dag pa de raṅ bṣin gyi spyod yul nor ba med pa la spyod pa lta bur ni yoṅs su grub paḥi mtshan ñid kyaṅ de bṣin du rig par byaḥo ṣes bya ba ni gsum pa mig [D.Ti.260b] yoṅs su dag pas raṅ bṣin gyi spyod yul la spyod paḥi dpe bstan pa ste/

謂彼淨眼本所行境靑、黃等色, 自性清淨, 無毛輪等眩瞖過患。圓成實性, 當知亦爾, 自性清淨, 於依他起無所執性。

ji ltar mig yoṅs su dag pa des raṅ bṣin gyi spyod yul/ sṅon po daṅ ser po la sogs paḥi gzugs raṅ bṣin gyis rnam par dag pa la spyod ciṅ/ spuḥi ḥkhor lo la sogs pa rab rib kyi skyon med pa de bṣin du yoṅs su grub paḥi ṅo bo ñid [ZH.68-615] kyaṅ de bṣin te/ raṅ bṣin gyis rnam par dag ciṅ gṣan gyi dbaṅ la ḥdsin pa med paḥi ṅo bo ñid do[(1)] ṣes bya baḥi tha tshig go//

(1) 'ḥdsin pa med paḥi ṅo bo ñid do' ⇒ 'kun tu brtags paḥi ṅo bo ñid med do'

(@4-19)[0255b16] “善男子! 譬如清淨頗胝迦[(1)]寶, 若與青染色合, 則似帝青大青末尼寶像, 由耶[(2)]執耶[(3)]帝青大青末尼寶故, 惑亂有情。”
[0255b19] 釋曰。此下第二、頗胝迦[(1)]寶四色喻。

(1) sphaṭika (2) JS, Taisho, SNST, Baek(2013c): 耶 ⇒ 邪
(3) JS, Taisho, SNST, Baek(2013c): 耶 ⇒ 取

rigs kyi bu dper na śel yoṅs su dag pa la ni/ gal te tshon sṅon po daṅ phrad par gyur na/ nor bu rin po che anda-rñila daṅ mthon ka chen po lta bur snaṅ bar ḥgyur ṣiṅ/ nor bu rin po che anda-rñila daṅ mthon ka chen por log par ḥdsin pas kyaṅ sems can rnams rnam par rmoṅs par byed
ces bya ba ḥdi man chad ni gñis pa śel kha dog rnam pa bṣir snaṅ baḥi dpes bstan paḥo//

於中有二 : 初、廣辨四喻, 後、“如是德本”下擧法同喻。
前中四喻, 即分爲四。此即第一、靑色相應喻。

ḥdi yaṅ rnam pa gñis kyis bstan te/ dpes bstan pa daṅ de bṣin du yon tan ḥbyuṅ gnas ṣes bya ba man chad kyis dpe daṅ don du sbyar ba bstan paḥo// dpes bstan pa yaṅ dpe rnam pa bṣi yod pa ñid kyis rnam pa bṣir dbye ste/ ḥdi ni daṅ po anda-rñila daṅ mthon ka chen po daṅ mthun par gyur paḥi dpes bstan paḥo//

文有五節，義含四種，意喩三性。

文五節者。

一、“清淨頗胝迦”者，[1]依他起。

二、“若與青染色合”者，喩言說習氣。此明依他起與言說習氣合。

三、“即似帝青大青”等者，喩依他起。由我、法分別名言種子力故，雖在內識，而似外現。

四、“由耶[2]執取帝青”等者，此喩由邪執故執爲實有。

五、“惑亂有情”者，此喩邪師，將己所執惑亂有情，令生實解。

義含四者，准下合文，喩中有四。

一、“頗胝迦”者，喩依他起。

二、“與青染色合”者，喩名言熏習與依他合。

三、“由耶[2]執耶[3]”等，喩彼能執。

四、即彼所執，情有理無，喩圓成實。

言“意[4]三”者。

謂“青染色合”乃至“惑亂有情”，喩所執性。

“頗胝迦寶”，喩依他起。

“無實帝青”，喩圓成實。

下三色喩，皆具諸[5]義，准此應知。

(1) SNST, Baek(2013c): null ⇒ +喩 (2) JS, SNST, Baek(2013c): 耶 ⇒ 邪
(3) JS, SNST, Baek(2013c): 耶 ⇒ 取 (4) SNST: null ⇒ +喩 (5) SNST: 諸 ⇒ 此

mdoḥi tshig ḥdi yaṅ rnam pa lṅar dbye ṣiṅ/ don rnam pa bṣi daṅ ldan pas don gyi ṅo bo ñid gsum gyi dpe bstan pa yin te/

de la rnam pa lṅar dbye ba yaṅ daṅ po [1]yoṅs su dag pa ṣes bya ba ni gṣan gyi dbaṅ gi dper bstan paḥo//

gñis pa tshon sṅon po daṅ phrad par gyur na ṣes bya ba ni mṅon par brjod

paḥi bag chags kyi dper bstan pa ste/ ḥdis ni gṣan gyi dbaṅ mṅon par brjod paḥi bag chags daṅ mthun par ḥgyur bar bstan to//
gsum pa nor bu rin po che anda-rñila daṅ/ mthon ka chen po ṣes bya ba la sogs pa ni gṣan gyi dbaṅ gi dper bstan pa yin te/ ḥdi ltar bdag daṅ chos su rnam par [D.Ti.261a] rtog pa daṅ mṅon par brjod paḥi sa bon gyi stobs kyis naṅ [ZH.68-616] gi rnam par śes pa la yod kyaṅ phyi rol lta bur snaṅ bar gyur paḥo//
bṣi pa nor bu rin po che anda-rñila la sogs par [(2)]ḥdsin pas ṣes bya bas ni log par ḥdsin paḥi dbaṅ gis yaṅ dag pa ñid du yod par ḥdsin par gyur paḥi dper bstan paḥo//
lṅa pa sems can rnams rnam par rmoṅs par byed ces bya ba ni log par ston pa rnams bdag ñid kyis ḥdsin pa gaṅ yin pa des sems can rnams rmoṅs par byas nas yaṅ dag paḥi śes pa bskyed paḥi dper bstan paḥo//
de la don rnam pa bṣi daṅ ldan par bstan pa ni ḥog nas dpe daṅ don du sbyar baḥi skabs nas bśad pa daṅ sbyar na/ dpe la rnam pa bṣi yod de daṅ po śel ṣes bya ba ni gṣan gyi dbaṅ gi dper bstan paḥo//
gñis pa tshon sṅon po daṅ phrad par gyur na ṣes bya ba ni sṅon por[(3)] brjod paḥi bag chags gṣan gyi dbaṅ daṅ mthun par gyur paḥi dper bstan paḥo//
gsum pa log par ḥdsin pas kyaṅ ṣes bya ba la sogs pa ni ḥdsin pa poḥi dper bstan paḥo//
bṣi pa ni des yoṅs su gzuṅ ba gaṅ yin pa de ñid sems kyi rjes su yod pa yin gyi don gyi tshul gyis yod pa ma yin pas yoṅs su grub paḥi dper bstan pa yin no//
de la don gyi rnam pa gsum gyi dper bstan pa ni ḥdi lta ste/ tshon sṅon po daṅ phrad par gyur pa na/ sems can rnams rmoṅs par byed ces bya baḥi bar gaṅ yin pa des ni brtags paḥi ṅo bo ñid kyi dper bstan to//
śel ni gṣan gyi dbaṅ gi dper bstan to//
yaṅ dag par anda-rñila med pa ni yoṅs su grub paḥi dper bstan te/
kha dog ḥog ma gsum po dag kyaṅ don ḥdi daṅ ldan pas de bṣin du rig par byaḥo//

(1) +'śel' (2) +'log par' (3) PN: sṅon por ⇒ mṅon par

"譬如清淨頗胝迦寶"者，此出寶體，此處無名，故不翻之。
《應師經音》云："此云水玉，或云白珠。"

《深密經》云"清淨瑠[(1)]璃[(2)]"者，譯家別[(3)]故。

若依《俱舍》"妙高山王，四寶所成，謂金、銀、吠瑠[(1)]璃、頗胝迦"，此頗胝迦，即當赤色。

又即《彼》云："日輪下面頗胝迦寶，火珠所成。月輪下面頗胝迦寶，水珠所成。"

准此等文，其頗胝迦亦具衆色。

今於《此經》，且擧白色以對四色，由此下文不說白色。

(1) JS, Taisho: 瑠 ⇒ 琉 (2) SNST: '琉璃'=vaiḍūrya (3) SNST: 別 ⇒ 謬

de la śel yoṅs su dag pa ṣes bya ba ni/ rin po cheḥi ṅo bo ñid bstan pa ste/ 《dgoṅs pa zab mo rnam par [ZH.68-617] dgrol baḥi mdo》 las/ vai-ḍūrya śin tu gsal ba ṣes ḥbyuṅ ba ni lo tsā ba dag gis nor baḥi phyir ro//

《mdsod kyi bstan bcos》 las ri rab riḥi rgyal po ni rin po che sna bṣi [D.Ti.261b] las mṅon par grub pas ḥdi lta ste/ gser daṅ dṅul daṅ vai-ḍūrya daṅ śel lo ṣes bstan pa daṅ sbyar na/ śel ni kha dog dmar po yin no//

gṣan yaṅ 《de ñid》 las ñi maḥi dkyil ḥkhor gyi ḥog gi ṅos ni rin po che me śel las mṅon par grub paḥo// zla baḥi dkyil ḥkhor gyi ṅos ni rin po che chu śel[(1)] gyi kha dog sna tshogs daṅ ldan no//

ḥdir 《mdo ḥdi》ḥi don ni re ṣig kha dog dkar po daṅ sbyar nas kha dog bṣi zlas bstan te/ ḥog nas 《mdo》 las dkar po ṣes mi ḥbyuṅ bas so//

(1) +'las mṅon par grub paḥo ṣes ḥbyuṅ bas/ tshig ḥdi dag daṅ sbyar na/ śel'

"若與青染色"者，明色轉變，謂頗胝迦與青色合，即似帝青大青末尼寶像。

"帝青"等者，謂天帝釋青及大青。

"末尼寶"者，此云"如意珠"，即說頗胝迦名爲"如意"。或可。所似帝青等，即是末尼。

"由耶[(1)]執"等者，顯諸世間執似爲實，爲他宣說，迷亂有情。

(1) JS, SNST, Baek(2013c): 耶 ⇒ 邪

gal te tshon sṅon po daṅ ṣes bya bas ni gzugs kyi ḥchiṅ baḥi ḥgyur ba bstan pa ste/ ḥdi ltar śel de tshon sṅon po daṅ phrad par gyur na nor bu rin po che

anda-rñila daṅ mthon ka sṅon[(1)] po ltar snaṅ bar ḥgyur bas so//
anda-rñila ni lhaḥi dbaṅ poḥi kha dog sṅon poḥo//
rin po che mthon ka chen po[(2)] ṣes bya ba ni yid bṣin gyi nor bu ste/ śel ñid la yid bṣin gyi nor bu ṣes ston to// yaṅ na anda-rñila la sogs pa daṅ ḥdra ba ñid nor bu yin no//
log par ḥdsin pas ṣes bya ba la sogs pa ni ḥjig rten pa rnams kyis btags pas yaṅ dag par yod par ḥdra bar snaṅ ṣiṅ/ gṣan dag la bsñad de sems can rmoṅs par byed paḥi dper bstan paḥo//

(1) sṅon ⇒ chen
(2) 'rin po che mthon ka chen po' ⇒ 'nor bu rin po che'

此意說云。阿賴耶識由我、法執習氣力故，變似我、法，諸有情類執爲實我[(1)]，惑亂有情。據實，頗胝迦上無實青等，於賴耶上無所執性，應知亦爾，後當分別。

(1) SNST: null ⇒ +法

de ni ḥdi skad du kun gṣi rnam par śes pa bdag daṅ chos su ḥdsin paḥi bag chags kyi stobs kyi dbaṅ gis bdag daṅ chos lta bur gyur na/ sems can rnams bdag daṅ chos yaṅ dag pa ñid bzuṅ bas sems can rnams rmoṅs par byed de ji ltar śel la yaṅ dag par sṅon po la sogs pa med pa bṣin du kun gṣi rnam par [ZH.68-618] śes pa la btags[(1)] paḥi ṅo bo ñid med pa yaṅ de bṣin du rig par byaḥo ṣes bstan par ḥgyur te/ phyis ḥog nas rnam par ḥbyed do//

(1) btags ⇒ brtags

(@4-20)[0256a01] "若與赤染色合，則以[(1)]琥珀末尼寶像，由耶[(2)]執耶[(3)]琥珀末尼寶故，惑亂有情。"
[0256a03] 釋曰。第二、赤色相應喩。[(4)]
【《深密經》云"置赤色中即出赤波頭摩[(5)]尼[(6)]摩尼寶光明現前"。】

(1) JS, Taisho, SNST, Baek(2013c): 以 ⇒ 似 (2) JS, Taisho, SNST, Baek(2013c): 耶 ⇒ 邪
(3) JS, Taisho, SNST, Baek(2013c): 耶 ⇒ 取 (4) SNST: null=+'准上可知'
(5) SNST: '波頭摩'=padmarāga (6) Taisho, SNST, Baek(2013c): 尼 ⇒ null

gal te tshon dmar po daṅ phrad par gyur na nor bu rin po che padma-rāga lta bur snaṅ bar ḥgyur ṣiṅ/ nor bu rin po che padma-rāga lta bur log par ḥdsin pas kyaṅ sems can rnams rnam par rmoṅs par byed do
ṣes bya ba ni gñis pa tshon dmar po daṅ mthun par gyur paḥi dpes bstan pa ste sṅa ma [D.Ti.262a] bṣin du rig par byaḥo//

(@4-21)[0256a05] "若與綠染色合, 則似末羅羯多[(1)]末尼寶像, 由耶[(2)]執取末羅羯多末尼寶故, 惑亂有情。"
[0256a07] 釋曰。第三、綠色相應喻。

(1) marakata; SNST: '末羅羯多'=margada
(2) JS, Taisho, SNST, Baek(2013c): 耶 ⇒ 邪

gal te tshon ljaṅ gu daṅ phrad par gyur na ni nor bu rin po che margada lta bur snaṅ bar gyur ṣiṅ/ nor bu rin po che margada du log par ḥdsin pas kyaṅ sems can rnams rnam par rmoṅs par byed do
ṣes bya ba ni gsum pa tshon ljaṅ gu daṅ mthun par gyur paḥi dpes bstan pa ste/

末羅羯多, 此處無名, 故不翻之。
有說。此云煞色寶。由此寶故, 煞一切色盡壞故。
依《深密經》, 但言"綠色"。

de la margada ces bya ba ni yul ḥdi ni miṅ med paḥi phyir/ ma bsgyur bar so na bṣag pa yin no//
kha cig na re ḥdiḥi kha dog gsod paḥi rin po che ṣes bya ste/ rin po che ḥdiḥi dbaṅ gis kha dog thams cad gsod ciṅ ñams par ḥgyur baḥi phyir ro ṣeḥo//
《dgoṅs pa zab mo rnam par dgrol baḥi mdo》 las ni ljaṅ gu ḥbyuṅ ṅo//

(@4-22)[0256a10] "若與黃染色合, 則似金像, 由耶[(1)]執取眞金像故, 惑亂有情。"
[0256a12] 釋曰。第四、黃色相應喻。

(1) JS, Taisho, SNST, Baek(2013c): 耶 ⇒ 邪

gal te mtshon bya[1] ser po daṅ phrad par gyur na ni gser lta bur snaṅ bar ḥgyur ṣiṅ gser yaṅ dag pa ñid du log par ḥdsin pas kyaṅ sems can rnams rnam par rmoṅs par byed do
ṣes bya ba ni/ bṣi pa tshon ser po daṅ mthun par gyur paḥi dpes bstan paḥo//

(1) PN: 'mtshon bya' ⇒ tshon

與《深密經》有差別者,《此》云"金像",《彼》云"金色摩尼之寶"。後三種喻,准初可知。

《dgoṅs pa zab mo rnam par dgrol baḥi mdo》 daṅ/ bye brag yod pa yaṅ 《ḥdi》 las ni gser ṣes ḥbyuṅ la/ 《de》 las ni nor bu rin po che gser gyi kha dog tu gyur pa ṣes ḥbyuṅ ṅo//
dpe phyi ma rnam pa gsum yaṅ sṅa ma bṣin du rig par byaḥo//

(@4-23)[0256a14] "如是, 德本! 如彼清淨頗胝迦上所有染色相應, 依他起相上遍計所執相言說習氣, 當知亦爾。"
[0256a16] 釋曰。自下第二、舉法同喻。

[ZH.68-619] de bṣin du yon tan ḥbyuṅ gnas ji ltar śel yoṅs su dag pa de la tshon daṅ ḥbrel pa yod pa lta bur gṣan gyi dbaṅ gi mtshan ñid la kun brtags paḥi mtshan ñid kyi tha sñad kyi bag chags kyaṅ de bṣin du rig par byaḥo
ṣes bya ba ḥdi man chad ni gñis pa dpe daṅ don du sbyar ba ston to//

合上四義, 即分爲四:一、合種子, 二、合相執, 三、合依他, 四、合成實。此之四義, 於前喻中, 文雖有五, 義合有四, 故以四義合上喻文。此即初也。

ḥdi yaṅ goṅ maḥi don rnam pa bṣi daṅ sbyar ba yin pas rnam pa bṣir dbye ste/ sa bon daṅ sbyar ba daṅ mtshan ñid kyi brtags pa daṅ sbyar ba daṅ/ gṣan gyi dbaṅ daṅ sbyar ba daṅ/ yoṅs su grub pa daṅ sbyar ba daṅ[1]/
don rnam pa bṣi po ḥdi yaṅ sṅar goṅ du bstan paḥi dpe rnam pa lṅa yod kyaṅ don rnam pa bṣi daṅ ldan paḥi phyir don rnam pa bṣis [D.Ti.262b] goṅ maḥi

dpe daṅ sbyar bar bya ste/ ḥdi ni daṅ poḥo//

(1) daṅ ⇒ ste

然此四義，自有兩說。
一云。初一、(1)執緣，次三、如次喻(2)其三性。
一云。初二、喻所執性，白(3)種現執成所執故。此即初也。謂於頗胝迦上所有染色相應義故，頗胝迦上似青色像現，如是由依他上妄執種子爲因緣故，於賴耶上似色、聲等依他相現。

(1) Baek(2013c): null=+喻; SNST: null=*sic* (2) SNST: 喻 ⇒ 合
(3) JS, SNST, Baek(2013c): 白 ⇒ 由

don rnam pa bṣi po de la yaṅ bśad pa rnam pa gñis yod de/
kha cig na re daṅ po gcig ni dmigs par ḥdsin paḥo// deḥi ḥog ma gsum ni go rims bṣin du ṅo bo ñid gsum daṅ sbyar ro ṣeḥo//
kha cig na re daṅ po gñis ni kun brtags paḥi ṅo bo ñid kyi dper bstan pa yin te/ ḥdi ltar sa bon gyi dbaṅ gis btags[1] pa snaṅ bar gyur nas/ btags[2] pa ñid du mṅon par grub paḥi phyir te/ ḥdi ni daṅ poḥo// ḥdi lta ste/ śel la tshon daṅ ḥbrel pa yod paḥi don gyi phyir/ śel la sṅon po lta bur gzugs brñan snaṅ ba ltar de bṣin du gṣan gyi dbaṅ la yaṅ dag pa ma yin pas btags[2] paḥi sa bon gyi rgyu daṅ rkyen byas paḥi phyir/ kun gṣi rnam par śes pa la gzugs daṅ sgra la sogs pa lta buḥi gṣan gyi dbaṅ gi mtshan ñid snaṅ ṅo ṣeḥo//

(1) PN: btags ⇒ brtags
(2) btags ⇒ brtags

(@4-24)[0256b01] “如彼清淨頗胝迦上所有帝青大青、琥珀、末羅羯多、金等耶(1)執，依他起相上遍計所執相執，當知亦爾。”
[0256b03] 釋曰。此下第二、合現行執。

(1) JS, Taisho, SNST, Baek(2013c): 耶 ⇒ 邪

ji ltar śel yoṅs su dag pa de la anda-rñila daṅ/ mthon ka chen po daṅ/ padma-rāga daṅ/ margada daṅ/ gser la sogs [ZH.68-620] paḥi log par ḥdsin pa yod pa lta bur gṣan gyi dbaṅ gi mtshan ñid la kun brtags paḥi mtshan ñid

kyaṅ[(1)] de bṣin du rig par byaḥo
ṣes bya ba ni gñis pa mtshuṅs paḥi mtshan ñid de[(2)]/

(1) kyaṅ ⇒ 'du mṅon par ṣen pa yaṅ'
(2) 'mtshuṅs paḥi mtshan ñid de' ⇒ 'snaṅ bar gyur paḥi mtshan ñid kyi brtags pa daṅ sbyar ba ste'

謂由前說"執種子"故, 能生依他似色等相, 由現執故, 執彼爲實。
由此義故, 此上二段, 意顯三中遍計所執。

[(1)]btags pa rnam par[(2)] gyur paḥi phyir/ de dag la yaṅ dag pa ñid du ḥdsin te/ don deḥi phyir goṅ ma gñis ni don gyi rnam pa gsum las kun brtags pa[(3)] dper bstan pa yin no//

(1) 〈......〉 omitted. (2) 'btags pa rnam par' ⇒ 'brtags pa snaṅ bar' (3) pa ⇒ paḥi

(@4-25)[0256b06] "如彼清淨頗胝迦寶, 依他起相, 當知亦爾。"
[0256b07] 釋曰。第三、合依他起。

ji ltar yoṅs su dag paḥi śel rin po che de lta bur ni gṣan gyi dbaṅ gi mtshan ñid kyaṅ de bṣin du rig par byaḥo
ṣes bya ba ni gsum pa gṣan gyi dbaṅ daṅ sbyar ba ste/

謂頗胝迦即似青等, 如是依他, 由種子故, 似色、聲等種種相現。

ji ltar śel yoṅs su dag pa sṅon po la sogs pa lta bur snaṅ ba de bṣin du gṣan gyi dbaṅ yaṅ sa bon gyi dbaṅ gis gzugs daṅ sgra la sogs paḥi mtshan ñid kyaṅ de bṣin du[(1)] snaṅ bar gyur paḥo//

(1) 'kyaṅ de bṣin du' ⇒ 'rnam pa sna tshogs lta bur'

(@4-26)[0256b09] "如彼清淨頗胝迦上所有帝青大青、琥珀、末羅羯多、眞金等相, 於常常時、於恒恒時, 無有眞實、無自性性,"
[0256b11] 釋曰。第四、合圓成實。

ji ltar śel yoṅs su dag pa de ñid la yod paḥi anda-rñila daṅ/ mthon ka chen po daṅ/ padma-rāga daṅ/ margada daṅ gser yaṅ dag pa la sogs paḥi mtshan ñid rtag pa rtag paḥi dus [D.Ti.263a] daṅ/ ther zug ther zug gi dus su yoṅs su ma grub ciṅ yaṅ dag par raṅ gi ṅo bo ñid med pa[(1)] lta bur
ṣes bya ba la sogs pa ni bṣi pa yoṅs su grub pa daṅ sbyar baḥo//

(1) +ñid

於中有二：初、重擧前喩, 後、釋[(1)]法同喩。此即初也。

(1) SNST: 釋 ⇒ 擧

ḥdi yaṅ rnam pa gñis te/ dpe sṅa ma bzlas te bstan pa daṅ/ dpe daṅ don du sbyar ba ñid de/ ḥdi ni daṅ poḥo//

於頗胝迦上無實青等, 名"無有眞實", 亦名"無自性性"。
或可。"無眞實"者, 遮青等實。"無自性性"者, 雖無青等實, 而有[(1)]頗胝迦性。

(1) SNST: 有='非無'

śel la sṅon po la sogs pa yaṅ dag par med pa gaṅ yin pa de ni yoṅs su [(1)]grub pa ṣes kyaṅ bya/ yaṅ dag par raṅ gi ṅo bo ñid med pa ṣes kyaṅ byaḥo//
yaṅ na yoṅs su ma grub pa ṣes bya ba ni/ sṅon po la sogs pa dgag paḥo// yaṅ dag ar raṅ gi ṅo bo ñid med ces bya ba ni sṅon po la sogs pa med kyaṅ/ yaṅ dag par śel gyi ṅo bo ñid med pa ma yin ṣes bstan paḥo//

(1) +'ma'

(@4-27)[0256b15] "即依他起相上, 由遍計所執相, 於常常時、於恒恒時, 無有眞實、無自性性, 圓成實相, 當知亦爾。"
[0256b17] 釋曰。此即第二、釋[(1)]法同喩。

(1) SNST: 釋 ⇒ 擧

[ZH.68-621] gṣan gyi dbaṅ gi mtshan ñid la kun brtags paḥi mtshan ñid rtag pa

rtag paḥi dus daṅ/ ther zug ther zug gi dus su [(1)]ma grub ciṅ yaṅ dag par raṅ gi ṅo bo ñid[(2)] kyis yoṅs su grub paḥi mtshan ñid du rig par byaḥo
ṣes bya ba ni gñis pa dpe don daṅ sbyar ba ste/

(1) +'yoṅs su'
(2) +'med pa ñid'

於依他上無有所執實我等性，即此名爲“無自性性”。
或可。於依他上無有所執實，而有無自性性。

gṣan gyi dbaṅ la btags paḥi bdag la sogs paḥi ṅo bo ñid med pa gaṅ yin pa de ni raṅ gi ṅo bo ñid med pa ṣes byaḥo//
yaṅ na gṣan gyi dbaṅ la btags pa med kyaṅ yaṅ dag par raṅ gi ṅo bo ñid[(1)] med pa ni ma yin no ṣes bstan paḥo//

(1) +'med pa ñid'

“於常常時及恒恒時”者，自有兩釋。
一云。依[(1)]前前無故，說“常常”言。於[(2)]後後無故，說“恒恒”言。
一云。顯無有眞實故，說“常常”有[(3)]。[(4)]無自性性故，言[(5)]“恒恒”時[(6)]。

(1) Baek(2013c): 依=於; SNST: 依=*sic* (2) SNST: 於 ⇒ 依
(3) SNST: 有 ⇒ 言 ; JS, Baek(2013c): 有=時 (4) SNST: null ⇒ +顯
(5) SNST: 言 ⇒ 說 (6) SNST: 時 ⇒ 言

rtag pa rtag paḥi dus daṅ/ ther zug ther zug gi dus ṣes bya ba ni/ ḥdi la bśad pa rnam pa gñis yod de/
kha cig na re sṅa maḥi med pa la brten nas ni rtag pa rtag pa ṣes gsuṅs so//
phyi ma phyi maḥi med pa la brten nas ni ther zug ther zug ces bya ba gsuṅs so ṣeḥo//
kha cig na re yaṅ dag par yod pa ma yin par bstan paḥi phyir ni rtag pa rtag pa ṣes bya ba gsuṅs so// raṅ gi ṅo bo ñid med par bstan paḥi phyir ni ther zug ther zug ces bya ba gsuṅs so ṣeḥo//

[§. 三性、七眞如相攝]
問。此三性與七眞如，如何相攝?

解云。如《成唯識》第八卷說。

《彼》云："如是三性與七眞如, 云何相攝?

七眞如者。

一、流轉眞如, 謂有爲法流轉實性。【有爲有二種：一、四相所爲故名有爲, 二、煩惱所爲故名有爲。此即煩惱所爲。】

二、實相眞如, 謂二無我所顯實性。

三、唯識眞如, 謂染淨法唯識實性。【今此所取, 能觀染淨唯識觀智, 即是眞如也。】

四、安立眞如, 謂苦實性。

五、邪行眞如, 謂集實性。

六、淸淨眞如, 謂滅實性。

七、正行眞如, 謂道實性。

此七實性, 圓成實攝, 根本、後得二智境故。

隨相攝者, 流轉、苦、集三, 前二性攝, 妄執雜染故。餘四皆是圓成實攝。"

《辨中邊論》第二卷云："差別眞實, 略有七種：謂流轉、實相、唯識、安立、邪行、淸淨、正行。云何應知此七眞實依三根本眞實立耶? 頌曰。

流轉與安立, 　邪行依初二,
實相唯識清[1], 正行依後一。"

《顯揚論》第三、《瑜伽》七十七, 應准[2]此攝, 於理無違。

[1] JS, Taisho, SNST, Baek(2013c): 清 ⇒ 淨
[2] JS: 准=準

ṅo bo ñid gsum po ḥdi dag daṅ de bṣin ñid rnam pa bdun phan tshun ji ltar sdud ce na/

smras pa/ 《bstan bcos rnam par rig pa tsam du grub pa》 las ji skad du

ṅo bo ñid gsum po [D.Ti.263b] ḥdi dag daṅ de bṣin ñid bdun po dag phan tshun ji ltar sdud ce na/

de bṣin ñid bdun yaṅ daṅ po ḥjug paḥi de bṣin ñid ni ḥdi lta ste/ ḥdus byas kyi chos ḥjug paḥi chos[1] de kho na ñid do ṣes ḥbyuṅ ste/

de la ḥdus byas kyaṅ rnam pa gñis te/ daṅ po ni mtshan ñid bṣi po dag gis ḥdus[2] byas paḥi phyir ḥdus byas ṣes byaḥo// gñis pa ni ñon moṅs pas byas paḥi phyir ḥdus byas ṣes bya ste/ ḥdi ni ñon moṅs pas byas paḥo//

gṣan yaṅ de [ZH.68-622] las de kho naḥi mtshan ñid kyi de bṣin ñid ni ḥdi lta ste/ bdag med pa ñid[3] kyis rab tu phye baḥi de kho na ñid do//

rnam par rig pa tsam gyi de bṣin ñid ni ḥdi lta ste/ kun nas ñon moṅs pa daṅ rnam par byaṅ baḥi chos kyi rnam par rig paḥi[4] de kho na ñid do ṣes ḥbyuṅ ste/ ḥdir kun nas ñon moṅs pa daṅ/ rnam par byaṅ baḥi[5] rtog pa rnam par rig pa tsam du bsgom paḥi śes pa la de [6]ñid du bzuṅ ṅo//

gṣan yaṅ de la gnas paḥi de bṣin ñid ni ḥdi lta ste/ sdug bsṅal gyi de kho na ñid do//

log par bsgrub paḥi de bṣin ñid ni ḥdi lta ste/ kun ḥbyuṅ baḥi de kho na ñid do//

rnam par dag paḥi de bṣin ñid ni ḥdi lta ste/ ḥgog paḥi de kho na ñid do//

yaṅ dag par bsgrub paḥi de bṣin ñid ni ḥdi lta ste/ lam gyi de kho na ñid do//

de kho na ñid bdun po ḥdi dag ni yoṅs su grub pas bsdus te/ rtsa ba daṅ rjes las thob paḥi ye śes gñis kyi yul yin paḥi phyir ro//

mtshan ñid kyi rjes su bsdu na ḥjug pa daṅ sdug bsṅal daṅ/ kun ḥbyuṅ ba gsum ni ṅo bo ñid sṅa ma gñis kyis bsdus te/ yaṅ dag pa ma yin pa[7] kun nas ñon moṅs par btags[8] paḥi phyir ro//

gṣan bṣi ni yoṅs su grub pas bsdus so ṣes ḥbyuṅ ṅo//

《bstan bcos dbus daṅ mthaḥ rnam par ḥbyed pa》 las kyaṅ

bye brag gi de kho na ñid mdor bsdu na rnam pa bdun no// ḥdi lta ste/ ḥjug paḥi de kho na daṅ/ yaṅ dag paḥi mtshan ñid kyi de kho na daṅ/ rnam par rig paḥi[4] de kho na daṅ/ gnas paḥi de kho na [D.Ti.264a] daṅ/ log par sgrub paḥi de kho na daṅ/ rnam par dag paḥi de kho na daṅ/ yaṅ dag par sgrub paḥi de kho naḥo//

de kho na ñid bdun po ḥdi dag rtsa baḥi de kho na ñid gsum po dag tu ji ltar bsdu bar śes par bya ṣe na/ [ZH.68-623] tshig leḥur byas pa las/

> ḥjug pa daṅ ni gnas pa daṅ//
> log bsgrub daṅ po gñis la brten//
> mtshan ñid rnam par rig pa daṅ[9]//
> yaṅ dag sgrub phyi ma la brten//

ces ḥbyuṅ ste/

《bstan bcos rnam par bśad pa》 daṅ/ 《rnal ḥbyor spyod paḥi sa》 las kyaṅ ḥdi las ḥbyuṅ ba bṣin du bsdu bar bśad pas ḥgal ba med do//

(1) chos ⇒ null (2) PN: ḥdus ⇒ null (3) ñid ⇒ gñis (4) paḥi ⇒ 'pa tsam gyi'
(5) PN: baḥi ⇒ bar (6) +'bṣin' (7) PN: pa ⇒ pas (8) btags ⇒ brtags
(9) 'rnam par rig pa daṅ' ⇒ 'rnam par rig daṅ dag'

[§. 三性、五事相攝]

次後又問。三性、五事相攝云何?

諸聖教說, 相攝不定。

一、《瑜伽》七十四說 : "依他性攝彼相、名、分別、正智。成圓[1]實性攝彼眞如。遍計所執不攝五事。" 《彼》說"有漏心、心所法變似所詮, 說名爲'相'。似能詮現, 施設爲'名'。能變心等, 立爲'分別'。無漏心等, 離戲論故, 但總名'正智', 不說能、所詮。四從緣生, 皆依他攝"。

二、依《辨中邊》第二卷說 : "依他起性攝相、分別。遍計所執唯攝彼名。正智、眞如, 圓成實攝。" 《彼》說"有漏心及心所相分, 名'相'。餘名'分別'。遍計所執, 都無體故, 爲顯非有, 假說爲'名'。二無倒故, 圓成實攝"。

三、依《楞伽經》第七卷說 : "依他起唯攝分別。遍計所執攝彼相、名。正智、眞如, 圓成實攝。"

《彼》說"有漏心及心所相、見分等, 總名'分別', 虛妄分別爲自性故。遍計所執能詮、所詮, 隨情立爲'名'、'相'二事"。

四、依《世親攝大乘論》第四[2]卷說 : "名屬依他起性。義屬遍計所執。" 《彼》[3]"有漏心、心所法相、見分等, 由名勢力成所遍計, 故說爲'名'。遍計所執, 隨名橫計, 體實非有, 假立'義'名"。

如前四教所說五事、三性相攝, 文雖有異, 而義無違。

護法菩薩, 取初爲勝, 不雜亂故。

(1) JS, Taisho, SNST: '成圓' ⇒ '圓成' (2) Taisho, Baek(2013c): 四 ⇒ 五
(3) SNST: null ⇒ +說

ṅo bo ñid gsum daṅ dṅos po lṅa po dag phan tshun bsdu ba ji lta bu ṣe na/ ḥphags paḥi gsuṅ rab dag las phan tshun bsdu bar bśad pa yaṅ ṅes pa med de/ 《bstan bcos rnal ḥbyor spyod paḥi sa》 daṅ sbyar na ni 《de》 las
gṣan gyi dbaṅ gi ṅo bo ñid kyis ni rgyu mtshan daṅ/ miṅ daṅ rnam par rtog pa

daṅ/ yaṅ dag paḥi ye śes de dag bsdus so// yoṅs su grub paḥi ṅo bo ñid kyis ni de bṣin ñid bsdus so// kun brtags pas ni dṅos po lṅa po gaṅ yaṅ ma bsdus so ṣes bśad de/ 《de》 las

zag pa daṅ bcas paḥi sems daṅ sems las byuṅ baḥi chos brjod par bya ba lta bur snaṅ ba gaṅ yin pa de ni rgyu mtshan ṣes byaḥo//

brjod pa ḥdra bar snaṅ ba gaṅ yin pa de ni miṅ ṣes gdags so//

snaṅ bar byed paḥi sems la sogs pa la ni rnam par rtog pa ṣes rnam par ḥjog go//

zag pa med paḥi sems la sogs pa spros pa daṅ bral baḥi phyir thams cad kyaṅ yaṅ dag paḥi ye śes ṣes byaḥo ṣes bśad pas/ gzuṅ ḥdsin du mi ston ciṅ bṣi po dag rkyen las skye bar ston pas thams cad kyaṅ gṣan gyi dbaṅ gis bsdus pa yin no[(1)]//

《bstan bcos dbus daṅ mthaḥ rnam par ḥbyed pa》 las

gṣan gyi dbaṅ gi ṅo bo ñid kyis ni rgyu mtshan daṅ rnam par rtog pa bsdus so// kun tu brtags pas ni miṅ kho na bsdus so// yaṅ dag paḥi ye śes daṅ/ de [D.Ti.264b] bṣin ñid ni yoṅs su grub pas bsdu bar bśad de/ [ZH.68-624] 《de》 las

zag pa daṅ bcas paḥi sems daṅ sems las byuṅ baḥi rgyu mtshan gyi rnam pa gaṅ yin pa de ni rgyu mtshan ṣes byaḥo// gṣan ni rnam par rtog pa ṣes byaḥo// kun tu brtags pa ni bdag ñid ci yaṅ med paḥi phyir yod pa ma yin pa rab tu bstan paḥi ched du btags pa tsam du miṅ ṣes byaḥo// gñis ni phyin ci ma log paḥi phyir yoṅs su grub pas bsdus so ṣes ston pas so//

《ḥphags pa laṅ-kar gśegs paḥi mdo》 las/

gṣan gyi dbaṅ gi ṅo bo ñid kyis ni/ rnam par rtog pa kho na bsdus so// kun tu brtags pas ni rgyu mtshan daṅ miṅ bsdus so// yaṅ dag paḥi ye śes daṅ/ de bṣin ñid ni yoṅs su grub pas bsdus par bśad de/ 《de》 las

[(2)]sems daṅ sems las byuṅ baḥi rgyu mtshan daṅ/ lta baḥi rnam pa la sogs pa thams cad ni rnam par rtog pa ṣes byaḥo// yaṅ dag pa ma yin pa kun tu rtogs[(3)] paḥi ṅo bo ñid du gyur paḥi phyir/[(4)]

kun tu brtags pas brjod pa daṅ/ brjod par bya ba sems kyi rjes su rnam par gṣag pa gaṅ yin pa de la miṅ daṅ/ rgyu mtshan gyi dṅos po gñis ṣes ston pas so//

《theg pa chen po bsdus paḥi ḥgrel pa slob dpon dbyig gñen gyis mdsad pa》 las miṅ ni gṣan gyi dbaṅ gi ṅo bo ñid du rtogs so// don ni kun tu brtags paḥi ṅo bo ñid du rtogs so ṣes bśad de/ 《de》 las

zag pa daṅ bcas paḥi sems daṅ sems las byuṅ baḥi rgyu mtshan daṅ/ lta baḥi rnam pa la sogs pa miṅ gi mthuḫi dbaṅ gis kun brtags mṅon par ḫgrub pas na/ deḫi phyir miṅ ṣes bśad la/ kun brtags kyi miṅ gi rjes su nan gyis brtags pa tsam du zad kyi/ ṅo bo ñid yaṅ dag par yod pa ma yin pas bsags[5] pa tsam du don ṣes byaḫo ṣes bstan pas so//

goṅ du bśad ma thag paḫi bstan pa bṣi po [ZH.68-625] dag las dṅos po lṅa daṅ/ ṅo bo ñid rnam pa gsum phan tshun bsdus pa bśad pa la tshig mi mthun pa ḫdra yaṅ don la ni ḫgal ba med de/

slob dpon chos skyoṅ [D.Ti.265a] gis ni bśad pa daṅ po mchog tu bzaṅ ṅo ṣes bśad de/ ḫdres pa med paḫi phyir ro ṣeḫo//

(1) +'ṣes bśad pas so' (2) +'zag pa daṅ bcas paḫi' (3) PN: rtogs ⇒ rtog
(4) phyir/ ⇒ phyir ro// (5) bsags ⇒ btags

[§. 三性、五相相攝]

(1)復有問言：

"諸聖教中說有'五相', 此與三性相攝云何?

所詮、能詮, 各具三性。謂妄所計屬初性攝。相、名、分別, 隨其所應, 所詮、能詮, 屬依他起。眞如、正智, 隨其所應, 所詮、能詮, 屬圓成實, 後得變似能詮相故。

二相屬相, 唯初性攝, 妄執義名定相屬故。

彼執著相, 唯依他起, 虛妄分別爲自性故。

不執著相, 唯圓成實, 無漏智等爲自性故。"

《瑜伽》八十一："二性是所詮, 遍計所執性是能詮。"

第七十四、《顯揚》十六："能詮、所詮, 皆通三性。"

委細分別, 具如《唯識(2)第八卷疏》。

(1) SNST: null ⇒ +'依《成唯識》第八卷'
(2) SNST: '唯識' ⇒ '成唯識'

gṣan[1] 《bstan bcos rnam par rig pa tsam du grub pa》 las/

ḫphags paḫi gsuṅ rab rnams las mtshan ñid rnam pa lṅaḫo ṣes gsuṅs na/ de dag daṅ ṅo bo ñid rnam pa gsum daṅ/ phan tshun ji ltar bsdu ṣe na/ brjod par bya ba daṅ/ rjod par byed pa so so nas raṅ gi ṅo bo ñid gsum daṅ ldan pas ḫdi lta ste/ yaṅ dag pa ma yin pas brtags pa ni/ ṅo bo ñid daṅ pos bsdus te/

rgyu mtshan daṅ miṅ daṅ rnam par rtog pa ni ci rigs su sbyar ro// brjod par bya ba daṅ/ rjod par byed pa ni gṣan gyi dbaṅ du gtogs te/
de bṣin ñid daṅ yaṅ dag paḫi ye śes ni ci rigs su sbyar ro// brjod par bya ba daṅ/ rjod par byed pa ni yoṅs su grub par gtogs te/ rjes las thob pa rjod par byed paḫi mtshan ñid lta bur gyur paḫi phyir ro//
mtshan ñid gñis ni rgyu mtshan du gtogs pas[(2)] ṅo bo ñid daṅ po kho nas bsdus te/ yaṅ dag pa ma yin pa brtags paḫi don daṅ/ miṅ ni ṅes par phan tshun ḫbrel paḫi phyir ro//
des mṅon par ṣen paḫi mtshan ñid gaṅ yin pa de ni gṣan dbaṅ kho na yin te/ yaṅ dag pa ma yin paḫi rnam par rtog pa[(3)] raṅ gi ṅo bo ñid byed paḫi phyir ro//
mṅon par ṣen pa med paḫi mtshan ñid gaṅ yin pa de ni yoṅs su grub pa kho na yin te/ zag pa med paḫi śes pa la sogs pas raṅ gi ṅo bo ñid byed paḫi phyir ro ṣes ḫbyuṅ ṅo//
《bstan bcos rnal ḫbyor spyod paḫi sa》 las kyaṅ
ṅo bo ñid gñis ni brjod par bya ba yin no// kun brtags [ZH.68-626] paḫi ṅo bo ñid ni rjod par byed pa yin no ṣes bśad do//
《bstan bcos rnam par bśad pa》 las ni
rjod par byed pa daṅ brjod par bya ba gñi ga yaṅ ṅo bo ñid gsum du gtogs so ṣes bśad do//
ṣib tu rnam par dbye ba ni《bstan bcos rnam par rig pa tsam du grub paḫi ḫgrel pa》 las byuṅ bas de bṣin du rig par byaḫo//

(1) PN: null ⇒ +yaṅ
(2) 'mtshan ñid gñis ni rgyu mtshan du gtogs pas' ⇒ 'gñis po dag gi rab tu ḫbrel paḫi mtshan ñid gaṅ yin pa de ni'
(3) pa ⇒ pas

(@4-28)[0257a16] "復次, 德本! 相、名相應以爲緣故, 遍計所執相而可了知。"
[0257a18] 釋曰。自下第二、依[(1)]能觀門[(2)]明善巧菩薩。

(1) JS, SNST: 依 ⇒ 約
(2) JS, Baek(2013c): 門=人；SNST: 門=*sic*

gṣan yaṅ yon tan ḫbyuṅ gnas mtshan ma daṅ miṅ [D.Ti.265b] ḫbrel pas rkyen

byas paḥi phyir ni kun brtags paḥi mtshan ñid rab tu śes so
ṣes bya ba ḥdi man chad ni gñis pa brtags paḥi sgo las brtsams nas mkhas paḥi byaṅ chub sems dpaḥ rab tu bstan paḥo//

於中有二：初、長行廣釋，後、以頌略說。

ḥdi yaṅ rnam pa gñis su dbye ste/ tshig rkyaṅ pas rgya cher rnam par bśad pa daṅ/ tshigs su bcad pas mdor bstan paḥo//

前中有二：初、略辨三相勸物令知，後、依前三相正顯觀門。
又釋，即分爲二：初、正辨觀門，後、“如是德本”下重牒前觀以答前問。
前中有三：初、明菩薩了知三性，次、“善男子”下知三性故了知三相，後、“善男子”下知三相故斷染證淨。
雖有兩科，且依後釋。

daṅ po yaṅ rnam pa gñis te/ mtshan ñid(1) mdor rnam par phye nas gṣan dag la khoṅ du chud par bya bar bskul ba daṅ/ mtshan ñid gsum po sṅa ma ñid las brtsams nas rnal ḥbyor bsgom paḥi sgo yaṅ dag par bstan paḥo//
bśad paḥi rnam graṅs gṣan du ni rnam pa gñis su phye nas bstan te/ rnal ḥbyor bsgom paḥi sgo nas bstan pa daṅ/ ḥdi ltar yon tan ḥbyuṅ gnas ṣes bya ba man chad kyis sṅa maḥi rnal ḥbyor bzlas nas ṣus pa sṅa maḥi lan gsuṅs paḥo//
daṅ po yaṅ rnam pa gsum du dbye ste/ byaṅ chub sems dpaḥ rnams kyi ṅo bo ñid gsum khoṅ du chud paḥi mtshan ñid(2) bstan pa daṅ/ rigs kyi bu ṣes bya ba man chad kyis ṅo bo ñid gsum śes paḥi dbaṅ gis mtshan ñid gsum khoṅ du chud par ḥgyur ba bstan pa daṅ/ rigs kyi bu ṣes bya ba man chad kyis mtshan ñid śes [ZH.68-627] paḥi dbaṅ gis kun nas ñon moṅs pa spaṅs nas/ rnam par byaṅ ba mṅon du byed par bstan paḥo//
de ltar rnam pa gñis su bśad pa yod mod kyi/ ḥdir ni re ṣig bśad pa phyi ma la brten nas bśad pa yin no//

(1) +‘gsum po’
(2) ‘paḥi mtshan ñid’ ⇒ ‘par ḥgyur ba’

此即第一、了知三性。三性別故，即分爲三。

此即初也。謂所詮相與能詮名，互相繫屬以爲緣故，妄所執相，遍計所執而可了知。
故《瑜伽》七十三云："遍計所執自性，緣何應知？答。緣於相、名相屬應知。"

ḥdi ni daṅ po ṅo bo ñid gsum śes par bstan pa ste/ ṅo bo ñid gsum tha dad pa ñid kyi phyir/ de las rnam pa gsum du dbyeḥo//
ḥdi ni daṅ po ste/ ḥdi ltar brjod par bya baḥi mtshan ma daṅ/ rjod par byed paḥi miṅ phan tshun ḥbrel pas rkyen byas paḥi phyir/ yaṅ dag pa ma yin pas brtags paḥi mtshan ñid de kun brtags pa yin par rab tu śes par ḥgyur baḥi phyir
《bstan bcos rnal ḥbyor spyod paḥi sa》 las/
kun brtags paḥi ṅo bo ñid ci ṣig la dmigs par [D.Ti.266a] blta bar bya ṣe na/ smras pa/ mtshan ma daṅ miṅ ḥbrel pa la dmigs par rig par byaḥo ṣes ḥbyuṅ ṅo//

若廣分別，如《三無性論》。
《彼》第一云："分別性者，無有體相，名等五法所不攝故[(1)]。外曰，無體[(2)]云何分別？答。但有[(3)]無義故[(4)]。何以故？如世間於義中立名，凡夫執名分別義性，謂名即義性。此爲顚倒，但有名[(5)]分別無實體故[(6)]。何以故？此名及義，互爲客故。云何知然？由三義故，此理可知：一、名前覺不生，二、多體相違失，三、雜體相違過。"
具如《彼論》。《攝大乘論》同《三無性》。

(1) SNST: '名等五法所不攝故' ⇒ '故名等五法所不攝' (2) JS: 體='體相'; SNST: 體=*sic*
(3) JS, SNST, Baek(2013c): null ⇒ +名 (4) JS: 故=null; SNST: 故=*sic*
(5) Taisho, Baek(2013c): 名=null; SNST: 名=*sic*
(6) Taisho, Baek(2013c): 故=null; SNST: 故=*sic*

rgya cher rnam par ḥbyed pa ni《ṅo bo ñid med pa gsum bstan paḥi bstan bcos》las ḥbyuṅ ba bṣin du rig par bya ste/《de ñid》las
kun tu rtog paḥi ṅo bo ñid ni bdag ñid kyi mtshan ñid med pas miṅ la sogs paḥi chos lṅa po dag gis ma bsdus so// bdag ñid med na ji ltar rtog par byed ce na/
smras pa/ miṅ kho nar zad kyi don med paḥi phyir ro//

de ciḥi phyir ṣe na/ dper na ḥjig rten pa rnams don las miṅ btags pas skye bo rnams miṅ la mṅon par ṣen nas/ don gyi ṅo bo ñid du rtogs[(1)] pas miṅ ni don gyi ṅo bo ñid do ṣes zer ba lta bu dag ni phyin ci log yin pas miṅ du rnam par rtog pa tsam du zad de yaṅ dag paḥi bdag ñid med paḥi phyir ro//
de ciḥi phyir ṣe na/ miṅ daṅ don de dag gi phan tshun gcig la gcig glo bur yin paḥi phyir ro//
de ltar ci mṅon ṣe na/ don rnam pa [ZH.68-628] gsum gyi phyir don ḥdi śes par ḥgyur te miṅ gi blo mi skye ba daṅ/ bdag ñid maṅ po ḥgal baḥi skyon daṅ/ bdag ñid sna tshogs ḥgal paḥi skyon no ṣes ḥbyuṅ ste/
ṣib tu 《de ñid》 las ḥbyuṅ ba bṣin no//
《bstan bcos theg pa chen po bsdus pa》 las kyaṅ ḥdi daṅ mthun par ston to//

(1) rtogs ⇒ rtog

(@4-29)[0257b12] "依他起(1)上遍計所執相執以(2)爲緣(3), 依他起相而可了知。"
[0257b14] 釋曰。此(4)釋依他(5)。

(1) JS, Taisho, SNST, Baek(2013c): null ⇒ +相 (2) JS: 以=null; Taisho: 以=*sic*
(3) JS, Taisho, SNST, Baek(2013c): null ⇒ +故 (4) SNST: 此 ⇒ '此即第二'
(5) SNST: null ⇒ +相

gṣan gyi dbaṅ gi mtshan ñid la kun brtags paḥi mtshan ñid du mṅon par ṣen pas rkyen byas paḥi phyir ni gṣan gyi dbaṅ gi mtshan ñid rab tu śes so
ṣes bya ba ni gñis pa gṣan gyi dbaṅ gi mtshan ñid rnam par bśad pa ste/

謂執遍計所執相分別以爲緣故, 依他起性而得生起。
故《顯揚》第十六云 : "於依他起自性, 執著初自性故, 起於熏智(1), 則成雜染。"
又(2)云 : "於所執相所起執故, 應可了知是依他起。"若能執者從緣生故。
故(3)《佛性論》第二卷云 : "問曰。依他起性, 緣何因故得成耶? 答曰。緣執分別性, 故得顯現。"

(1) JS, SNST, Baek(2013c): '熏智' ⇒ '熏習' (2) SNST: null ⇒ +'《彼》' (3) SNST: 故 ⇒ null

ḥdi ltar kun tu brtags paḥi mtshan ñid la rnam par rtog pa ñid du mṅon par ṣen pa ñid du rkyen byas paḥi phyir gṣan gyi dbaṅ gi ṅo bo ñid skyes par gyur pa ste/ deḥi phyir《bstan bcos rnam par bśad pa》las/

gṣan gyi dbaṅ gi ṅo bo ñid la ṅo bo ñid daṅ po ñid du mṅon par ṣen paḥi phyir/ yoṅs su bsgo ba bskyed nas kun nas ñon moṅs pa mṅon par ḥgrub po ṣes ḥbyuṅ ba yin no//

gṣan [D.Ti.266b] yaṅ《de ñid》las

kun brtags paḥi mtshan ñid mṅon par ṣen pa bskyed paḥi phyir gṣan gyi dbaṅ yin par rab tu śes so ṣes bśad do//

de ltar mṅon par ṣen pa gaṅ yin pa de ni rkyen las skyes paḥi phyir ro//

《saṅs rgyas kyi ṅo bo ñid bstan paḥi bstan bcos》las

gṣan gyi ṅo bo ñid rgyu daṅ rkyen gaṅ yin pa mṅon par ḥgrub par ḥgyur ṣe na/ smras pa/ kun tu rtog paḥi ṅo bo ñid la mṅon par ṣen paḥi phyir rab tu snaṅ bar gyur pa yin no ṣes ḥbyuṅ ba yin no//

問。依他起通染及淨, 如何但言“所執相執以爲緣故, 依他起性而可了知”?

會釋此難, 如《瑜伽論》第七十四說。故《彼》云 : “問。若依他起自性亦正智所攝, 何故前說‘依他起自性, 緣遍計所執自性執, 應可了知’? 答。彼意唯說, 依他起自性雜染分, 非清淨分。若清淨分, 當知緣彼無執應可了知。”

gṣan gyi dbaṅ ni kun nas ñon moṅs pa daṅ/ rnam par byaṅ ba gñi gar gtogs pa yin na/ ciḥi phyir mṅon par ṣen pas rkyen byas paḥi phyir/ gṣan gyi dbaṅ gi ṅo bo ñid rab tu śes so//(1)

rgol ba ḥdiḥi lan [ZH.68-629] brda sprod pa ni《bstan bcos rnal ḥbyor spyod paḥi sa》las ji skad du bstan pa dag ñid yin te/ deḥi phyir《de ñid》las

gal te gṣan gyi dbaṅ gi ṅo bo ñid yaṅ dag paḥi śes pas kyaṅ bsdus pa yin na ni/ des na gṣan gyi dbaṅ gi ṅo bo ñid ni kun brtags paḥi ṅo bo ñid la mṅon par ṣen pa la brten nas śes par ḥgyur ro ṣes smras pa/ de ji lta bu ṣe na/ smras pa/ de ni kun nas ñon moṅs par gyur paḥi phyogs kyi gṣan gyi dbaṅ gi ṅo bo ñid las bsams pa yin gyi/ rnam par byaṅ par gyur paḥi phyogs las ni ma yin te/ rnam par byaṅ bar ḥgyur baḥi phyogs ni mṅon par ṣen pa med pa la brten nas śes par ḥgyur ba yin par rig par byaḥo ṣes ḥbyuṅ ba yin no//

(1) 'so//' ⇒ 'so ṣes gsuṅs/'

(@4-30)[0257c02] "依他起相上遍計所執相無執以爲緣故，圓成實相而可了知。"
[0257c04] 釋曰。此[(1)]釋圓成實[(2)]。

(1) SNST: null ⇒ +'即第三'
(2) SNST: null ⇒ +相

gṣan gyi dbaṅ gi mtshan ñid la kun brtags paḥi mtshan ñid du mṅon par ṣen pa med pas rkyen byas paḥi phyir ni yoṅs su grub paḥi mtshan ñid rab tu śes so ṣes bya ba ni gsum pa yoṅs su grub paḥi mtshan ñid rnam par bśad pa ste/

謂於依他起上無所執相，以顯眞實，故言"無執"。
故《瑜伽》七十三云："緣遍計所執自性，於依他起自性中畢竟不實，應知。"
或可。無執即是聖道。不執著故，名爲"無執"。
此意說云。不執著道以爲因故，證得清淨圓成實性。故《瑜伽》云："世尊於餘經中說'緣不執著遍計所執自性，應知此性'者，依得清淨說，不依相說。"
解云。"餘經"者即《此經》也。
"依得清淨"者，依內證得眞如聖道，顯所證理。或可。由聖道力，斷染證得清淨眞如，依能證道，顯所證理。
"不依相說"者，此文不依遣所執相顯圓成實。
若依前說，言"餘經"者，指所餘經。

ḥdi ltar gṣan gyi dbaṅ la mṅon par ṣen pa med paḥi mtshan ñid kyis rab tu phye ba las yoṅs su grub pa skye baḥi phyir mṅon par ṣen pa med pa ṣes gsuṅs te/ deḥi phyir 《rnal ḥbyor spyod paḥi sa》 las
kun brtags paḥi ṅo bo ñid la dmigs pa gaṅ yin pa [D.Ti.267a] de ni(?) gṣan gyi

dbaṅ gi ṅo bo ñid la gtan du ma grub par śes par byaḥo ṣes ḥbyuṅ ba ñid do// yaṅ na mṅon par ṣen pa med pa ni ḥphags paḥi lam yin te/ mṅon par ṣen pa med pa ṣes byaḥo//
de ni ḥdi skad du lam la rgyu ñid du mṅon par ṣen pa med paḥi phyir yoṅs su grub paḥi ṅo bo ñid ḥthob par ḥgyur ro ṣes bstan par ḥgyur te/ deḥi phyir 《bstan bcos rnal ḥbyor spyod paḥi sa》 las
bcom ldan ḥdas kyis mdo gṣan las kun [ZH.68-630] brtags paḥi ṅo bo ñid la mṅon par ṣen pa med pa las śes par byaḥo ṣes gsuṅs te/ ṅo bo ñid ḥdi ni(?) yoṅs su dag pa thob pa la brten nas bśad pa yin gyi/ mtshan ñid la brten nas bśad pa ni ma yin no ṣes ḥbyuṅ ste/
de la mdo gṣan las ṣes bya ba ni 《mdo ḥdi ñid》 la byaḥo//
yoṅs su dag pa thob pa las ṣes bya ba ni naṅ gi de bṣin ñid kyi ḥphags paḥi lam thob pa la brten nas mṅon du byas paḥi don rab tu bstan paḥam/ yaṅ na ḥphags paḥi lam gyi stobs kyis kun nas ñon moṅs pa spaṅs nas rnam par byaṅ ba de bṣin ñid thob pa ste/ ḥthob par byed paḥi lam la brten nas mṅon du byas paḥi don rab tu bstan paḥo//
mtshan ñid la brten nas bśad pa ni ma yin ṣes bya ba ḥdi ni btags[(1)] paḥi mtshan ñid spaṅs pa la brten nas yoṅs su grub pa bstan pa ma yin paḥo//
bśad pa sṅa ma daṅ sbyar na mdo[(2)] ṣes bya ba ni mdo gṣan dag las khuṅs bstan paḥo//

(1) NC: btags ⇒ brtags
(2) mdo ⇒ ‘mdo gṣan’

有云。“無執”者，無能執依他及所執分別，故言“無執”。
故《佛性論》云：“問曰。眞實性，緣何因得成？答曰。由分別、依他[(1)]極無所有，故得顯現。”
解云[(2)]。譯家謬也。遣依他起，違自所宗《瑜伽》等故。

(1) JS: ‘分別依他’=‘分別依他二性’; SNST: ‘分別依他’=*sic*
(2) JS: 云=此; SNST: 云=*sic*

kha cig na re mṅon par ṣen pa med pa ṣes bya ba ni/ mṅon par ṣen pa po gṣan gyi dbaṅ daṅ mṅon par ṣen par bya ba kun tu rtog pa med paḥi phyir mṅon par ṣen pa med pa ṣes gsuṅs so ṣeḥo//

《bstan bcos saṅs rgyas kyi ṅo bo ñid bstan pa》 las
yoṅs su grub paḥi ṅo bo ñid ciḥi phyir rgyus mṅon par grub par ḥgyur ṣe na/ smras pa/ kun tu rtog pa daṅ/ gṣan gyi dbaṅ śin tu mi dmigs pas rab tu phye bas so ṣes ḥbyuṅ ba ni lo tsā ba dag gis nor te/ gṣan gyi [D.Ti.267b] dbaṅ rnam par ḥjog[(1)] pas bdag ñid kyis yod par ḥdod paḥi gṣuṅ 《bstan bcos rnal ḥbyor spyod paḥi sa》 la sogs pa daṅ ḥgal bar ḥgyur baḥi phyir ro//

(1) ḥjog ⇒ ḥjig

(@4-31)[0257c19] "善男子! 若諸菩薩能於諸法依他起相上如實了知遍計所執相, 即能如實了知一切無相之法。"
[0257c21] 釋曰。此下第二、知三性故了知三相。

rigs kyi bu gal te byaṅ chub sems dpaḥ rnams kyi[(1)] chos rnams kyi gṣan [ZH.68-631] gyi dbaṅ gi mtshan ñid la kun brtags paḥi mtshan ñid yaṅ dag pa ji lta ba bṣin du rab tu śes na/ mtshan ñid med paḥi chos thams cad yaṅ dag pa ji lta ba bṣin du rab tu śes so
ṣes bya ba ḥdi man chad[(2)] gñis pa ṅo bo ñid[(3)] śes paḥi dbaṅ gis mtshan ñid gsum khoṅ du chud par ḥgyur ba ṣes bya ba ston to//

(1) kyi ⇒ kyis (2) +ni (3) +gsum

三相不同, 即分爲三。此即第一、知所執故了知無相。

mtshan ñid gsum mi mthun pa ñid kyis de las gsum du dbye ste/ ḥdi ni daṅ po kun brtags khoṅ du chud pa ñid kyi phyir/ mtshan ñid med pa khoṅ du chud par ḥgyur bar bstan paḥo//

謂如前說"相名相應以爲緣故"(=@4-28), 如實了知遍計所執名相假立、無實自性。由此即能如實了知一切所執無相之法。

ḥdir goṅ du bśad pa ltar mtshan ma daṅ mi[(1)] ḥbrel pas rkyen byas paḥi phyir/ yaṅ dag pa ji lta ba bṣin du kun brtags miṅ daṅ/ rgyu mtshan btags pa tsam du rnam par gṣag pa yin gyi/ yaṅ dag par raṅ gi ṅo bo ni med do ṣes śes pa des na brtags pa thams cad mtshan ñid med pa[2] chos su yaṅ dag pa ji lta ba bṣin du rab tu śes so ṣes bya baḥi tha tshig go//

(1) mi ⇒ miṅ
(2) pa ⇒ paḥi

(@4-32)[0258a02] "若諸菩薩如實了知依他起相, 即能如實了知一切雜染相法。"
[0258a04] 釋曰。此即第二、了依他故知雜染相。

gal te byaṅ chub sems dpaḥ rnams kyi[1] gṣan gyi dbaṅ gi mtshan ñid yaṅ dag pa ji lta ba bṣin du rab tu śes so//[2] kun nas ñon moṅs paḥi mtshan ñid kyi chos thams cad yaṅ dag pa ji lta ba bṣin du rab tu śes so
ṣes bya ba ni gñis pa gṣan gyi dbaṅ śes paḥi phyir kun nas ñon moṅs paḥi mtshan ñid kyaṅ śes par bstan pa ste/

(1) kyi ⇒ kyis
(2) so// ⇒ na/

謂能了知從相執起皆是依他, 即能了知雜染是依他起。前、是總觀, 後、是別觀。前後二相, 准此應知。
又云。初、約自性辨依他觀, 後、約差別辨依他觀。
又云。前、依盡所有性, 後、是[1]如所有性。

(1) SNST: 是 ⇒ 依

ḥdi ltar rgyu mtshan la brtags pa ḥbyuṅ ba dag ni gṣan gyi dbaṅ yin no ṣes śes pa ñid kyis kun nas ñon moṅs pa thams cad ni/ gṣan gyi dbaṅ yin par rab tu śes par ḥgyur bas so// de la sṅa ma ni spyir brtag[1] paḥo// de la phyi ma ni rnam par phye ste rnam par brtags pa yin pas/ sṅa phyiḥi mtshan ñid gñi ga yaṅ de bṣin du śes par byaḥo//
gṣan yaṅ sṅa ma ni raṅ gi ṅo bo ñid las brtsams nas/ gṣan gyi [ZH.68-632] dbaṅ [D.Ti.268a] brtag pa rnam par ḥbyed paḥo// phyi ma ni bye brag las brtsams nas/ gṣan gyi dbaṅ brtag pa rnam par ḥbyed paḥo//
gṣan yaṅ sṅa ma ni ji sñed pa yod pa ñid las brtsams paḥo//

phyi ma ni ji lta ba bṣin du yod pa ñid las brtsams paḥo//

(1) PN: brtag ⇒ brtags

(@4-33)[0258a09] “若諸菩薩如實了知圓成實相, 即能如實了知一切清淨相法。”
[0258a11] 釋曰。此即第三、了圓成實[(1)]知清淨相。

(1) SNST: null ⇒ +故

gal te byaṅ chub sems dpaḥ rnams kyis yoṅs su grub paḥi mtshan ñid yaṅ dag pa ji lta ba bṣin du rab tu śes na/ rnam par byaṅ baḥi mtshan ñid kyis[(1)] chos thams cad yaṅ dag pa ji lta ba bṣin du rab tu śes so
ṣes bya ba ni gsum pa yoṅs su grub paḥi śes pa ñid kyis rnam par byaṅ baḥi mtshan ñid rab tu śes par ḥgyur bar bstan pa ste/

(1) kyis ⇒ kyi

謂遍計所執無執以爲緣故, 即能了知諸清淨法皆圓成實。

ḥdi ltar kun brtags la mṅon par ṣen pa med pas rkyen byas paḥi phyir rnam par byaṅ baḥi chos yoṅs su grub pa yaṅ rab tu śes par ḥgyur baḥo//

(@4-34)[0258a13] “善男子! 若諸菩薩能於依他起相上如實了知無相之法, 即能斷滅雜染相法。”
[0258a15] 釋曰。此下第三、知三相故斷染證淨。

rigs kyi bu gal te byaṅ chub sems dpaḥ rnams kyi[(1)] gṣan gyi dbaṅ gi mtshan ñid la mtshan ñid med paḥi chos yaṅ dag pa ji lta ba bṣin du rab tu śes na/ kun nas ñon moṅs paḥi mtshan ñid kyi chos rab tu spoṅ ṅo
ṣes bya ba ḥdi man chad ni gsum pa[(2)] śes paḥi dbaṅ gis kun nas ñon moṅs pa spaṅs nas rnam par byaṅ ba mṅon du byed par bstan paḥo//

(1) PN: kyi ⇒ kyis
(2) ‘gsum pa’ ⇒ ‘mtshan ñid gsum’

於中有二：初、了知無相斷雜染法，後、斷雜染故證得清淨。此即初也。

ḥdi yaṅ rnam pa gñis te mtshan ñid med pa śes pa ñid kyis kun nas ñon moṅs paḥi chos spoṅ bar bstan pa daṅ/ kun nas ñon moṅs pa spaṅs pa ñid kyi phyir rnam par byaṅ ba ḥthob par bstan paḥo//
ḥdi ni daṅ po ste/

[§. 無相法]
然無相法，自有三釋。
一云。即所執性，隨情說有，據理即無，相常無故，故名"無相"。
故《中邊》云："遍計所執，此相本無，故名無相。"
若依此釋，謂能了知無相法故，依他起性雜染相法即不得生，故說"能斷雜染相法"。若無所執，雜染相法不得生故。
故《瑜伽論》七十四云："問。遍計所執自性能爲幾業？答。五：一、能生依他起自性；二、即於彼性能起言說；三、能生補特伽羅執；四、能生法執；五、能攝受彼二種執習氣麤重。"

mtshan ñid med paḥi chos de la yaṅ bśad pa rnam pa gsum yod de/
kha cig na re btags[(1)] paḥi ṅo bo ñid sems kyis su yod ces bśad par zad kyi yaṅ dag par yod pa ma yin te mtshan ñid thams cad du med paḥi phyir mtshan ñid med pa ṣes bya ste/ deḥi phyir [ZH.68-633] 《bstan bcos dbus daṅ mthaḥ rnam par ḥbyed pa》 las/ kun brtags paḥi ṅo bo ñid raṅ bṣin gyis med paḥi phyir mtshan ñid med pa ṣes byaḥo ṣes bstan pa yin no ṣeḥo//
bśad pa ḥdi daṅ sbyar na mtshan ñid med paḥi chos khoṅ du chud paḥi [D.Ti.268b] phyir gṣan gyi dbaṅ gi ṅo bo ñid kun nas ñon moṅs paḥi mtshan ñid kyi chos skye bar mi ḥgyur baḥi phyir kun nas ñon moṅs paḥi mtshan ñid kyi chos rab tu spoṅ bar gsuṅs pa yin te/ gal te btags[(1)] pa med na kun nas ñon moṅs paḥi mtshan ñid kyi chos skye bar mi ḥgyur paḥi phyir ro//
deḥi phyir 《bstan bcos rnal ḥbyor spyod paḥi sa》 las
kun brtags paḥi ṅo bo ñid las du dag byed ce na/ smras pa/ lṅa ste gṣan gyi dbaṅ gi ṅo bo ñid skyed par byed pa daṅ/ de la tha sñad ḥjug par byed pa daṅ/ gaṅ zag la mṅon par ṣen pa skyed par byed pa daṅ/ chos la mṅon par ṣen pa skyed par byed pa daṅ/ de gñi ga la mṅon par ṣen paḥi bag chags gnas

ṅan len yoṅs su ḥdsin par byed paḥo ṣes ḥbyuṅ ba yin no//

(1) btags ⇒ brtags

一云。依他起上無所執性所顯眞如，離諸相故，名爲“無相”。
故《攝論》云：“眞如，永離一切色等相故，故名無相。”
又《廣百論》云：“眞如空理[(1)]，離有、無等一切法相，故名無相。”
若依此釋，謂能了知無相法故，即能斷滅依他起性雜染相法。

(1) Taisho, Baek(2013c): ‘眞如空理’=‘又眞空理’; SNST: ‘眞如空理’=*sic*

kha cig na re gṣan gyi dbaṅ la btags[(1)] paḥi ṅo bo ñid med pas rab tu phye baḥi de bṣin ñid mtshan ma rnams daṅ bral baḥi phyir mtshan ñid med pa ṣes bya ste/ deḥi phyir《bstan bcos theg pa chen po bsdus pa》las/
de bṣin ñid gzugs la sogs paḥi mtshan ma thams cad daṅ gtan du bral baḥi phyir mtshan ñid med pa ṣes byaḥo ṣes bstan to//
gṣan yaṅ《bstan bcos śin tu rgyas pa brgya pa》las/
de bṣin ñid stoṅ pa ñid kyi don ni yod pa daṅ/ med pa la sogs pa chos thams cad kyi mtshan ma daṅ bral baḥi phyir mtshan ñid med pa ṣes byaḥo ṣes ḥbyuṅ ba yin no ṣeḥo//
bśad pa ḥdi daṅ sbyar na ni ḥdi ltar mtshan ñid med paḥi chos rab tu śes par ḥgyur [ZH.68-634] ba ñid kyi phyir gṣan gyi dbaṅ gi ṅo bo ñid kun nas ñon moṅs paḥi mtshan ñid kyi chos rab tu spoṅ bar ston to//

(1) btags ⇒ brtags

一云。所執、圓成，皆名“無相”，前二義故。
若依此釋，謂能了知遍計所執無相法故，即能悟入圓成實性無相之法，由能悟入圓成實故，即能斷滅依他起性雜染相法。
故《瑜伽》七十四云：“問。若觀行者如實悟入遍計所執自性時，當言隨入何等自性？答。圓成[(1)]自性。問。若觀行者隨入圓成[(1)]自性時，當言除遣何等自性？答。依他起自性。”

(1) JS, Taisho, SNST, Baek(2013c): ‘圓成’ ⇒ ‘圓成實’

kha cig na re yoṅs su grub pa ñid du ḥdsin pa[(1)] ni kun kyaṅ mtshan ñid med pa ṣes bya ste/ sṅa maḥi don rnam pa gñis kyi phyir ro ṣeḥo//

bśad pa ḥdi daṅ sbyar na ḥdi ltar kun brtags paḥi mtshan ñid med paḥi chos su rtogs paḥi phyir yoṅs su grub paḥi ṅo bo ñid mtshan ñid med paḥi chos khoṅ du chud ciṅ de la ḥjug par ḥgyur [D.Ti.269a] te/ yoṅs su grub paḥi ṅo bo ñid khoṅ du chud ciṅ ḥjug par ḥgyur ba des na gṣan gyi dbaṅ gi ṅo bo ñid kun nas ñon moṅs paḥi mtshan ñid [(2)]chos rab tu spoṅ ṅo ṣes ston te/ deḥi phyir 《bstan bcos rnal ḥbyor spyod paḥi sa》 las/

rnal ḥbyor pas kun brtags paḥi ṅo bo ñid la yaṅ dag par ṣugs pa na ṅo bo ñid gaṅ gi rjes su ḥjug ce na/ smras pa/ yoṅs su grub paḥi ṅo bo ñid kyi rjes su ḥjug go// rnal ḥbyor pas yoṅs su grub paḥi ṅo bo ñid kyi rjes su ṣugs pa na ṅo bo ñid gaṅ rnam par ḥjig par byed ce na/ smras pa/ gṣan gyi dbaṅ gi ṅo bo ñid rnam par ḥjig par byed do ṣes bstan pa yin no//

(1) 'yoṅs su grub pa ñid du ḥdsin pa' ⇒ 'brtags pa daṅ yoṅs su grub pa gñi ga'
(2) +kyi

(@4-35)[0258b13] "若能斷滅雜染相法，即能證得清淨相法。"
[0258b14] 釋曰。此即第二、斷雜染故證得涅槃。

(1) SNST: '涅槃'='清淨涅槃'

gal te kun nas ñon moṅs paḥi mtshan ñid kyis[(1)] chos rab tu spaṅs na rnam par byaṅ baḥi mtshan ñid kyi chos ḥthob par ḥgyur[(2)]
ṣes bya ba ni gñis pa kun nas ñon moṅs pa spaṅs pa ñid kyi phyir rnam par byaṅ ba mya ṅan las ḥdas pa thob par bstan pa ste/

(1) kyis ⇒ kyi
(2) +ro//

謂由斷滅雜染法故，即能證得清淨涅槃。

ḥdi ltar kun nas ñon moṅs paḥi chos spaṅs pa ñid kyi phyir rnam par byaṅ pa mya ṅan las ḥdas pa thob par ḥgyur baḥo//

問。此三相觀依何位說？ 若在地前，如何能斷雜染相法？ 要無漏道方能斷故。若在地上，入初地時證二空理，如何先起二性觀耶？
解云。此三相觀分成兩位：初二性觀，依加行位，作[(1)]四尋思、四如實智；第三圓成，在十地位。是故，《無著攝大乘論》立三性觀，釋《此經》意。故彼第六卷論[(2)]云："如是，菩薩悟入意言似義相故，悟入遍計所執性。悟入唯識故，悟入依他起性。云何悟入圓成實性？若已滅除意言聞法熏習種類唯識之想，爾時，菩薩已遣義想，一切似義無容得生，故似唯識亦不得起[(3)]。由是因緣，住一切義無分別名。【'無分別名'者，能詮眞諦平等法名。以所詮眞如是一切義無分別理。今能詮名，從所詮立名，名'無分別名'。此所詮眞如，從能詮立目，故云'無分別名'。】
於法界中，便得現見相應而住。爾時，菩薩平等平等所緣、能緣無分別智已得生起，由此菩薩名已悟入圓成實性。"
即准此文，圓成實觀唯在地上。
故《成唯識》第九頌云：

若時於所緣，智都無所得，
爾時住唯識，離二取相故。

(1) SNST: 作='作意' (2) SNST: '彼第六卷論' ⇒ '《彼論》第六卷云'
(3) JS, Taisho, SNST, Baek(2013c): 起 ⇒ 生

mtshan ñid gsum poḥi rnal ḥbyor ḥdiḥi gnas skabs gaṅ la brten nas bstan/ gal te saḥi mdun rol laḥo ṣe na/ ḥo na ni kun nas ñon moṅs paḥi mtshan ñid kyi chos ji ltar spoṅ bar ḥgyur te/ ḥdi ltar gaṅ [ZH.68-635] zag med paḥi las[(1)] kyis gdod spoṅ baḥi phyir ro// gal te sa la gnas pa laḥo ṣe na/ sa daṅ po la ṣugs paḥi tshe stoṅ pa ñid rnam pa gñis mṅon du gyur pas/ ji ltar sṅar ṅo bo ñid gñis kyi rnal ḥbyor skyed ce na/
smras pa/ mtshan ñid gsum gyi rnal ḥbyor ḥdi yaṅ gnas skabs rnam pa gñis gñis[(2)] su dbye bar ḥgyur te/ ṅo bo ñid daṅ po gñis kyi rnal ḥbyor ḥdi sbyin paḥi gnas skabs la brten nas yoṅs su tshol ba bṣi daṅ/ yaṅ dag pa ji lta ba bṣin du yoṅs su śes pa bṣi yid la byed do// gsum[(3)] yoṅs su grub pa ni sa bcu paḥo// gnas skabs la yod de[(4)]
deḥi phyir《slob dpon thogs med [D.Ti.269b] kyis theg pa chen po bsdus paḥi bstan bcos mdsad pa》las/ ṅo bo ñid rnam pa gsum gyi rnal ḥbyor rnam par gṣag nas/《mdo ḥdi》ḥi don rnam par bśad pa yin te/ deḥi phyir《de ñid》las/

de ltar byaṅ chub sems dpaḥ ḥdi yid kyi brjod par[5] snaṅ baḥi don gyi mtshan ñid la ḥjug paḥi phyir/ kun brtags paḥi ṅo bo ñid la ṣugs pa yin no// rnam par rig pa tsam du ḥjug paḥi phyir gṣan gyi dbaṅ gi ṅo bo ñid la ṣugs pa yin no// yoṅs su grub paḥi ṅo bo ñid la ji ltar ḥjug ce na/ rnam par rig pa tsam gyis[6] ḥdu śes kyaṅ bzlog nas ḥjug go// deḥi tshe don gyi ḥdu śes rnam par bśig pa de la yid kyi brjod pa thos paḥi chos kyi bag chags kyi rjes su ḥgro ba de dag don du snaṅ ba thams cad ḥbyuṅ baḥi skabs med paḥi phyir/ ḥdi ltar rnam par rig pa tsam du snaṅ ba yaṅ mi ḥbyuṅ ste/ rgyu daṅ rkyen des na don thams cad la rnam par mi rtog paḥi miṅ la gnas so ṣes ḥbyuṅ ste/

de la rnam par mi rtog paḥi miṅ ṣes bya ba ni de kho na ñid kyi bden pa mñam pa ñid kyi chos brjod paḥi miṅ ṅo// ḥdi ltar [ZH.68-636] brjod par bya baḥi de bṣin ñid gaṅ yin pa de ni don thams cad ces bya ste/[7] rnam par mi rtog paḥi don to// ḥdir rjod par byed paḥi miṅ brjod par bya ba las/ miṅ du btags pa[8] rnam par [9]rtog paḥi miṅ ṣes byaḥo// des brjod par bya paḥi de bṣin ñid rjod par byed pa las/ miṅ du btags pas deḥi phyir yaṅ rnam par mi rtog paḥi miṅ ṣes byaḥo//

gṣan yaṅ《de ñid》las

chos kyi dbyiṅs la mṅon sum gyi tshul gyis gnas so// deḥi tshe byaṅ chub sems dpaḥ de dmigs par bya ba daṅ dmigs par byed pa mñam pas mñam paḥi rnam par mi rtog paḥi ye śes ḥbyuṅ ste/ deḥi phyir byaṅ chub sems dpaḥ ḥdi yoṅs su grub paḥi ṅo bo ñid la ṣugs pa yin no ṣes ḥbyuṅ ste/

bśad pa ḥdi daṅ sbyar na yoṅs su grub paḥi bsgom pa ni sa la [D.Ti.270a] gnas pa dag la yod de/ deḥi phyir《bstan bcos rnam par rig pa tsam du grub pa》ḥi tshig leḥur byas pa las/

> nam ṣig dmigs pa dag la ni//
> śes pas mi dmigs de yi tshe//
> rnam par rig pa tsam la gnas//
> ḥdsin gñis mtshan ñid bral phyir ro//

ṣes bstan pa yin no//

(1) 'gaṅ zag med paḥi las' ⇒ 'zag pa med paḥi lam' (2) 'gñis gñis' ⇒ gñis

(3) gsum ⇒ 'gsum pa'

(4) 'sa bcu paḥo// gnas skabs la yod de' ⇒ 'sa bcu paḥi gnas skabs la yod do//'

(5) par ⇒ pa (6) gyis ⇒ gyi (7) 'ces bya ste/' ⇒ la (8) pa ⇒ pas (9) PN: null ⇒ +mi

(@4-36)[0258c08] "如是，德本！由諸菩薩如實了知遍計所執相、依他起相、圓成實相故，如實了知諸無相法、雜染相法、清淨相法，”
[0258c11] 釋曰。自下第二、重牒[(1)]觀門以答[(2)]二問。

(1) JS, SNST: null ⇒ +前
(2) SNST: null ⇒ +前

ḥdi ltar yon tan ḥbyuṅ gnas byaṅ chub sems dpaḥ rnams kun brtags paḥi mtshan ñid daṅ/ gṣan gyi dbaṅ gi mtshan ñid daṅ/ yoṅs su grub paḥi mtshan ñid yaṅ dag pa ji lta ba bṣin du rab tu śes paḥi phyir mtshan ñid med paḥi chos daṅ/ kun nas ñon moṅs paḥi mtshan ñid kyi chos daṅ/ rnam par byaṅ baḥi mtshan ñid kyi chos rnams yaṅ dag pa ji lta ba bṣin du rab tu śes la ṣes bya ba ḥdi man chad ni gñis pa sṅa maḥi rnal ḥbyor bsgom paḥi sgo bzlas nas/ ṣus pa sṅa ma gñis kyi lan du gsuṅs pa ston [ZH.68-637] par mdsad do//

於中有二：初、重牒觀門，後、“齊此已”下正答二問。

ḥdi yaṅ rnam pa gñis te rnal ḥbyor gyi sgo bzlas te bstan pa daṅ de tsam gyis na ṣes bya ba man chad kyis ṣus pa gñis kyi lan yaṅ dag par bstan paḥo//

前中有二：初、牒知三性故了知三相，後、牒知三相故即斷染證淨。此即第一、牒上知三性故了知三相。准上可知。

daṅ po yaṅ rnam pa gñis te/ ṅo bo ñid gsum śes paḥi dbaṅ gis mtshan ñid gsum śes par ḥgyur ba bzlas te bstan pa daṅ/ mtshan ñid gsum śes paḥi dbaṅ gis kun nas ñon moṅs pa spaṅs nas/ rnam par byaṅ ba ḥthob par ḥgyur ba bzlas te bśad paḥo// ḥdi ni daṅ po ṅo bo ñid gsum śes paḥi dbaṅ gis mtshan ñid gsum śes par ḥgyur ba bzlas pa ste/ goṅ ma bṣin du rig par byaḥo//

(@4-37)[0258c15] “如實了知無相法故，斷滅一切雜染相法。斷滅一切染相法故，證得一切清淨相法，”
[0258c17] 釋曰。自下第二、牒上知三相故斷染證淨。

mtshan ñid med paḥi chos yaṅ dag pa ji lta ba bṣin du rab tu śes paḥi phyir ni kun nas ñon moṅs paḥi mtshan ñid kyi chos thams cad rab tu spaṅs par

ḥgyur ro// kun nas ñon moṅs paḥi mtshan ñid kyi chos thams cad rab tu spaṅs paḥi phyir ni rnam par byaṅ baḥi mtshan ñid kyi chos thams cad thob par ḥgyur bas
ṣes bya ba ni gñis pa mtshan ñid gsum śes paḥi [D.Ti.270b] dbaṅ gis kun nas ñon moṅs pa spaṅs nas/ rnam par byaṅ ba thob par ḥgyur ba bzlas nas bśad pa ste/

謂由了知遍計所執無相義故，展轉漸證圓成實性，由斯證得清淨涅槃。又解。了知遍計所執無相眞如故，能斷雜染，證涅槃果也。

ḥdi ltar kun brtags mtshan ñid med paḥi don du śes paḥi phyir/ goṅ nas goṅ du rim gyis yoṅs su grub paḥi ṅo bo ñid rtogs pa des rnam par byaṅ ba mya ṅan las ḥdas pa thob par ḥgyur baḥo//
yaṅ na kun brtags mtshan ñid med paḥi de bṣin ñid khoṅ du chud paḥi phyir kun nas ñon moṅs pa ma[(1)] spaṅs na/ mya ṅan las ḥdas paḥi ḥbras bu thob par mi[(2)] ḥgyur baḥo//

(1) ma ⇒ null
(2) mi ⇒ null

(@4-38)[0258c21] "齊此名爲'於諸法相善巧菩薩', 如來齊此施設彼爲'於諸法相善巧菩薩'。"
[0258c23] 釋曰。此即第二、依上觀門以[(1)]答[(2)]二問。

(1) JS, SNST: 以 ⇒ 正
(2) SNST: null ⇒ +前

de tsam gyis na chos[(1)] kyi mtshan ñid la mkhas paḥi byaṅ chub sems dpaḥ ṣes bya ste/ de bṣin gśegs pa yaṅ de tsam gyis na de dag la chos [ZH.68-638] rnams kyi mtshan ñid la mkhas paḥi byaṅ chub sems dpaḥ ṣes ḥdogs so
ṣes bya ba ni gñis pa rnal ḥbyor gyi sgo la brten nas ṣus pa sña ma gñis kyis[(2)] lan yaṅ dag par bstan pa ste/

(1) +rnams
(2) kyis ⇒ kyi

謂佛依上了知三性諸菩薩衆，即說名爲“善巧菩薩”。如來依此善巧菩薩，施設聖教，名爲“善巧菩薩”。

ḫdi ltar bcom ldan ḫdas kyis goṅ du bstan pa lta buḫi ṅo bo ñid rnam pa gsum rab tu śes paḫi byaṅ chub sems dpaḫ rnams las brtsams nas mkhas paḫi byaṅ chub sems dpaḫ ṣes ston par mdsad pas de bṣin gśegs pa rnams mkhas paḫi byaṅ chub sems dpaḫ ḫdi las brtsams nas ḫphags paḫi gsuṅ rab las mkhas paḫi byaṅ chub sems dpaḫ ṣes ḫdogs so//

然此菩薩善巧分限，諸說不同。
一云。十信已上，皆名善巧。
一云。十迴向中第十迴向，名加行道，即依彼位起四尋思、如實智故。
一云。初[(1)]已上，證清淨如及俗相故。

(1) JS, SNST, Baek(2013c): null ⇒ +地

byaṅ chub sems dpaḫ de dag gi mkhas paḫi tshad kyaṅ/ so so nas bśad pa mi mthun te/
kha cig na re dad pa bcu la gnas pa yan chad kun kyaṅ mkhas pa ṣes byaḫo ṣeḫo//
kha cig na re yoṅs su bsṅo ba rnam pa bcu pa las yoṅs su bsṅo ba bcu[(1)] ni sbyor baḫi lam ṣes bya ste/ gnas pa de ñid la brten te/ yoṅs su tshol ba bṣi bskyed nas[(2)] yaṅ dag pa ji lta ba bṣin du rab tu śes paḫi[(3)] phyir ro ṣeḫo//
kha cig na re sa daṅ po yan chad rnam par dag paḫi de bṣin ñid du[(4)] kun rdsob kyi mtshan ñid ḫthob paḫi phyir ro ṣeḫo//

(1) bcu ⇒ ‘bcu pa’ (2) ‘bskyed nas’ ⇒ daṅ (3) paḫi ⇒ ‘pa bṣi bskyed paḫi’
(4) du ⇒ daṅ

(@4-39)[0259a05] 爾時，世尊欲重宣此義，而說頌曰：
[0259a06] 釋曰。自下第二、以頌略說。

de nas bcom ldan ḫdas kyis don de ñid yaṅ dag par [D.Ti.271a] bstan paḫi phyir/ tshigs su bcad pa ḫdi dag gsuṅs so
ṣes bya ba ḫdi man chad ni gñis pa tshigs su bcad pas mdor bstan pa ṣes bya

ba ston to//

於中有二：初、發起頌文，後、擧頌略說。此即初也。

ḥdi yaṅ rnam pa gñis te tshigs su bcad pas bstan pas gleṅ bslaṅ ba daṅ/ tshigs su bcad pa smos nas mdor bstan pa ste/ ḥdi ni daṅ poḥo//

(@4-40)[0259a08]

"若不了知無相法，雜染相法不能解[(1)]，
不斷雜染相法故，　　壞證微妙淨相法。
不觀諸行衆過失，　　放逸過失害衆生，
懈怠住法動法中，　　無有失壞可憐愍。"

[0259a11] 釋曰。此即第二、以[(2)]頌略說。

(1) JS, Taisho, SNST: 解 ⇒ 斷
(2) SNST: 以 ⇒ 擧

[ZH.68-639]

mtshan ñid med paḥi chos ni ma śes na//
kun nas ñon moṅs mtshan ñid chos mi spoṅ//
kun nas ñon moṅs mtshan ñid ma spaṅs phyir//
śin tu rnam dag mtshan ñid chos ñams ḥgyur//
ḥdu byed skyon las[(1)] rtog par mi byed pa//
bag med ñes pas skye bo rab tu ḥjoms//
le los chos gnas g-yo baḥi chos rnams la//
med yod ñams pas sñiṅ brtser bya ba yin//

ṣes bya ba ni gñis pa tshigs su bcad pa smos nas mdor bstan pa ñid do//

(1) PN: las ⇒ la

上來長行順釋了知三性德，此頌反顯不了無相失。
如何說此反、順釋者，理實長行及頌，皆有反、順，爲存略故，各據一邊，影略互顯。
依《深密經》，頌及長行皆順釋者，譯家別故。

de yan chad du tshig rkyaṅ par rjes su mthun paḥi rnam par bśad pas ṅo bo ñid rnam pa gsum rab tu śes paḥi yon tan bstan nas/ da ni tshigs su bcad pa ḥdis mi mthun paḥi bśad pas mtshan ñid med paḥi bśad pa khoṅ du ma chud paḥi ñes dmigs rab tu ston par mdsad do//
ciḥi phyir ḥdi dag la rjes su mthun pa daṅ/ mi mthun paḥi rnam par śes pa ṣes bya ṣe na/
yaṅ dag paḥi don du ni tshig rkyaṅ pa daṅ tshigs su bcad pa gñi ga la yaṅ rjes su mthun pa daṅ mi mthun paḥi rnam par bśad pa yod mod kyis[(1)] mdor bstan pa gṣag paḥi phyir/ phyogs re re smos nas phan tshun gcig gis gcig bstan pa yin no//
《dgoṅs pa zab mo rnam par dgrol baḥi mdo》 las/ tshigs su bcad pa daṅ tshig rkyaṅ pa gñi ga las rjes su mthun paḥi bśad pas bstan pa ni/ lo tsā ba dag gi bsam pa tha dad paḥi phyir ro//

(1) kyis ⇒ kyi

有其二頌, 即分爲二：初有一頌, 正頌[(1)]不了無相失；後之一頌, 重釋不觀衆行失。
前中有二：初之二句, 擧不了知, 顯不斷雜染失；後有二句, 約不斷染, 顯不證圓成失。
“壞”謂失壞, 謂不斷染故失壞證得微妙眞如淨相法也。“失壞”者是不能證義。

(1) SNST: 頌 ⇒ 顯

ḥdir tshigs su bcad pa gñis yod pa ñid kyis rnam pa gñis su dbye ste/ tshigs su bcad pa daṅ pos ni mtshan ñid med pa khoṅ du ma chud paḥi ñes dmigs yaṅ dag par bstan to// tshigs su bcad pa phyi mas ni ḥdu byed rnams kyi skyon la mi rtog paḥi [D.Ti.271b] ñes dmigs rab tu bstan to//
daṅ po yaṅ rnam pa gñis te/ de la [ZH.68-640] tshigs su bcad pa phyed daṅ pos ni khoṅ du ma chud pa smos nas kun nas ñon moṅs pa mi spoṅ baḥi ñes dmigs bstan to// tshigs su bcad pa phyed ḥog mas ni kun nas ñon moṅs pa ma spaṅs pa las brtsams nas yoṅs su ma[(1)] grub pa mṅon du mi byed paḥi ñes dmigs rab tu ston to//
de la ñams par ḥgyur ṣes bya bas ni stor bar ḥgyur ba ste/ ḥdi ltar kun nas ñon

moṅs pa ma spaṅs paḥi phyir śin tu gya nom paḥi de bṣin ñid rnam par dag paḥi mtshan ñid kyi chos stor ciṅ ñams par ḥgyur bas so// de la stor ciṅ ñams par ḥgyur ba ni mṅon du mi byed paḥi don to//

(1) PN: ma ⇒ null

就釋後頌, 文別有二：初之二句, 明放逸失；後有二句, 明懈怠失。
言"不觀諸行衆過失"等者, 謂由愚癡不能觀察諸行過失, 遂起放逸, 傷害衆生。
言"懈怠住法動法中"等者, 此明第二(1)懈怠過失。謂懈怠者, 過失之因, 功德之障。
言"住法"者, 即是涅槃。常住不滅, 故名爲"住"。
言"動法"者, 是生死法。前生後滅, 流轉三有, 故名"動法"。
又解。"住法"者是定, "動法"者是散亂。
言"無有失壞可憐愍"者, 謂由懈怠故, 於住法無, 於動法有。由是無、有故成失壞。由失壞故, 甚可憐愍。廣釋失壞, 如《瑜伽論》第三十六及七十三。

(1) SNST: '第二' ⇒ null

tshigs su bcad pa phyi ma bśad pa yaṅ rnam pa gñis te/ daṅ poḥi tshig gñis kyis ni bag med paḥi ñes dmigs bstan to// tshig phyi ma gñis kyis ni le loḥi ñes dmigs bstan to//
de la

ḥdu byed skyon la rtog par mi byed pa//

ṣes bya ba la sogs pas ni ḥdi ltar rmoṅs paḥi dbaṅ gis ḥdu byed rnams kyi skyon la mi rtog pas na/ des bag med pa bskyed nas sems can rnams la gnod par ḥgyur baḥo//

le los chos gnas g-yo baḥi chos rnams la//

ṣes bya ba la sogs pa ni le loḥi ñes dmigs bstan pa ste/ ḥdi ltar le lo can gaṅ yin pa de dag ni skyon rnams kyi rgyu daṅ yon tan rnams kyi sgrib pa yin pas so//
chos gnas pa ṣes bya ba ni mya ṅan las ḥdas pa rtag tu gnas śiṅ mi ḥjig paḥi phyir gnas pa ṣes byaḥo//

g-yo baḥi chos ṣes bya ba ni ḥkhor baḥi chos de sña ma byuṅ bas phyis ḥgag ciṅ/ srid pa gsum na ḥkhor baḥi phyir g-yo baḥi chos ṣes byaḥo//
yaṅ na chos gnas pa ṣes bya ba ni tiṅ ṅe ḥdsin to// g-yo baḥi chos ṣes bya ba ni rnam par g-yeṅ baḥo//

med yod ñams pas sñiṅ brtser bya ba yin//

ṣes bya ba ni ḥdi lta ste/ le lor [ZH.68-641] gyur paḥi phyir chos rnams[(1)] la med pa daṅ/ g-yo baḥi chos la yod pa ñid du ḥdsin pas med pa [D.Ti.272a] daṅ yod pa deḥi dbaṅ gis ñes dmigs su gyur paḥo//
ñams par gyur pa deḥi phyir ni śin tu thugs brtse baḥi gnas su gyur pa ste/ ñams par ḥgyur ba rgya cher bśad pa ni《bstan bcos rnal ḥbyor spyod paḥi sa》las ḥbyuṅ ba bṣin du rig par byaḥo//

(1) rnams ⇒ 'gnas pa'

【《深密經》云：

如實知諸法，即捨染法相，
捨染法相已，證於清淨法。
不觀有爲過，懈怠放逸害，
諸法常不動，離相名菩薩[(1)]也】

(1) SNST: '菩薩'='涅槃'

《dgoṅs pa zab mo rnam par dgrol baḥi mdo》las ni

chos yaṅ dag pa ji lta ba bṣin śes pas na//
kun nas ñon moṅs chos kyi mtshan ñid spoṅ//
kun nas ñon moṅs mtshan ñid spaṅs nas ni//
rnam par dag paḥi chos ni thob par ḥgyur//
ḥdus byas skyon la rtog par mi byed pa//
le lo daṅ ni bag med rab tu bcom//
chos rnams dag ni rtag tu mi g-yo bas//
mtshan ñid bral ba mya ṅan ḥdas ṣes bya//

ṣes ḥbyuṅ ṅo//

李 鍾 徹 (Jong-Cheol LEE)

한국학중앙연구원 한국학대학원 철학(불교철학) 전공 교수

서울대학교 철학과를 졸업하고 일본 도쿄대학교에서 인도철학·불교학으로 석사학위와 박사학위를 받았다. 동아시아 불교사상과 인도 불교사상의 비교연구에 주력하고 있다. 주요 저서로 *The Tibetan Text of the Vyākhyāyukti of Vasubandhu－Critically edited from the Cone, Derge, Narthang and Peking editions* (Tokyo, 2001), 『世親思想の研究－釋軌論 (Vyākhyāyukti)を中心として』 (Tokyo, 2001), *Abhidharmakośabhāṣya of Vasubandhu, Chapter 9: Ātmavādapratiṣedha* (Tokyo, 2005), 『중국불경의 탄생』(2008), 『구사론 계품 · 근품 · 파아품－신도 영혼도 없는 삶』(2015), 『『몽어노걸대』 연구』(공저, 2018), 『『金剛經』 多言語板本』(2018), 『圓測 『解深密經疏』〈分別瑜伽品〉－漢藏校勘 標點 校訂本』(2019), 『圓測 『解深密經疏』〈如來成所作事品〉－漢藏蒙校勘 校訂本』(2019), 『圓測 『解深密經疏』〈地波羅蜜多品〉－漢藏(蒙) 校勘標點 校訂本』(2020), 『圓測 『解深密經疏』〈無自性相品〉－漢藏校勘 標點 校訂本』(2021), 『圓測 『解深密經疏』〈勝義諦相品〉－漢藏校勘 標點 校訂本』(2023) 등이 있고, 역서로는 『어느 철학자가 보낸 편지』(1998), 『의미의 깊이』(2004), 『천 가지 가르침』(2006) 등이 있다.

圓測『解深密經疏』〈心意識相品, 一切法相品〉
-漢藏校勘 標點 校訂本-

지은이 | 이종철
발행인 | 임치균
제1판 1쇄 발행일 | 2024년 2월 29일

발행처 | 한국학중앙연구원 출판부
출판등록 | 제1979-000002호(1979년 3월 31일)
주소 | 경기도 성남시 분당구 하오개로 323
전화 | 031-730-8773 팩스 | 031-730-8775
전자우편 | akspress@aks.ac.kr 홈페이지 | www.aks.ac.kr

ISBN 979-11-5866-759-7-93220

• 이 책은 2022년 한국학중앙연구원 한국학기초및중점연구사업 공동연구과제로 수행된 연구임(AKSR2022-C02).